실록으로 배우는 이야기 한국사

조선왕조실록 500년

K (주)학은미디어

술술 읽어 내려가는 〈이야기 한국사 시리즈〉

    나는 누구이며 어떻게 이 자리까지 오게 된 것일까요?

    오늘날의 내가 발전된 사회에서 행복한 삶을 누릴 수 있게 된 것은 한순간에 이루어진 일이 아닙니다. 오랜 세월이 이어지면서 나의 아버지의 아버지, 그리고 할아버지의 할아버지들이 온갖 어려움과 기쁨을 겪으면서 역사를 이루어 지금의 내가 있게 된 것입니다.

    이처럼 역사는 우리의 조상이 살아 온 발자취이며 우리의 모습을 비추어 보는 거울입니다.

    물론 지금의 내 모습도 언젠가는 역사의 한 페이지를 차지하게 된다는 것을 잊어서는 안 될 것입니다.

    가끔 어린이 여러분에게 역사를 좋아하느냐고 물으면 어떤 어린이들은 역사에 흥미가 많다고 이야기합니다. 하지만 어떤 어린이들은 역사는 재미없고 지루하며 따분하고 어렵다고 말하기도 합니다.

    이렇게 말하는 이유는 대부분의 역사책이 과거의 일을 가르치려는 목적으로 딱딱하게 쓰여져 있기 때문일 것입니다.

    그렇다면 읽고 또 읽고, 듣고 또 들어도 지루하지 않고 재미있는 역사는 없을까요?

어린이 여러분의 학습에 도움도 되면서 흥미와 재미가 곁들여진 역사는 없는 걸까요?

물론 있습니다. 그것은 다름 아닌 〈이야기 한국사 시리즈〉입니다.

〈이야기 한국사 시리즈〉는 어린이 여러분이 우리의 역사를 보다 쉽고 재미있게 공부할 수 있도록 옛날 이야기처럼 풀어서 엮었습니다.

국사 교과서에 따른 정사를 중심으로 현장감 있는 사진과 함께 일화나 설화, 전설 등을 풍부하게 실었으며, 흔히 접할 수 없는 문화 유적지를 탐방할 수 있는 기회와 그 밖의 역사 상식도 들어 있습니다.

또한 어린이 여러분이 역사를 이해하는 데 도움이 될 수 있도록 논술 형식의 문제를 실었고, 시대별 왕들을 중심으로 주요 사건을 간략하게 적은 연표와 왕조 계보도 수록해 놓았습니다.

〈이야기 한국사 시리즈〉를 펼치는 그 순간부터 어린이 여러분은 우리 조상의 뿌리를 바로 알게 되고, 올바른 역사관을 갖게 되고, 역사 학습에도 큰 도움이 될 것입니다.

자, 이제 우리 함께 역사 여행을 시작해 볼까요?

우리기획

차례

제1대 태조 · 10
무너진 고려 왕조 12
조선의 건국 15

제2대 정종 · 26
왕자의 난 27

제3대 태종 · 32
함흥 차사 33
백성을 위한 정책을 편 임금 37
왕의 자리를 양보한 양녕 대군 40
역사 탐방/조선 왕조의 궁궐 경복궁 46
쏙쏙 역사 상식/백성들은 신문고를 두드릴 수 있었나요? 47
역사 풀이 48

제4대 세종 대왕 · 50
과학 발전과 국력 강화 51
우리의 글 훈민정음 60
맹사성과 황희 66

제5대 문종 · 76
짧은 치세 77
역사 탐방/물시계 '자격루' 80
쏙쏙 역사 상식/장원백 최항 81
역사 풀이 82

제6대 단종 · 84
어린 임금 85
계유정난 88

제7대 세조 · 96
뜻을 굽히지 않은 사육신 97
수챗구멍 속의 김시습 105
남아 나이 스물에 나라 평정 못 하면 108

제8대 예종 · 112
역사 탐방/분청사기 114
역사 상식/생육신은 여섯 명이었나? 115

역사 풀이 116

제9대 성종 · 118
학문을 사랑한 왕 119
폐비 윤씨의 죽음 123

제10대 연산군 · 128
무오사화 129
피 묻은 한삼 자락 133
중종 반정 136

제11대 중종 · 140
신진과 훈구의 대결 141
삼포왜란 147

역사 탐방/ 도산 서원 150
쏙쏙 역사 상식/말머리를 보아라 151
역사 풀이 152

제12대 인종 · 154
지극한 효성 155

제13대 명종 · 158
을사사화 159
양재역 벽서 사건 162
의로운 도둑 임꺽정 165

제14대 선조 · 170
이황과 이이 171
임진왜란 178
성웅 이순신 185
나라를 지킨 의병들 190

역사 탐방/신사임당의 그림 204
쏙쏙 역사 상식/왜 조선을
'선비의 나라'라고 했을까요? 205
역사 풀이 208

제15대 광해군 · 210
적자와 서자 211
허준의 〈동의보감〉 216

제16대 인조 · 220
정묘호란 221

차례

병자호란 226

제17대 효종 · 232

북벌 정책 233

역사 탐방/남한산성을 찾아서 238
쏙쏙 역사 상식/옛날 관리들의 출·퇴근 시간은? 239
역사 풀이 240

제18대 현종 · 242

독도를 지킨 안용복 243

제19대 숙종 · 248

인현 왕후와 장 희빈 249

제20대 경종 · 254

노론과 소론의 대결 255

역사 탐방/윤두서의 자화상 256
쏙쏙 역사 상식/궁궐에는 뒷간이 있었나요? 258
쏙쏙 역사 상식/장승은 왜 마을의 입구에 있을까요? 259
역사 풀이 260

제21대 영조 · 262

암행어사 박문수 263
비운의 사도 세자 269

제22대 정조 · 276

실사구시의 학문 277

역사 탐방/수원성을 지은 거중기 288
쏙쏙 역사 상식/조선 시대 형벌은 어떠했을까? 289
역사 풀이 290

제23대 순조 · 292

홍경래의 난 293

제24대 헌종 · 302

우리 나라 최초의 신부 303
김정희의 '추사체' 307

제25대 철종 · 314

진주민란과 동학 315

역사 탐방/풍속화의 대가들 322
쏙쏙 역사 상식/방랑 시인, 김삿갓 323
역사 풀이 324

제26대 고종·326

흥선 대원군 이하응 327
강화도 조약 335
임오군란 340
태극기와 갑신정변 346
동학 농민 운동과 갑오개혁 352
독립 협회와 대한 제국 362

역사 탐방/우리 나라 최초의 신문
〈한성순보〉 392
쏙쏙 역사 상식/을사조약에는
공식 명칭이 없었다는데……. 393
역사 풀이 394

역사 풀이 해답 396
조선 연표 398
조선 왕조 계보 399

제27대 순종·368

민족의 저항 369
조선 총독부 374
3·1 만세 운동 376
순종의 죽음 383
광복과 함께 열린 새 시대 390

조선과 함께 흐르는 역사

위화도 회군으로 나라를 세운 이성계가 고려 왕조의 구세력을 몰아내고, 수도를 개경에서 한양으로 옮기면서 조선의 500년 역사는 시작되었습니다.

조선은 과거를 통해 등용된 관리 중심의 양반 사회였습니다. 그러나 후기로 갈수록 양반 관료 중심 사회의 한계를 드러내기 시작했습니다. 지배 계급의 경제 기반인 토지 제도가 문란해지면서 갓 정계에 진출한 선비들은 토지를 제대로 분배받지 못해 불만이 쌓이기 시작한 것이었습니다. 여러 번에 걸쳐 사화가 일어났고, 신진 사류들은 번번이 화를 당해 벼슬을 그만두고 지방에 내려가 학문에만 열중했습니다. 또 사류들 사이에 대립이 생겨 자신의 일파가 정권을 장악하도록 하기 위해 당파 싸움을 일삼게 되었습니다. 이로 인해 조선 사회는 대립과 모순으로 정치와 경제가 문란해졌고, 7년에 걸친 왜란과 호란으로 국토가 황폐해졌으며, 국가 재정은 고갈되어 백성들은 비참한 생활을 해야만 했습니다.

임진왜란을 계기로 신분 사회가 동요되는 등 나라가 혼란스러운 가운데 고증학 및 서양 문물의 영향을 받은 실제 사회에 이로운 학문, 실학이 나타났고, 이를 전후하여 천주교가 전래되었습니다.

그리고 전국 각처에서 농민들에 의한 반란이 일어났는데, 순조 때의 홍

 경래의 난, 철종 때의 진주민란 등이 그 대표적인 사건이었습니다.
 조선 사회는 안에서뿐만 아니라 밖으로도 매우 급격한 변화를 겪어야 했습니다. 운요 호 사건으로 일본과 강화도 조약을 체결한 뒤 문호를 개방했는데 외국 세력이 거침없이 침투하여 나라의 운명이 위기에 직면하기도 했습니다. 또한 양반 관료들의 학정은 농민들의 반발심을 부채질하여 동학 농민 운동을 발생시켰습니다. 이 난을 계기로 청·일 두 나라는 조선에 군대를 파견하여 청일 전쟁을 일으켰고, 그 결과 전쟁을 승리로 이끈 일본의 세력은 더욱 강화되었습니다.
 조선은 1897년에 국호를 대한 제국, 연호를 광무, 왕을 황제라 일컬어 독립 국가로서 새 출발을 하는 듯했지만 한번 기울어지기 시작한 나라의 정세는 다시 돌이킬 수가 없었습니다. 한편 러·일 전쟁에서 승리한 일본은 한국에서의 모든 이권을 차례차례 독점해 갔으며, 마침내 1910년 나라의 주권을 일본에 완전히 빼앗기게 되었습니다. 1945년 8월 15일 나라를 되찾을 때까지 조선 국민은 일본의 무단 통치 아래 핍박을 받아야 했습니다.
 조선은 중세의 봉건적 유교 윤리로부터 근대의 합리적인 사고 방식으로 넘어가는 과정에서 많은 진통을 겪어야만 했습니다.

제 1 대
태조

(1335~1408년)
재위 : 1392~1398년

성은 이씨, 이름은 성계, 호는 송헌입니다.

이자춘의 둘째 아들로 1356년 고려 조정에 등용되어, 홍건적의 침입에 대항하여 공을 세웠습니다. 또 남해 일대에 나타난 왜적들을 여러 차례 토벌하여 명성을 높였습니다.

요동 정벌을 하러 갔다가 위화도에서 회군하여 반대파를 제거하고 1392년 수창궁에서 왕위에 올랐습니다. 93년 2월 15일 '조선'으로 국호를 바꾸고, 3대 정책을 건국 이념으로 삼아 왕조의 기반을 튼튼히 했습니다.

정치적으로 명나라를 섬기는 '사대 정책'을 쓰고, 문화적으로는 '숭유배불주의'로 불교를 멀리하고 유교의 가르침에 따라 나라를 다스렸습니다. 경제적으로는 '농본 민생주의'로 농업을 장려했습니다.

조선을 건국한 태조 이성계 영정

 무너진 고려 왕조

이성계는 유서 깊은 무관 집안의 자손이었으며, 딱 벌어진 어깨에 단단한 몸집을 하고 있었습니다.

그는 어릴 때부터 활을 매우 잘 쏘아 신궁이라는 소리를 들을 정도였습니다.

무관으로서 젊었을 때부터 이름을 날린 이성계는 홍건적과 왜구를 몰아내는 등 많은 공을 세웠습니다.

고려 말, 명나라를 치라는 우왕의 명을 받고 압록강 중류의 위화도로 간 이성계는 군사들에게 말했습니다.

"내 여기까지 왔지만, 절대 요동으로 진격하진 않으리라."

다른 장군들과는 달리 이성계는 요동을 정벌하는 일에 줄곧 반대하고 있던 터였습니다.

그래서 우왕에게 명나라를 치는 데 어려움이 많다는 서신까지

보냈지만, 왕에게서는 아무런 회답이 없었습니다.

이성계는 군사들을 집결시켰습니다.

"우리 나라보다 큰 나라를 치는 것도 어리석은 일인데, 지금은 장마철이라 군량의 운반도 쉽지 않다. 더욱이 활의 아교가 풀려 싸울 수가 없으니 더 이상 진격할 수 없다. 우리는 여기서 군사를 돌려 개경으로 돌아갈 것이다."

이미 잦은 국경 싸움과 부족한 식량으로 허덕이던 군사들은 이성계를 따랐습니다.

"와아! 돌아가자. 개경으로 돌아가자!"

1388년 여름, 이성계는 군사를 이끌고 위화도에서 개경으로 되돌아왔습니다. 이것은 왕에 대한 반발이자, 고려에 대한 반발이었습니다.

"뭣이, 이성계가 내 명을 어기고 돌아오고 있다고?"

우왕과 신하들이 당황했습니다.

"반역을 한 이성계와 군사들이 성 안으로 한 발짝도 들어오지 못하게 막아라."

우왕은 최영에게 명을 내렸습니다.

개경의 성곽에는 큰 깃발이 올려지고 싸움을 알리는 북소리가 울려 퍼졌습니다.

하지만 이성계와 그의 군사들의 기세는 하늘을 찌를 듯했습니

무너진 고려 왕조

다. 최영은 제대로 싸워 보지도 못한 채 이성계에게 지고 말았습니다. 군사들을 이끌고 개경으로 들어온 이성계는 곧바로 궁전을 장악했습니다.

우왕을 폐위시킨 이성계는 이어 창왕까지도 폐위시켰습니다.

이성계는 고려의 제34대 임금으로 신종의 7대 손을 지목했습니다.

고려 34대 임금, 공양왕이 즉위하였습니다. 이성계라는 무관의 말 한 마디에 고려의 임금이 탄생한 것이었습니다.

이제 세상은 완전히 이성계의 손아귀 안에 있었습니다. 고려 왕족들이 몰락하고, 고려의 충신들이 처형당했습니다.

이성계의 세력이 하늘을 찌를 듯 커져 가는 것을 보고만 있어야 하는 고려의 충신들은 한탄을 금치 못했습니다.

고려의 정치가이자 뛰어난 성리학자인 정몽주는 이성계도 탐내는 인물이었습니다. 하지만 정몽주는 절대 두 나라를 섬길 수도 두 임금을 모실 수도 없었습니다.

이 몸이 죽고 죽어 일백 번 고쳐 죽어
백골이 진토되어 넋이라도 있고 없고
임 향한 일편 단심이야 가실 줄이 있으랴.

　정몽주가 지은 단심가는 당시 충절을 지키다 죽어 간 고려 충신들의 마음을 나타내는 것이었습니다.
　평소 정몽주를 탐탁치 않게 여기던 이성계의 아들 이방원은 그가 끝내 새로운 왕조를 도우려 하지 않자 몰래 그를 죽이고 말았습니다. 정몽주마저 죽자, 공양왕은 이성계의 집을 어렵게 찾아갔지만, 고려 왕조의 쇠약해진 기운을 되살릴 수는 없었습니다.
　"이제 고려 왕의 권위는 도저히 일으켜 세울 수 없을 정도로 땅에 떨어졌사옵니다."
　왕비는 이렇게 말하며 하염없이 눈물을 흘렸습니다.
　얼마 후 공양왕마저 폐위당한 뒤 죽음을 맞았습니다.
　34대, 475년을 이어 오던 고려 왕조는 공양왕을 끝으로 막을 내렸습니다.

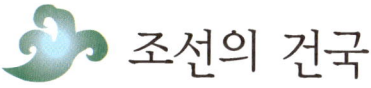

조선의 건국

　1392년 여름, 마침내 개경의 수창궁에서 새 왕조가 열렸습니다. 이성계가 왕위에 즉위한 것입니다.

이듬해에 이성계는 나라 이름을 조선이라 고치고 조선 왕조의 첫번째 왕, 태조가 되었습니다.

태조 이성계는 새로운 왕조의 기반을 하나하나 닦아 나갔습니다. 산 속에서 수도를 하던 무학 대사도 어명을 받아 조정의 일을 도왔습니다.

공양왕의 능

그러던 중 태조가 무학을 불러 말했습니다.

"대사! 새 나라의 도읍지가 옛 왕조의 것과 같으니, 마땅치가 않소. 그러니 대사가 온 산천을 둘러보고 좋은 도읍지를 찾아 보시오."

무학은 길을 나섰습니다.

남으로 향하던 무학은 삼각산에 올라가 산하를 두루 살폈습니다. 그리고는 지금의 왕십리 부근에 이르렀을 무렵, 무릎을 치며 외쳤습니다.

"바로 여기야!"

도읍지로 그 곳이 적당하다고 생각한 무학은 개경을 향하여 발길을 돌렸습니다.

　길을 가던 무학은 좁은 산길에서 소를 끌고 가는 한 노인과 마주쳤습니다. 노인은 무학은 쳐다보지도 않은 채 퉁명스럽게 내뱉었습니다.
　"이놈의 소가 무학을 닮았나, 왜 자꾸 허튼 길로만 가누!"
　무심코 지나려던 무학의 귀가 번쩍 뜨였습니다.
　"노인께서 방금 무학이라고 하셨는데 어찌 그런……."
　"신경 쓰지 마시오. 무식한 소한테 한 소리니……. 이랴!"
　노인은 이렇게 말하며 걸음을 재촉했습니다. 비록 소를 몰고 가는 늙은이에 불과했지만, 어딘가 비범한 데가 엿보였습니다.
　'필시 보통 노인이 아니야.'

종묘(사적 제125호, 조선 역대 왕과 왕비의 신주를 모신 왕가의 사당)

무학은 달려가 노인을 붙잡았습니다.
"제가 방금 왕십리 부근에 도읍을 정하고 오는 길인데, 거기에 대해서 어떻게 생각하시는지 궁금합니다, 어르신."
무학은 고개를 조아리며 대답을 기다렸습니다.
"허허, 귀찮게 하는구먼."
"어르신, 말씀해 주십시오."
그러자 노인은 눈을 지그

태조를 도와 조선을 건국한 무학 대사

시 감은 채 천천히 말했습니다.
"고려 충숙왕 때, 이씨가 왕이 되면 한양에 도읍을 정할 거라는 이야기가 나돌았소. 그래서 고려 조정에서는 한양에다 남경부를 설치하고 삼각산 아래에다가는 오얏나무(자두나무)를 많이 심었다가 베어 버리곤 했지. 그러고는 그 땅을 벌리(이씨를 없앤다)라고 했지. 그래야 이씨의 기가 눌린다고 그러니 새 왕조의 도읍지는 바로 그 곳이 아니겠소."

말을 마친 노인은 무학의 인사는 받지도 않고 멀리 사라져 버렸습니다. 무학은 다시 발길을 돌려 노인이 말한 한양을 둘러보았습니다.

'과연 명당이로구나.'

무학은 흐뭇한 마음으로 태조를 만나, 새 왕조의 도읍지로는 한양만한 데가 없다고 말했습니다.

"그럼 대사의 뜻에 따라 조선의 새 도읍지는 한양으로 옮기도록 하겠소."

이리하여 1394년 한양으로 도읍지를 옮긴 태조는 한양 방어를 위해 성을 쌓았습니다. 그 후 태조는 정치 이념으로 유교를 숭상하고, 불교를 배척하였습니다.

"승복을 입은 자는 누구든 성 안에 들이지 말라!"

태조 이성계의 명령은 엄하여, 아무도 이를 어기지 못하였습니다. 하지만 천하를 호령하는 태조에게도 한 가지 근심거리가 있었습니다. 그에게는 여덟 명의 아들이 있었는데, 이 중 다섯 명의 아들이 임금 자리를 놓고 다투고 있

무학 대사의 탑비(비문에 대사의 일생이 적혀 있음.)

었던 것입니다.

 그 중 첫번째 부인의 소생인 다섯째 아들 정안 대군 방원은 유난히 임금의 자리에 집착했습니다.

 '내가 돕지 않았더라면 아버님께서는 나라를 세우시지도 못했을 거야. 내 힘이 가장 컸지. 그러니 임금의 자리는 당연히 내 거야.'

조선의 궁궐 창덕궁 인정전(국보 제225호, 창덕궁의 정전으로 앞뜰에 품계석이 있음.)

　위로 네 명의 형들이 있었지만, 방원은 임금이 될 꿈에 부풀어 있었습니다.
　한편, 이성계의 두 번째 부인인 현비는 자신이 낳은 아들 방석을 임금의 자리에 앉히기 위해 애를 쓰고 있었습니다. 마침 이성계를 도와 새 궁전을 짓고 도성을 쌓는 일을 맡았던 정도전이 현비를 돕고 있었습니다.
　결국 현비의 아들 방석이 나이가 어림에도 불구하고 형들을 제치고 세자로 책봉되었습니다. 그 소식을 들은 방원은 어이가 없었습니다.
　'분명 현비와 정도전이 아버님의 성총을 흐리게 하고 꾸민 일이 틀림없어. 그렇다면 가만히 있을 수는 없지.'
　이렇게 생각한 방원은 곧바로 태조를 만나러 궁으로 달려갔지만, 수문장이 앞을 가로막았습니다.
　"감히 내가 누군 줄 알고 앞길을 막느냐!"
　"어명이십니다."
　태조가 방원을 만나려 하지 않았던 것입니다.
　이렇게 세자가 정해지는 동안 새 궁궐인 경복궁이 완성되었습니다. 태조와 왕족들, 그리고 많은 신하들이 새 궁궐로 이사를 했습니다.
　"경복궁이 안전하도록 도성을 쌓도록 하라."

북쪽의 북악, 동쪽의 낙산, 남쪽의 남산, 서쪽의 인왕산을 잇는 도성이 지어지기 시작했습니다.
　성을 드나들 수 있는 문 또한 네 개였습니다. 북쪽의 숙청문, 동쪽의 흥인문, 남쪽의 숭례문, 서쪽의 돈의문이었습니다.
　한양이 새 도읍지로 면모를 갖추고 왕족을 비롯한 많은 사람들

남대문(국보 제1호, 조선 시대 도성 성문 중 하나. 본래 이름은 숭례문)

조선 왕조 500년

이 그 곳으로 이사를 가자, 고려의 도읍지였던 개경은 초라해졌습니다. 이끼가 잔뜩 낀 채 사람 키를 훌쩍 넘도록 풀이 자라도, 어느 누구 하나 손 보는 사람이 없었습니다.
  어느 날 한 초라한 선비가 개경을 돌아보며 한숨지었습니다.

  오백 년 도읍지를 필마로 돌아드니
  산천은 의구한데 인걸은 간 데 없네
  어즈버, 태평 연월이 꿈이런가 하노라.

  그는 바로 고려 충신인 야은 길재였습니다. 길재는 폐허가 된 고려의 옛 수도를 돌아본 뒤 경상도의 산 속으로 들어가 평생을 숨어 살았습니다. 그런데 이 때 방원의 야욕을 다시 불러일으킬 만한 일이 일어났습니다.
  세자 방석의 어머니인 현비가 세상을 떠난 것입니다.
  태조의 슬픔은 이만저만이 아니었습니다. 현비를 몹시도 아끼고 사랑했던 태조는 매일같이 현비의 묘소인 정릉에 나가 시름에 잠기고는 하였습니다. 슬픔에 빠져 나라일도 뒷전일 지경이었습니다. 한편, 정도전과 그를 따르는 사람들은 항상 방원을 경계했습니다.
  "정안 대군이 가만히 있을 사람이 아닙니다. 분명 무슨 일인가

꾸미고 있을 것입니다."

정도전과 그의 일파들은 어떻게 하면 방원의 기세를 꺾을지 궁리를 거듭하였습니다.

"정안 대군이 먼저 치기 전에, 우리 쪽에서 먼저 무슨 수를 써야 되지 않겠사옵니까, 나리?"

정도전은 고개를 끄덕이며 수염을 쓰다듬었습니다.

"나도 생각 중일세."

한편, 방원을 지지하는 사람들도 하나둘 방원의 집으로 모여들기 시작하였습니다. 이들 중에는 태조의 새로운 정책에 반감을 가진 신하들도 많았습니다.

"정도전 일파의 움직임이 심상치 않습니다."

"심상치 않다니 그게 무슨 말인가?"

방원이 물었습니다.

"세자를 속히 왕의 자리에 앉히려고 일을 꾸민다는 소문이 파다합니다."

"아니, 뭐라고? 상감께서 아직 살아 계신데도

길재를 제사지내는 금오 서원(고려 말 조선 초의 학자 길재는 조선을 섬기라는 이성계의 청을 거절하고 고향 선산에서 학문에 전념함.)

말인가?"

"그렇습니다."

"이런 불충한 자들이 있다니!"

방원은 조정의 신하들이 전하는 소식을 듣고는 주먹을 불끈 쥐었습니다. 자기를 제쳐 두고 방석을 세자로 정했을 때보다 더욱 분한 마음이 들었습니다.

"드디어 때가 된 것인가?"

방원이 굳은 표정으로 말했습니다.

"그렇습니다. 이쪽에서 먼저 손을 써야 할 것이옵니다."

"어서 빨리 결단을 내리십시오."

하륜과 이숙번 등 방원을 따르는 여러 신하들이 그에게 재촉했습니다.

방원은 군사를 모으며 힘을 키워 나갔습니다. 그가 명령만 내리면 언제든지 수많은 군사들이 궁궐을 칠 준비가 되어 있었습니다. 방원은 아무도 모르게 군사들을 무장시킨 다음 때가 오기만을 기다렸습니다.

제 2 대
정종

(1357~1419년)
재위 : 1398~1400년

    태조의 둘째 아들로 신의 왕후가 어머니입니다. 이름은 방과입니다.
    성품이 인자하고 용맹이 뛰어난 정종은 제1차 왕자의 난으로 세자에 책봉되었습니다.
    방원이 자신을 해치지 않을까 두려워하면서, 정사를 돌보기보다는 격구 등 오락을 즐겼습니다.
    1400년 제2차 왕자의 난이 일어나자 동생 방원을 세제(왕위를 물려받을 왕의 동생)로 삼고 곧 왕위에서 물러났습니다.

왕자의 난

태조 7년인 1398년, 방원은 드디어 자신의 군사들을 집결시켰습니다.

"대궐로 들어가 세자를 잡아들이고, 정도전과 그 일파를 모조리 잡아 죽여라!"

"나라에 반역을 꾀한 정도전을 어서 찾아라."

날로 세력이 커지는 방원을 제거하려고 했던 사람이 바로 정도전 일파였습니다.

게다가 이들은 태조가 살아 있는데도 세자를 임금의 자리에 앉히려고 했던 것입니다.

대궐은 순식간에 아수라장이 되었습니다.

세자 방석과 현비의 또 다른 아들 방번이 군사들에 의해 처형당했습니다. 정도전과 남은도 처형되었습니다.

대궐 안은 피로 물들었고 군데군데 불길이 타올랐습니다.
이것이 제1차 왕자의 난입니다.
"임금의 자리는 마땅히 방과 형이 차지해야 합니다."
방원은 태조에게 단호하게 말했습니다.
태조와 신하들은 방원 자신이 임금이 되려고 난을 일으킨 것이라고 생각하고 있다가 이 말을 듣자 깜짝 놀랐습니다.
"네 뜻이 정말 그러하단 말이냐."
"그렇습니다, 아버님."
태조는 방원을 보며 다소나마 안심을 했습니다.
"그렇다면 영안 대군 방과에게 임금의 자리를 물려주노라!"
태조가 즉위한 지 7년 만의 일이었습니다.
방과는 태조의 뒤를 이어 조선 2대 임금, 정종이 되었습니다.
이로써 임금의 자리를 놓고 싸우던 이복 형제들 사이의 일은 끝난 것처럼 보였습니다.
하지만 막상 임금의 자리에 앉은 정종은 하루도 마음 편할 날이 없었습니다.
'방원이 임금 자리를 노리는 게 틀림없어.'
게다가 방원이 곧 왕이 되려 한다는 소문이 정종의 귀에 끊임없이 들려 왔습니다.
이즈음, 방원이 난을 일으킬 때 군사들을 지휘하여 방원을 도

조선 시대의 정궁인 경복궁 근정전(국보 제123호)

근정전의 회랑

향원정(경회루 서쪽 향원지 안 동산의 2층 정자)

왔던 박포라는 사람이 태조의 넷째 아들 방간을 찾아왔습니다.

방원이 성공했는데도 자신을 인정해 주지 않자, 박포는 몹시 화가 났던 것입니다.

박포는 하인들이 물러간 것을 확인한 뒤, 방간에게 은밀하게 속삭였습니다.

"정안 대군이 왕이 되기 전에 어서 손을 쓰십시오. 그러면 왕의 자리는 대군에게 돌아올 것이오."

당시 좌군 절도사를 지내던 방간은 박포의 말에 고개를 끄덕이며 물었습니다.

"나도 안타깝네. 자네에게 무슨 좋은 방법이라도 있는가?"

"정안 대군이 안심하고 있는 틈을 타서 한밤중에 쳐들어가는 것이 어떨지요?"

"그거 좋은 생각이구려. 어서 일을 추진하시오. 그러나 방원이 눈치채지 못하도록 조심하도록 하오."

박포의 계략으로 방원과 방간 형제는 싸움을 벌였습니다.

이를 제2차 왕자의 난이라 합니다.

"형제들 사이에 무슨 짓들이냐. 당장 그만 두라고 일러라!"

보다 못한 정종이 소리쳤습니다. 정종의 어명으로 간신히 형제의 싸움은 멈추었습니다.

"부끄러운 일이로다."

정종은 일단 박포를 귀양 보내고, 박포의 말 한 마디에 형제를 공격한 방간도 귀양을 보냈습니다.

1400년 2월, 정종은 방원을 왕세제로 정했습니다.

자신의 뒤를 이어 임금이 되도록 미리 정한 것이었습니다.

'이렇게 하면 더 이상 임금 자리를 놓고 형제끼리 다투는 일은 없겠지.'

같은 해 11월 정종은 임금의 자리에서 물러나고, 방원이 즉위하였습니다.

제 3 대
太宗 태종

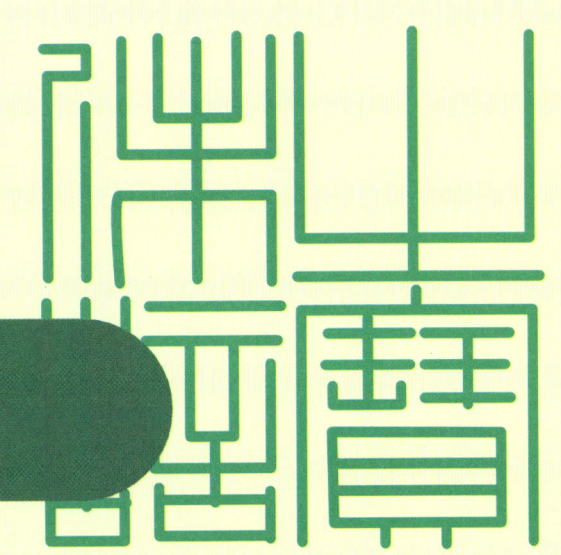

(1367~1422년)
재위 : 1400~1418년

태조의 다섯째 아들로 신의 왕후가 어머니입니다. 이름은 방원이고, 왕비는 민제의 딸 원경 왕후입니다.

태종은 두 번의 왕자의 난을 일으켜 왕위를 얻었습니다. 천성이 영리한 그는, 조선을 세우는 데 함께 했던 왕족과 공신들의 세력을 억제하고 왕권을 강화했습니다.

사병을 없애고 의정부의 일을 육조에서 나누어 맡게 하여 신하들의 권력을 줄였습니다. 또 의금부를 설치하여 반역을 일으키는 것을 막았습니다.

호패법을 실시하여 백성의 수를 정확하게 하고, 학문을 널리 장려했습니다.

1404년 정종 때 개경으로 옮겼던 도읍을 한양으로 다시 천도하고, 즉위 18년에 세자인 충녕 대군에게 왕위를 물려주었습니다.

함흥 차사

　오랜 기다림과 노력 끝에 방원은 드디어 조선의 3대 왕, 태종이 되었습니다. 정종이 즉위한 지 2년 만의 일이었습니다.
　이 때 태조는 태상왕이 되어 왕의 아버지로서 자리를 지키고 있었지만, 그 슬픔은 말로 다 할 수 없었습니다.
　'자식들이란 게 모조리 임금의 자리를 놓고 싸움이나 하다니……'
　태상왕은 국새를 태종에게 물려주지 않은 채 함주(지금의 함흥)로 떠나고 말았습니다.
　나라의 일을 결정하는 데 없어서는 안 되는 도장이 바로 국새였습니다. 태종은 언제나 이 점이 마음에 걸렸습니다.
　'도대체 아버님은 왜 국새를 나에게 주시지 않는 걸까. 국새도 없이 내 어찌 한 나라의 어엿한 임금이라 할 수 있단 말인가.'

국가의 문서에 사용하는 왕의 도장인 국새

태종은 몇 차례 함주에 있는 태상왕에게 차사(중요한 일을 맡겨 보내는 사신)를 보냈지만, 모두들 태상왕에 의해 죽음을 당하고 돌아오지 못했습니다.

태종은 마지막으로 평소 태상왕과 가까이 지내던 박순을 차사로 보냈습니다.

"여러 신하들을 보냈음에도 불구하고 국새는커녕 갔던 신하들의 소식조차 알 길이 없으니, 이번에는 경께서 가 주시오. 가서

함경 남도 함흥에 있는 조선 시대 궁궐인 함흥 본궁(태조 이성계가 왕의 자리에서 물러난 뒤 오랫동안 살던 곳)

어찌 된 일인지도 알아보고, 국새도 받아 오시오."

태종은 차사로 떠나는 박순에게 몇 번이고 간곡하게 부탁을 하였습니다.

박순은 착잡하기 이를 데 없는 심정으로 태상왕이 있는 함주로 향했습니다.

"태상왕 마마, 소인 박순 문안 드리러 왔습니다."

박순은 함주에 도착하는 길로 즉시 태상왕을 알현하였습니다. 짐짓 태종의 명을 받고 온 것이 아닌 것처럼 행동하였습니다.

그렇지만 태상왕은 박순의 임무가 무엇인지 모를 리 없었습니다.

박순이 국새를 가지러 온 함흥 차사라는 걸 금방 알아챘습니다.

"박순 자네 또한 차사로 온 게야. 당장 내 앞에서 없어지게!"

태상왕이 노기 등등하여 소리치자, 박순은 할 말도 미처 다 하지 못하고 돌아서야 했습니다.

박순이 돌아가자 태상왕은 군사들에게 엄하게 명했습니다.

"지금 당장 박순의 뒤를 따라 강까지 가서, 그가 보이

면 죽이고, 그렇지 않으면 돌아오라."
 황급히 용흥강을 건너던 박순은 태상왕의 부하들에게 발각되어 그 자리에서 죽고 말았습니다.
 그 때부터 볼일을 보러 간 사람이 소식이 없는 것을 일컫는 '함흥 차사'란 말이 생겨났습니다.

 백성을 위한 정책을 편 임금

 국새는 이어받지 못했지만 태종은 조선의 발전을 위해 많은 일을 했습니다. 그리하여 조선은 날로 발전하여 갔고 농업, 상업, 공업도 고루 발전했습니다. 이웃 나라와의 무역도 활발하게 이루어졌습니다.
 또한 백성들을 위하여 신문고를 설치했습니다.
 "힘 없는 백성들이 억울한 일을 당했을 때, 언제든지 달려와 북을 쳐서 알릴 수 있도록 하라!"
 이 소식을 들은 백성들은 매우 기뻐했습니다.
 "이제야 우리도 숨 좀 쉬고 살 수 있겠어."

"살기 좋은 세상이 온 게로군."

백성들을 위한 정책은 그뿐만이 아니었습니다.

노비변정도감을 두어 노비들을 물건처럼 사고 팔던 제도를 엄격히 규제했습니다.

또한 관리가 될 수 있는 기회를 늘리기 위해 이미 벼슬자리에 있는 관리들이 일하는 기간을 일정하게 정했습니다. 그래서 유능한 인재들이 골고루 등용되도록 배려했습니다.

뿐만 아니라 호패법의 실시로 전국의 인구를 파악할 수 있도록 했으며 '저화' 라는 종이돈의 사용도 권장했습니다.

또 백성들의 신분을 양반, 중인, 상민, 천민의 넷으로 나누었습

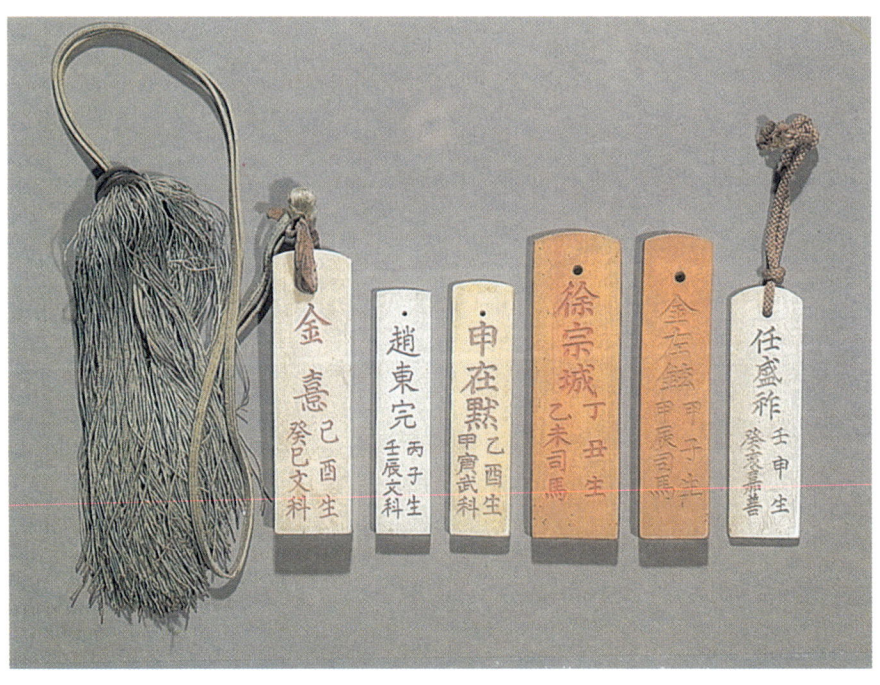

호패(조선 시대 16살 이상의 남자가 차고 다니던 패. 오늘날의 주민등록증과 유사한 역할을 함.)

니다.

 양반은 벼슬길에 나아갈 수 있었고, 중인은 의원, 천문학자, 법률 같은 일을 맡아서 하는 신분이었으며, 또한 각 지방 관청의 낮은 관리로 일하기도 하였습니다.

 상민은 말 그대로 농업, 공업, 상업에 종사하며 살아가는 사람들입니다. 천민은 노비, 광대, 무당, 백정 등의 직업을 가진 사람들을 말했습니다.

 태종은 유교를 중시해서 임금에 대한 충성과 부모에 대한 효도를 그 기본으로 삼았으며, 한 집에 몇 대의 자손이 함께 모여 사는 대가족 제도도 이 때 생겨난 것입니다.

 남자와 여자가 각기 7살이 되면 같은 자리에 나란히 앉지 못한다, 같은 성과 같은 본을 가진 사람들은 결혼을 하지 못한다, 부모가 돌아가시면 3년 동안 술과 고기를 먹지 않고 예를 표한다 등등 부모와 자식간에, 부부간에 지켜야 할 생활 도덕들을 엄격히 지키게 했습니다.

 주자소에서는 계미자라는 활자를 이용해 책을 만들어 내기도 했습니다.

왕의 자리를 양보한 양녕 대군

 태종에게는 네 명의 아들이 있었는데, 임금 자리를 놓고 형제 사이에 다투는 일에 진력이 나 있던 태종은 두 번 다시 그런 일이 없도록 하기 위해 맏이인 양녕 대군을 일찌감치 세자로 책봉했습니다. 하지만 마음 속으로는 총명하고 지혜로운 셋째 아들 충녕 대군을 더 염두에 두었습니다.
 '이 나라의 임금으로는 셋째가 손색이 없어. 책을 즐기고 마음 씀씀이도 어진 것이 네 아들 중 제일인데……'
 태종의 이러한 마음을 읽은 양녕 대군은 고민에 빠졌습니다.
 '나보다는 충녕이 임금이 되는 것이 이 나라를 위해서도 좋은 일이야. 아버님도 그렇게 되기를 원하고 계셔. 어떻게 하면 충녕을 임금 자리에 앉힐 수 있을까?'
 양녕 대군이 이렇게 고민하던 때, 장안에는 이상한 소문이 돌기 시작했습니다.
 "글쎄, 세자인 양녕 대군이 미쳤다지 뭔가."
 "나도 그 소문은 들었어. 아마 갑자기 그랬다지……"
 그 때부터 양녕 대군은 일부러 미친 사람처럼 이상하게 행동하기 시작했습니다. 공부는 거들떠보지도 않은 채 궁궐 밖으로 나

조선 왕조 500년

가 싸움을 하고 여자들과 시시덕거렸습니다. 쓸데없이 사냥을 일삼아 백성들의 원성을 사기도 했습니다.

"저런, 장차 이 나라의 임금이 되실 분인데, 저래서야 나라꼴이 어떻게 되겠어."

"정말 걱정되는군."

형이 이렇게 세자답지 못한 행동을 하자, 태종의 둘째 아들 효령 대군은 마음속으로 생각했습니다.

'형이 저 모양이니, 세자는 당연히 둘째인 내가 되겠지.'

이 때 평상복을 입은 양녕 대군이 효령 대군을 찾아왔습니다. 효령 대군은 깜짝 놀라 형을 바라보았습니다.

"형님께서 어인 일로 제 처소에까지 다 오셨습니까? 어서 방으로 드시지요."

효령 대군과 마주앉은 양녕 대군은 차분한 말투로 말했습니다.

"효령, 아버님의 마음은 셋째인 충녕에게 있어. 그러니 공연

연주대(양녕 대군과 효령 대군이 왕위 계승에서 멀어진 뒤 방랑을 하다가 이 곳에 올라 왕궁을 바라보며 왕위에 대한 미련과 동경의 심정을 담아 연주대라고 이름을 지음.)

히 욕심부리지 말고 임금 자리를 충녕에게 양보하게."
"형님, 그게 무슨 말씀이신지요?"
"내가 진정으로 미친 사람처럼 보이나? 나는 일찍이 충녕을 아끼는 아버님의 마음을 알고 있었네. 하지만 맏이인 나를 두고 셋째인 충녕을 임금으로 앉히실 리는 없을 테니, 내가 미친 척이라도 해야 되지 않겠나? 그러니 자네만 양보하면 아버님의 뜻대로 되는 것일세."
"전 그런 줄도 모르고……."
"우리까지 임금 자리를 놓고 형제 사이에 싸움을 벌일 수는 없는 법일세. 지난날 왕자의 난 같은 부끄러운 일은 두 번 다시 없어야 하지 않겠나. 나보다는 총명한 충녕이 임금이 될 자격이 있어."
이미 11살 때 왕세자로 책봉되었던 양녕 대군이었습니다. 효령 대군은 그제서야 양녕 대군의 깊은 마음을 헤아렸습니다.
"형님, 그런데 그런 허술한 차림으로 어딜 가시려고 하는 겁

효령 대군(1396~1486)

니까?"

"그 동안 궁에 갇혀 있느라 산천 구경을 못 했지 않나? 그러니 우선 여기저기 떠돌아다니려 하네. 무심하게 방랑하는 것도 좋은 일 아니겠나. 나를 찾으려 하지 말게."

양녕 대군은 빙긋 웃으며 자리에서 일어났습니다.

그 후 양녕은 이견의 집에 며칠 머물렀다가 다시 어디론가 길을 떠났습니다. 어디를 향하는지 양녕 자신도 알지 못했습니다.

이 소식을 들은 태종은 화가 나서 소리쳤습니다.

"어서 세자를 찾아오라!"

하지만 양녕 대군을 찾는 것은 쉬운 일이 아니었습니다. 양녕이 잠시 머물렀던 이견의 집에 군사들이 들이닥쳤습니다.

"세자께서 어디 계신지 알고 있느냐?"

"모릅니다."

이견은 태종에게 알리지 않고 양녕 대군을 묵게 해 주었다는 이유로 잡혀가 곤장을 맞았습니다. 집으로 돌아온 이견은 그만 몸져눕고 말았습니다.

"계십니까?"

어느 날, 이견의 집에 삿갓을 쓴 사나이가 나타나서 문을 두드렸습니다.

"어르신의 성함이……."

이견의 하인이 물었습니다.

"여기저기 떠돌아다니는 나그네일세만, 이 댁 어르신이 몸져 누우셨다기에 문안 왔네."

하인은 고개를 갸웃거리며 이견의 방문을 열어 주었습니다.

이견은 겨우 몸을 일으켜 마당에 서 있는 사나이를 내다보며 말했습니다.

"뉘신지……."

사나이가 빙긋 웃으며 삿갓을 벗었습니다.

"날세. 나 때문에 이 고생을 하는군."

"아이고, 세자 마마!"

이견은 반가운 마음에 움직이지도 못하던 몸을 벌떡 일으켜 양녕 대군에게 절을 했습니다.

동구릉(1408년 태조의 능인 건원릉이 조성되기 시작한 뒤 조선의 9명의 왕과 후비의 능이 조성된 왕릉군)

조선 왕조 500년

양녕 대군은 하인을 불러 말했습니다.
"가서 양녕 대군이 여기 있다고 말하거라. 그리고 상금을 받아 와 주인 어르신 병을 고치는 데 쓰도록 하여라."
양녕 대군은 다시 궁궐로 들어갔습니다.
그러나 이견의 병이 나을 즈음, 양녕 대군은 또다시 궁궐에서 그 모습을 감추었습니다.
아무도 몰래 다시 정처 없는 방랑길에 오른 것이었습니다.
"뭣이? 세자가 다시 없어졌다고!"
태종은 노하여 소리쳤습니다.
"네, 마마. 어젯밤부터 보이질 않사옵니다요."
그러자 태종은 더 이상 양녕 대군의 고집을 꺾을 수 없다고 생각했습니다.
"이제 임금이 된 지도 열여덟 해나 되었구나. 이제는 충녕에게 임금 자리를 물려줘야겠다."
셋째인 충녕이 다시 세자로 책봉되고, 1418년 임금의 자리에 오르게 되었습니다.

왕의 자리를 양보한 양녕 대군

조선 왕조의 궁궐 경복궁

경복궁은 조선 왕조 최초의 궁궐입니다. 태조 4년 1395년 9월에 완공되어, 그 해 말 태조를 비롯한 왕실이 그 곳으로 들어갔습니다.

조선 왕조 제2의 궁궐로 세워진 것이 창덕궁이었습니다. 창덕궁은 1404년(태종 4년) 10월에 완공되었습니다. 또 성종 때에 창경궁이 세워져 창덕궁의 또 다른 궁의 역할을 했습니다. 경복궁·창덕궁은 임진왜란까지 약 100여 년 동안 조선 왕조 왕실의 공간적 터전이 되었습니다. 그러나 1592년(선조 25년) 임진왜란이 일어나 왜군이 서울로 쳐들어오면서 궁궐이 모두 불에 타 없어졌습니다. 그 후 경복궁은 빈 궁궐터로만 남았고, 광해군 때 창덕궁만이 다시 세워졌습니다. 그리고 광해군은 경덕궁과 인경궁 등 새 궁궐을 세워, 조선 후기에는 창덕궁과 경덕궁이 새로운 궁궐로써 유지되었습니다.

경복궁 경회루(국보 제224호, 정면 7칸, 측면 5칸의 장대한 누각 건물)

고종이 즉위한 후 1865년(고종 2년)에 경복궁을 다시 세우는 공사가 시작되어 1868년 마침내 경복궁이 완성되었습니다. 중건된 경복궁으로 고종이 들어감으로써 경복궁은 다시 옛날의 영화를 되찾았습니다.

백성들은 신문고를 두드릴 수 있었나요?

1401년 7월 태종은 중국의 제도를 본떠서 백성들이 왕에게 직접 호소할 수 있도록 신문고를 설치했습니다.

억울하고 원통한 일이 있는 사람들은 신문고를 쳐서 왕에게 직접 호소할 수 있도록 하기 위해서였습니다.

그러나 아무 때나 신문고를 칠 수 있었던 것은 아니었습니다. 서울에 사는 사람들은 먼저 담당 관원에게 호소해야 했습니다. 그래도 해결이 되지 않으면 사헌부에 호소를 하고 처리가 만족스럽지 못하면 마지막으로 신문고를 치게 했습니다. 지방에서는 먼저 자기 고을의 수령에게, 그 다음 관찰사에게, 사헌부 순으로 고하고 신문고를 치게 했습니다.

이러한 절차를 지키지 않으면 아무리 정당한 이유가 있어도 신문고를 칠 수 없게 했고 오히려 엄한 벌을 내렸습니다.

그러나 힘 없는 일반 백성들이 정해진 절차를 거쳐 신문고를 친다는 것은 거의 불가능했습니다. 수령이나 관찰사 또는 서울의 관원들도 자신들과 관련된 문제가 신문고를 통해 왕에게 알려지는 것을 싫어했습니다.

백성들이 많은 노력 끝에 신문고 앞에 이르러도 이를 지키는 의금부 관원들의 방해에 부딪쳐야 했습니다.

따라서 신문고를 이용하는 사람들은 대부분 서울에 사는 관리들이었고, 그 이유도 토지나 노비의 소유권과 관련된 일의 불만이 주된 것이었습니다.

결국 신문고는 중종 때 아예 폐지되고 말았습니다.

역사 풀이

1. 이성계의 3대 정책이 아닌 것을 고르세요.
   ① 사대 정책
   ② 숭유배불주의
   ③ 농본 민생주의
   ④ 중상주의

2. 태조가 정치 이념으로 내세운 종교는 무엇인가요?
   ① 유교   ② 불교   ③ 도교   ④ 힌두교

3. 조선의 도읍지는 어디였나요?
   ① 개경   ② 한양   ③ 공주   ④ 부여

4. 정종은 더 이상의 형제 다툼을 없애기 위해 어떻게 행동했나요?
   ....
   ....

5. 태종의 업적이 아닌 것을 고르세요.
   ① 신문고를 설치하였다
   ② 노비변정도감을 두었다
   ③ 호패법을 실시하였다
   ④ 도읍을 한양에서 개경으로 옮겼다

역사 풀이

6. 조선 왕조 최초의 궁궐은 어디일까요?
   ① 경복궁
   ② 창덕궁
   ③ 창경궁
   ④ 인경궁

7. 삼강의 내용으로 알맞지 않은 것을 고르세요.
   ① 임금과 신하의 올바른 도리
   ② 부모와 자식의 올바른 도리
   ③ 부부간의 올바른 도리
   ④ 친구 사이의 올바른 도리

8. 조선 사회에 끼친 유교 사상의 폐단은 무엇일까요?

   ....

9. 왕은 장남에게 왕위를 물려주고, 일반 백성들은 장남이 가업을 잇게 했습니다. 이러한 풍습에 대한 여러분의 생각을 써 보세요.

   ....
   ....
   ....

제 4 대
세종 대왕

(1397~1450년)
재위 : 1418~1450년

　태종의 셋째 아들이며 원경 왕후 민씨가 어머니입니다. 이름은 원정입니다. 1418년 형 양녕 대군 대신 왕세자로 책봉되어 22살로 왕이 되었습니다. 현명하고 학문을 즐겼으며, 수많은 업적을 남겼습니다.

　세종 대왕은 황희, 맹사성 등 능력 있고 청빈한 정치가를 등용해서 왕과 신하가 함께 나라를 이끌어 갈 수 있도록 했습니다.

　1443년 한글 훈민정음을 창제하고, 불교를 개혁하여 불교 발달에 도움을 주었습니다. 장영실 등과 함께 세계 최초로 비의 양을 측정하는 측우기를 만들었고, 각종 과학 기구를 제작했습니다. 밖으로는 북방 지대를 개척하여 두만강변에 6진을, 압록강 상류에 4군을 설치하여 국경을 확정지었습니다.

　세종 대왕은 한국 역대 임금 중 가장 찬란한 업적을 남겨 이상적인 군주로 칭송받는 훌륭한 임금입니다.

 과학 발전과 국력 강화

　양녕 대군 대신 충녕 대군이 임금의 자리에 오른 것은 22살 때였습니다.
　선왕인 태종이 조선을 정치, 경제적으로 발전시켰다면, 세종 대왕은 문화적인 면에서 조선을 발전시켰습니다.
　우선 학자들이 모여서 연구하고 토론할 수 있는 집현전을 만들었습니다. 중국의 음악이던 아악을 우리 정서에 맞게 정리하게 했으며, 음악 도감이라는 관청을 두어 새로운 악기를 만드는 데도 힘을 썼습니다. 세종 대왕은 도천법이라는 법을 새로 만들었습니다.
　또한 늘 백성을 먼저 생각했던 세종 대왕은 백성들의 마음을 알려면 그들이 어떻게 사는지 잘 알아야 한다고 생각했습니다. 그래서 궁궐에 백성들이 사는 집과 똑같은 초가집을 짓고 그 곳

세종 대왕

에서 생활하기도 했습니다.

그리고 신하들에게 어명을 내렸습니다.

"나라가 발전하려면 인재를 고루 써야 하오. 이제부터는 시험을 거쳐 관리를 쓰겠소."

전국 각지에서 많은 인재들이 몰려 왔습니다. 세종 대왕은 시험 보는 장소에 몸소 가 보기도 하는 등, 인재를 기르는 데 많은 관심을 기울였습니다.

어느 날 신하 한 명이 난처한 표정으로 아뢰었습니다.

"아뢰옵기 황송하오나, 경상도에 손재주가 뛰어난 자가 있다고 하옵니다. 그 자는 무엇이든 주문하는 대로 만들어 주며, 고장난 무기도 순식간에 고쳐 내놓는답니다. 그리고 직접 해괴한 기계를 만들기도 하는 등 머리가 비상하다고 합니다. 하오나 그의 신분이 너무나 미천하여……."

"그의 신분이 어떻단 말이오?"

천문을 관측하기 위해 세운 관천대

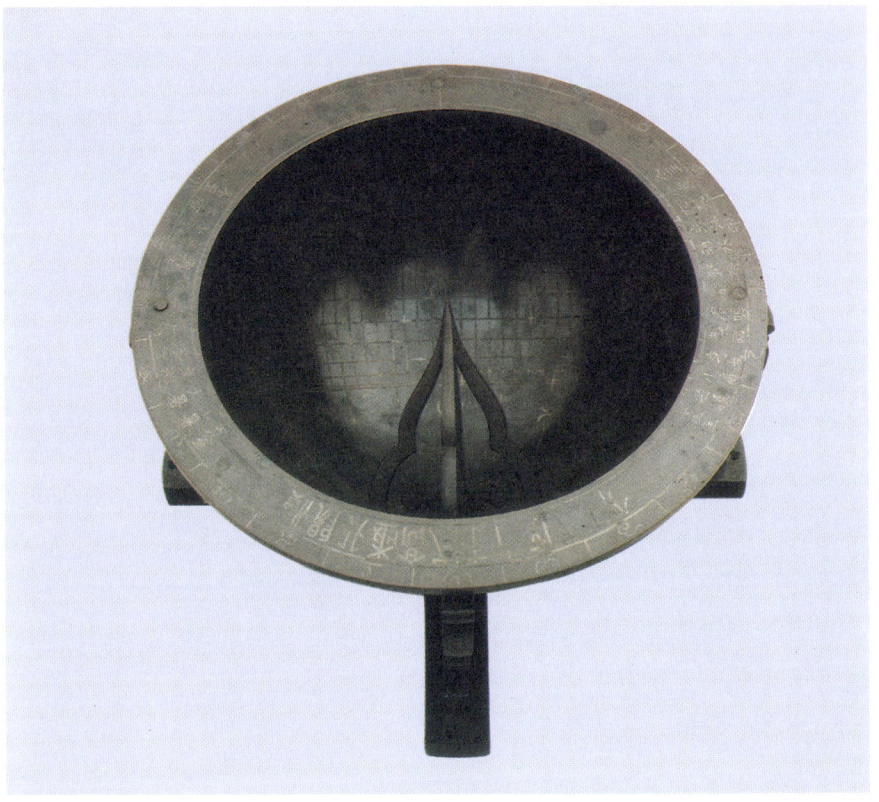

앙부일구(해시계, 반구형의 솥이 위를 향한 모양에서 붙여진 이름.보물 제845호)

"관아에 딸린 종이라 하옵니다."

"관아에 딸린 종이라……."

세종 대왕은 말끝을 흐렸습니다. 관리로 임명하기에는 너무나 낮은 신분이었습니다. 하지만 신분 때문에 훌륭한 인재를 내버려둘 수는 없었습니다.

"당장 가서 그 자를 불러 오시오. 그 재주가 진실로 뛰어나다면 내 그에게 기꺼이 벼슬을 주어, 이 나라를 위해 힘쓰라고 할 것이오."

태조 때부터 신분이 엄격한 유교 정책을 펴던 터라, 신하들은 모두 어리둥절한 표정을 지었습니다. 그러나 왕의 명을 거역할 수는 없었습니다.

"어서 가서 그를 불러들이라."

마침내 장영실은 세종 대왕을 만나게 되었습니다.

비록 누추한 옷차림의 종에 불과한 장영실이었지만, 세종은 그의 빛나는 눈빛만은 한눈에 알아볼 수 있었습니다.

"너를 상의원 별좌에 임명하니, 나라를 위해 힘쓰도록 하라."

한낱 관아에 딸린 종이었던 장영실이 손재주 하나만으로 벼슬자리에 올랐습니다. 이는 역사상 보기 드문 일이었습니다. 이처럼 세종 대왕은 인재를 아끼는

혼천의(물의 힘을 이용한 시계를 고쳐 추를 달아 바퀴가 회전하도록 하면서 시각을 적은 목판이 창문에 나타나서 시각을 알려 주는 원리로 만든 시계.국보 제230호)

과학 발전과 국력 강화

비가 올 때 강우량을 측정한 측우기(보물 제842호)

임금이었습니다.

　이후 장영실은 이천과 함께 천문을 관측할 수 있는 혼천의와 해시계, 물시계 등을 만들었습니다.

　세종 대왕이 임금이 된 지 2년째 되던 어느 봄날이었습니다.

　유난히 가뭄이 길어지자 농민들뿐만 아니라, 조정에서도 몹시 근심하기 시작하였습니다.

　세종 대왕은 말을 모는 종들에게 길가의 풀뿌리를 뽑아 오게 했습니다. 가뭄이 얼마나 극심한지 풀뿌리에 묻어 있는 습기를 보고 알고자 함이었습니다.

　모처럼 비가 내린 어느 날, 세종 대왕은 다시 명했습니다.

　"땅을 파도록 하라."

　땅을 파 보면 빗물이 얼마나 깊게 스며들었는가를 알 수 있기

왕비가 직접 누에를 길러 모범을 보였던 친잠소

임금이 농사가 잘 되기를 하늘에 빌었던 선농단

과학 발전과 국력 강화

때문이었습니다. 각 지방에서 빗물이 얼마나 스며들었는지 자로 잰 다음 그 수치를 세종 대왕에게 올리면, 그 수치를 보고 가장 가뭄이 심한 지방을 알 수 있었습니다.

조정에서는 그 지방에 식량을 먼저 보내 주어 백성들의 근심을 조금이나마 덜 수 있었습니다.

이것이 후일 측우기를 발명하게 된 동기가 되었습니다.

그리고 이러한 일은 세종 대왕과 장영실이 주축이 되어 추진한 것입니다.

비록 미천한 신분이지만 그의 재주를 알아본 세종 대왕의 안목에 장영실은 역사에 길이 남을 업적을 남긴 것입니다.

세종 대왕이 업적을 쌓아 가는 동안에 두만강과 압록강 주변에 살고 있는 여진족들은 가까운 곳에 있는 조선 백성들을 심하게 괴롭히고 있었습니다.

이 소식을 들은 세종 대왕은 김종서에게 명하였습니다.

"장군 김종서는 여진족을 토벌하여, 변경의 백성들이 안심하고 살 수 있도록 하라."

어명을 받은 김종서 장군은 군사들을 이끌고 두만강으로 가서, 단숨에 여진족을 토벌했습니다. 그 소식을 들은 세종 대왕은 다시 명했습니다.

"다시는 우리 나라 백성들을 괴롭히지 못하도록 진을 설치하

시오."

 김종서는 두만강 유역의 여섯 지역에 우리 나라 군사들이 지키는 진을 설치했습니다. 그 후 여진족은 김종서라는 말만 들어도 벌벌 떨었습니다.

 압록강 주변의 야인들은 최윤덕, 이천 장군 등이 맡았습니다. 두 장군은 야인들을 물리친 다음 네 지역에 새로 관청을 두어 야인들의 침입을 막도록 했습니다.

 이렇게 조선 영토 최북단의 변경 지역에 6진과 4군이 설치됨으로써, 백성들은 안심하고 살 수 있게 되었습니다.

 세종 대왕의 훌륭한 정치에 감복한 집현전 학사들은 더욱 열심히 공부했습니다. 그리하여 좋은 책들을 많이 펴낼 수 있었습니다.

 농부들의 경험담을 모은 〈농사직설〉과 병을 치료하는 의학책 〈의방유취〉, 그리고 전국의 지리를 나타낸 〈팔도지리지〉를 편찬하기도 했습니다.

 그러나 그 때까지도 학자들은 어려운 한문으로만 글을 썼지, 우리 실정에 맞는 글을 만들 생각은 하지 못했습니다.

🌀 우리의 글 훈민정음

하루는 세종 대왕이 집현전의 학사들을 모아 놓고 말했습니다.
"우리말은 닿소리와 홀소리로 되어 있소. 이를 근본으로 하여 글자를 만들까 하는데 경들의 의견은 어떻소?"
학사들은 처음에는 어리둥절하여 아무 말도 하지 못했습니다. 잠시 후 최만리가 고개를 조아린 채 아뢰었습니다.
"전하, 지금 쓰는 한자를 버리고 새로운 글자를 만든다는 것은, 중국을 공경하는 사상에 반하는 것입니다. 그것은 또한 우리가 오랑캐임을 스스로 인정하는 일이 아니겠사옵니까?"
"그러하옵니다. 우리는 지금 쓰는 한자만으로도 전혀 불편이 없사옵니다."
대부분의 학사들이 세종 대왕의 말에 고개를 내저었습니다.
"순수한 우리 글자이면서 배우기 쉽고 쓰기 쉬운 아름다운 우리만의 글자를 만드는 일이 어려운 줄은 알고 있소. 하지만 언제까지 우리 백성들이 중국의 글자로서 우리말을 나타내야 한단 말이오. 더 늦기 전에 만들어 보도록 합시다."
다음 날부터 집현전 학사들은 밤낮없이 한글을 만드는 데 몰두

했습니다.

성삼문은 중국을 열세 번이나 다녀왔고, 세종 대왕은 연구에 몰두한 나머지 병을 얻어 요양을 다녀오기까지 했습니다.

한번은 이런 일도 있었습니다.

신숙주가 집현전에서 밤늦도록 책을 읽고 있을 때였습니다. 세종도 그 때까지 사정전(임금이 나라일을 보는 건물)에서 책을 읽고 있었습니다.

세종 대왕은 시중드는 내시를 불렀습니다.

"집현전에 가서 학사들이 무엇을 하는지 살펴보고 오너라."

조금 뒤, 심부름 갔던 내시가 돌아와 보고하였습니다.

"신숙주 학사가 혼자 남아 책을 읽고 있사옵니다."

"음, 그래? 그럼 나도 책을 더 읽어야겠다."

새벽닭이 울 무렵까지 책을 읽던 세종은 집현전으로 직접 나가 보았습니다.

그 때까지 책을 읽고 있던 신숙주는 책상에 기대어 막 잠이 든 참이었습

집현전 학사들의 연구 모습

우리의 글 훈민정음

니다. 세종 대왕은 입고 있던 겉옷을 벗어 잠든 신숙주에게 덮어 주었습니다.

아침에 잠을 깬 신숙주는 소스라치게 놀랐습니다.

사정을 알게 된 신숙주는 자리를 차고 일어나 무릎을 꿇고 임금이 머무는 쪽을 향하여 절을 하며 말했습니다.

"상감 마마의 깊으신 은혜 잊지 않고 나라를 위해 이 한몸을 바치겠습니다."

이와 같은 세종 대왕의 열의와 정성은 집현전 학사들에게도 전해져 모두가 한마음 한뜻으로 한글을 연구하였습니다.

세종 대왕은 집현전 외에 언문청이라는 기관을 두어, 한글을 만드는 데만 몰두할 수 있도록 했습니다.

이러한 모두의 노력 끝에 세종 25년, 드디어 모두 28자의 한글이 탄생되었습니다.

한글의 모음은 철학에 바탕을 두고, 자음은 과학의 원리에 바탕을 두고 만들어졌습니다. 우주의 중요한 세 요소인 하늘, 땅, 사람이 어우러진 것이 모음이고, 입 모양을 관찰한 음성학적인 연구의 결과가 바로 자음입니다.

1445년, 세종 대왕은 한글을 '훈민정음'이라 불렀습니다. 이로써 훈민정음은 우리 나라 최초의 글자가 되었습니다.

"우리 나라 말은 중국과 달라, 한자와는 서로 뜻이 잘 통하지 않는다. 이런 이유로 배우지 못한 백성들이 말하고자 하여도 그 뜻을 제대로 전달할 수가 없다. 이를 가엾이 여겨 새로 스물여덟 글자를 만들었으니 모든 사람들이 쉽게 익혀 널리 편하게 쓰고자 할 따름이니라."

훈민정음의 서문에는 백성을 사랑하는 세종 대왕의 높은 뜻이 담겨 있습니다.

훈민정음의 원본에는 다음과 같은 글이 실려 있습니다.

"지혜로운 사람은 하루 아침 안에 깨우칠 것이고, 어리석은 사람도 열흘 안에 배울 수 있을 것이니라."

세종 대왕은 새로 만든 글자로 책을 만들고 싶었습니다.

"훈민정음으로 조선의 왕들에 관한 책을 만들어 보시오."

이것이 오늘날 훈민정음으로 쓰여진 최초의 책 〈용비어천가〉입니다.

이듬해인 1446년 9월, 세종 대왕은 훈민정음을 온 나라 백성들에게 알리고 나라글로 널리 쓰도록 명을 내렸습니다.

하지만 학자들 사이의 논쟁은 쉽게 끝나지 않았습

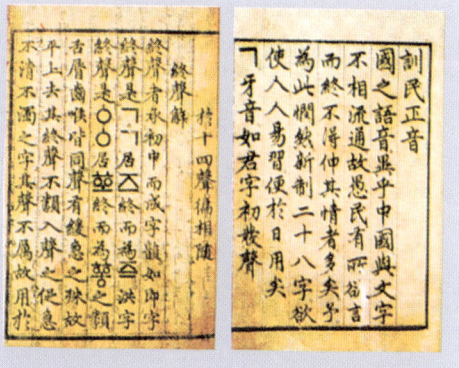

훈민정음

우리의 글 훈민정음

니다. 몇몇 학자들이 한자의 우수성을 들어 훈민정음의 사용을 반대한 것입니다.

"소리를 빌려 글자를 만든 것에는 이미 설총이 만든 이두 문자가 있사옵니다. 쉬운 언문을 공부하기 시작하면 한자로 된 옛 성현들의 말씀을 외면하기 십상입니다."

최만리를 중심으로 한 학자들은 세종 대왕에게 상소문을 올렸습니다.

"훈민정음은 본디 그 구성과 원리가 모두 새로운 것이오. 지금 내가 우리 백성들을 위해 우리 고유의 글을 쓰게 하지 않으면 누가 그 일을 하겠소."

세종 대왕은 반대하는 학자들에게 호통을 쳤습니다. 훈민정음이 반포되고 나서 많은 시간이 흘렀지만, 여전히 일부 학자들은 훈민정음을 무시했습니다.

"한문에 비하면 훈민정음은 글자도 아니야."

"누가 아니래? 그건 상것들이나 쓰는 상스러운 글자라고."

그러나 세종 대왕의 뜻은 꺾이지 않았습니다.

"집현전의 학사들을 모아 훈민정음 지침서를 만들도록 하시오. 훈민정음의 창제 원리와 음의 체계를 자세히 실어, 보는 이들이 글자의 원리를 이해하게 하시오."

신숙주를 비롯한 집현전의 학사들이 펴낸 〈동국정운〉은 바로

세종 대왕의 이러한 명을 받들어 완성된 책이었습니다.

훈민정음으로 된 책들은 그 외에도 〈석보상절〉, 〈월인천강지곡〉 등이 있습니다.

이처럼 세종 대왕은 왕의 자리에 있는 31년 6개월 동안 쉬지 않고 일했습니다. 그래서 그의 몸은 점점 약해져 갔습니다.

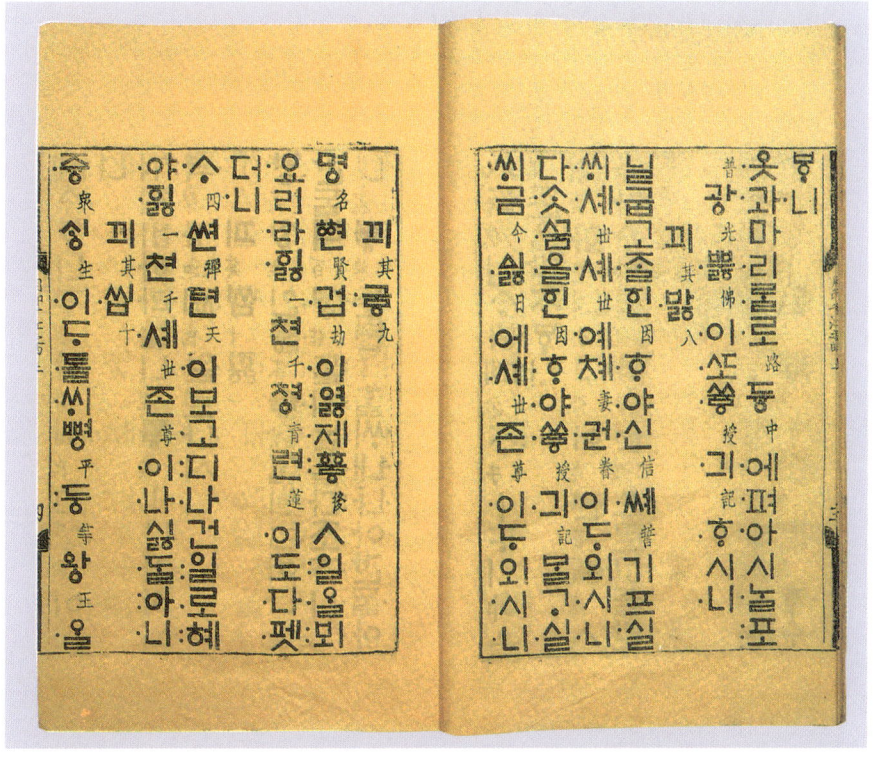

월인천강지곡(한글 위주로 쓴 최초의 한글 전용 문헌. 석가의 공덕을 기리는 노래를 내용으로 담음. 보물 제398호)

온몸에는 종기가 나고, 가까운 사람의 얼굴도 구별하지 못할 정도로 나빠졌습니다. 세상을 떠나기 8년 전에는 몸이 너무 약해져 세자가 나라일을 대신할 정도였습니다.

 맹사성과 황희

　세종 대왕이 많은 업적을 남길 수 있었던 데에는 훌륭한 신하들이 있었기 때문이기도 했습니다.
　4군 6진을 개척한 김종서를 비롯한 장군들과 장영실 같은 과학자도 있었습니다.
　또한 세종 대왕이 은근히 경쟁을 할 정도로 밤낮없이 집현전에서 공부하던 신숙주도 있었습니다. 그리고 청렴하고 지혜롭기로 이름난 맹사성과 황희라는 신하가 있었습니다.
　맹사성이 우의정을 지내던 때의 일이었습니다.
　나라일을 의논하기 위해 병조 판서가 맹사성의 집을 찾아왔습니다.
　병조 판서는 허름한 초가집을 보고 하인에게 물었습니다.

조선 왕조 500년

맹사성이 살던 곳(아산시 배방면 중리, 사적 제109호)

"이 집이 정녕 우의정이신 맹사성 대감의 집이란 말이냐?"
"이 집이 틀림없습니다."
하인도 난처한 표정을 지으며 대답했습니다.
"우의정 대감 계십니까?"
병조 판서는 미심쩍어하며 큰 소리로 불러 보았습니다.
그런데 잠시 후 방문을 열고 맹사성이 고개를 내밀었습니다.
"병조 판서 오셨는가, 어서 오시게."

병조 판서는 허리를 구부리고 좁은 방 안으로 들어가 주위를 둘러보며 당황한 표정을 지었습니다.

맹사성은 그런 병조 판서의 얼굴을 보고는 호탕하게 웃으며 말했습니다.

"그래도 한 100년은 더 살 수 있다네. 허허허!"

그런데 병조 판서와 맹사성이 한창 의논을 하고 있는데, 밖에서 갑자기 소나기가 내리기 시작했습니다.

그러자 천장에서 조금씩 물이 떨어지더니, 잠시 후 물방울이 굵어져 병조 판서의 머리 위에까지 떨어졌습니다.

그 모습을 본 맹사성은 밖으로 나가더니 삿갓을 두 개 들고 들어오며 말했습니다.

"허허, 자네도 이 삿갓을 쓰게. 비는 피해야 하지 않겠는가."

맹사성도 삿갓을 썼습니다. 두 사람은 방 안에서 삿갓을 쓴 채로 의논을 마쳤습니다.

병조 판서가 자리에서 일어나자 소나기가 그쳤습니다.

맹사성이 맑게 갠 하늘을 보며 삿갓을 풀었습니다. 병조 판서는 그러한 맹사성의 모습을 보며 생각했습니다.

'과연 청렴한 선비로다.'

맹사성은 평소에도 말이나 가마 대신 소를 타고 다니며 허름한 옷을 입는 바람에 사람들로부터 천민 취급을 받기도 했습니다.

맹사성이 벼슬에서 물러난 것은 세종이 즉위한 지 17년째 되던 해였습니다.

"상감마마, 저는 49년 동안 나라의 일을 해 왔습니다. 이제는 평범한 백성이 되어 고향으로 내려가 살고 싶습니다."

맹사성의 묘

세종 대왕은 말리고 싶었지만, 나이 많은 신하의 뜻을 꺾을 수 없어 승낙을 할 수밖에 없었습니다.

맹사성은 고향으로 내려와 한적한 생활을 즐기다가 79살로 세상을 떠났습니다.

또한 세종 대왕 때의 청렴한 관리로는 18년 동안이나 영의정을 지낸 황희가 있었습니다.

무더운 어느 여름날, 황희가 한낮의 햇빛이 내리쪼이는 들길을 가다가 너무 더워 잠시 밭둑의 나무 그늘에서 쉬고 있을 때였습니다.

이 때 밭에서는 한 농부가 두 마리의 소로 밭을 갈고 있었는데, 한 마리는 검고 다른 한 마리는 누런 소였습니다.

황희는 농부가 다가오자 물었습니다.

"이렇게 더운데 밭을 가느라 고생이 많으십니다. 그런데 어느

소가 일을 더 잘 합니까?"

그랬더니 농부는 한 손가락으로 입을 가리키며 소를 힐끗 돌아다보는 것이었습니다. 그러고는 황희를 데리고 소로부터 멀찌감치 떨어진 곳으로 가더니, 귓속말로 말하였습니다.

"누런 소는 일도 잘 하고 말도 잘 듣는데, 검은 소는 일도 못 하고 꾀만 부린답니다."

황희의 영정을 모시고 제사를 지내는 영당지

황희는 농부의 행동이 이상하게 생각되어 그에게 물었습니다.
"그런데 노인께서는 그런 말씀을 하시면서 이렇게 멀리까지 와서 귓속말로 하는 이유라도 있으신 겁니까?"
그러자 수염이 허연 농부는 진지한 표정으로 대답했습니다.
"허! 젊은 양반이 뭘 모르시는군요. 아무리 하찮은 짐승이라도 제 흉을 보는데 좋아할 리가 있겠습니까? 구태여 제 흉을 듣게 하여 마음을 불편하게 할 이유가 없지요."
이 말을 들은 황희는 큰 깨달음을 얻었습니다.
언제나, 누구에게나 말조심을 해야 한다는 뜻의 노인의 가르침으로, 황희는 평생 동안 한 마디의 말이나 하나의 행동에도 깊이

생각하고 조심하여 훌륭한 인격자가 되었습니다.

황희가 영의정이 된 뒤에도 가난한 생활을 한다는 소문이 세종 대왕의 귀에까지 들어갔습니다.

어느 날, 세종 대왕은 갑자기 황희의 집을 방문하였습니다.

왕이 왔다는 말에 버선발로 뛰어나오는 황희의 모습은 정말 그의 집만큼이나 초라하였습니다.

"음! 과연 듣던 대로구나."

세종 대왕은 혼잣말을 하며 황희의 안내를 받아 방 안으로 들어섰습니다. 그런데 세종 대왕은 얼떨떨한 표정이 되어 멈춰선 채 앉을 줄을 몰랐습니다.

아무리 청렴한 생활을 한다고 해도 사람이 사는 방이 이처럼 초라하리라고는 짐작하지 못했기 때문이었습니다.

웬만한 집에 다 있는 장롱이나 문갑은커녕 방바닥에도 변변한 자리 하나 없이 거친 멍석이 깔려 있었습니다.

"이것이 한 나라의 영의정의 방이라니……."

황희(1363~1452)

맹사성과 황희

세종 대왕은 궁궐로 돌아와서는, 가까운 신하를 불러 황희의 일을 의논했습니다.
　"정승이라는 사람이 그처럼 초라한 생활을 하다니 말이나 되오? 녹이 적어서 그렇다면 올려 주어야 되지 않겠소?"
　세종 대왕의 물음에 그 신하는 이렇게 대답했습니다.
　"녹이 적어서 그런 것이 아니옵니다. 황 정승은 가난한 사람들이나 친구들을 많이 도와 주기 때문에, 그렇게 쪼들리는 생활을 하고 있는 것이옵니다. 그 분은 아무리 많은 녹을 받는다 해도 지금과 다른 생활을 하지는 않을 것입니다."
　"오! 과연 세상에 둘도 없을 어진 사람이로다. 내 곁에 이렇게 어진 사람이 있다니 내가 복을 받은 게 틀림없소."
　세종 대왕은 황희의 아름다운 마음씨에 가슴이 뭉클해졌습니다. 1450년 2월, 훈민정음 창제로 인한 과로 탓인지 세종 대왕의 건강은 날로 악화되었습니다.

황희의 묘

　"전하, 속히 쾌차하셔서 이 나라를 살피시옵소서."
　"전하, 몸을 돌보시옵소서."

신하들은 눈물을 흘리며 세종 대왕의 병을 안타까워했습니다.

세종 대왕과 왕비 소헌 왕후의 무덤인 영릉

하지만 세종 대왕은 자신이 더 이상 자리에서 일어나지 못하리라는 것을 잘 알고 있었습니다.

"내 한 가지 마음에 걸리는 것이 있소이다."

세종 대왕은 수척한 얼굴로 말했습니다.

"일찍 어미를 잃은 세자가 몸이 건강하지 못하니, 나라일을 제대로 해낼 수 있을까 걱정이오. 내 마지막 부탁이니 세자를 잘 돌봐 주시오. 세자의 힘이 되어 주시오."

성삼문, 신숙주, 김종서 등은 세종 대왕의 말에 고개를 조아렸습니다.

"명심하겠사옵니다."

"심려하지 마시옵소서, 전하."

세종 대왕은 믿음직스러운 신하들을 돌아보며 편안히 눈을 감았습니다.

여러 가지 분청사기

분청사기는 고려 청자에서 변형되어 회색 바탕의 흙에 분을 바르고 그 위에 유약을 바른 도자기입니다. 1420년~1450년경에 분청사기의 양식이 발전, 정착되었습니다.

① 분청사기 상감연류무늬매병(15세기, 높이 28㎝)
② 분청사기 박지모란무늬 항아리(15세기, 높이 45㎝)
③ 분청사기 상감용무늬 항아리(15세기 전반, 높이 49.7㎝)

①

②

③

④ 분청사기 철화초무늬 병(16세기, 높이 24.5㎝)

⑤ 분청사기 태항아리 (15세기 초 - 세종의 딸 정소 공주의 묘지에서 출토됨. 오른쪽 항아리의 높이는 21.2㎝)

제 5 대
문종

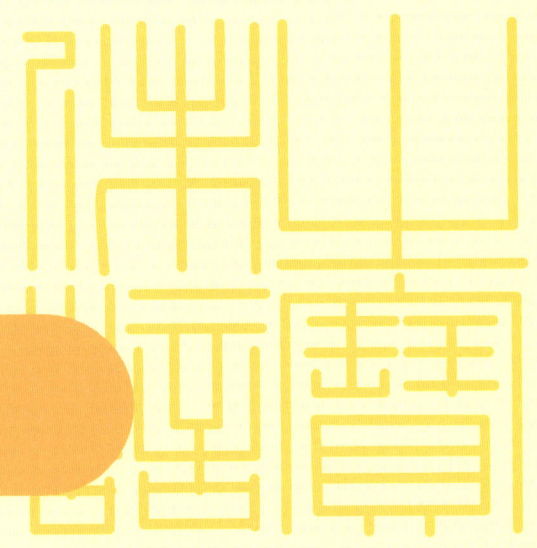

(1414~1452년)
재위 : 1450~1452년

　세종 대왕의 맏아들로, 이름은 향, 자는 휘지입니다.
　1421년 세자로 책봉되어 1442년 세종 대왕이 병상에 눕자 아버지를 대신하여 나라를 이끌었습니다.
　그는 문무 관리들을 고르게 등용하고, 신하들이 자유롭게 나라일을 비판할 수 있도록 하는 등 훌륭하게 나라를 다스렸습니다.
　세종 대왕이 죽은 뒤 1450년 37살로 왕이 되었지만, 세자 자리에 있으면서 나라일에 너무 힘을 쏟은 나머지 몸이 약해져서 왕위에 오른 지 2년 3개월 만에 숨을 거두었습니다.

짧은 치세

온 백성들이 세종 대왕의 죽음을 슬퍼했습니다. 훌륭한 임금을 잃어버린 터라 대를 이을 새로운 왕에 대한 기대 또한 컸습니다.

세자 향은 그의 나이 37살 때 선왕의 뒤를 이어 조선의 제5대 임금, 문종으로 즉위했습니다.

성균관에서 학자들과 함께 공부를 했고 훈민정음 보급에도 힘써 온 문종은 올바른 정치를 펴고자 의욕에 넘쳐 있었습니다. 문종은 학문에 밝고 인품 또한 자상했지만, 몸이 약하여 늘 병에 시달렸습니다.

문종에게는 왕자 홍위와 두 명의 공주가 있었는데, 자신의 건강을 염려한 문종은 어린 왕자를 세자로 책봉해 두었습니다.

즉위 후 나라일에 전념하던 문종은 갈수록 쇠약해졌습니다. 어느 날 문종은 특별히 성삼문, 박팽년, 신숙주 등을 부르더니 세자도 함께 들라 명했습니다.

성삼문과 박팽년, 신숙주, 이개, 그리고 어린 세자가 문종의 앞에 나란히 고개를 조아리고 앉아 있었습니다. 문종은 세자를 보며 말했습니다.

"세자는 들으라. 여기 계신 학자들은 모두 세자의 스승이자, 세자의 앞길을 이끌어 주실 분들이다. 부디 이분들의 가르침에 소홀함이 없도록 해야 한다."

"네, 아바마마."

조선 시대 국립 대학인 성균관 명륜관

그러더니 이번에는 학자들을 향하여 말했습니다.
"과인은 오직 경들만 믿소. 부디 어린 세자를 잘 보살펴 주시오."
문종의 눈에는 어린 세자를 향한 염려가 서려 있었습니다.
"마마, 너무 걱정하지 마시옵소서."
이들이 모두 돌아간 뒤에도 문종은 마음이 편치 않았습니다.
'세자 나이 겨우 열한 살인데, 내 몸이 이리도 허약하니 앞날이 걱정이구나.'
문종은 임금의 자리에 오른 지 2년 만에 세상을 떠나고 말았습니다.
어린 세자는 선왕을 여읜 슬픔을 달랠 겨를도 없이 임금이 되어야만 했습니다. 세자의 나이 열두 살 때의 일이었습니다.

물시계 '자격루'

자격루는 우리 나라 최초의 물시계입니다. 자격루를 만든 사람은 장영실로 조선 시대의 과학자입니다. 원래 장영실은 기생의 소생으로 동래현의 노비였습니다. 그러나 과학적인 재능이 뛰어나 노예의 신분을 벗고 세종 대왕을 도와 각종 천문 도구를 제작 감독했습니다.

그는 중국에 가서 중국 및 아라비아의 각종 시계 장치를 연구한 다음 조선에 돌아왔습니다. 마침내 장영실은 세종 16년 경복궁 경회루 남쪽 보루각에 자격루를 설치했습니다.

이것은 이전의 물시계와는 달리 사람 손이 가지 않아도 때가 되면 인형이 나와 종을 때려 시간을 알려 주는 발명품이었습니다. 자격루는 4개의 물항아리, 2개의 원통형 청동물받이, 시보 장치(시간을 알려 주는 장치)의 세 부분으로 구성되어 있습니다. 해뜬 다음부터 해질 때까지는 하루를 12등분하여 '시'를 기준으로 시보하고, 해진 다음부터 해뜰 때까지의 밤 시간은 5경으로 나누어 시보했습니다.

이 밖에도 장영실은 휴대용 해시계 현주일구, 천평일구, 해시계 앙부일구, 또 세계 최초로 비의 양을 측정하는 측우기와 수표를 발명했습니다.

물시계 자격루(국보 제229호)

쏙쏙 역사 상식

장원백 최항

　최항은 집현전의 학사로 세종 대왕과 함께 훈민정음을 만든 당대의 뛰어난 학자였습니다. 최항은 글을 잘 지어서 세종 대왕 이래 18년이 넘게 어명으로 글을 짓는 일을 도맡아 했습니다. 최항과 세종 대왕의 만남에는 다음과 같은 이야기가 내려옵니다.

　최항이 청년 시절에 한양으로 과거를 보러 와서 시험을 치르고 있었습니다. 자신있게 글을 다 지은 최항은 꾸벅꾸벅 졸기 시작했습니다.

　마침 뜰 잣나무 아래 앉아 있던 최항은 바람이 산들산들 불어오자, 기분 좋게 잠이 들었습니다. 이 때, 세종 대왕은 유생들이 시험을 치르는 광경을 지켜 보러 나왔습니다. 그러다 그도 잠시 졸았습니다.

　그런데 꿈 속에 잣나무 아래 커다란 용 한마리가 웅크리고 앉아 있는 것을 보았습니다. 놀라서 눈을 번쩍 뜬 세종 대왕은 이상한 꿈이라고 생각하면서 사람을 시켜 잣나무 아래로 가 보게 했습니다.

　다녀온 신하는 세종 대왕에게 한 선비가 졸면서 한 발을 잣나무 위에 얹어 놓고 있었다고 전해 왔습니다. 그날 시험에서 장원한 사람은 바로 잣나무 아래에서 자고 있던 최항이었습니다.

　세종 대왕은 장원한 최항을 기특해하면서 아꼈습니다.

　그리고 그 잣나무는 그 때부터 장원백이라고 불렀습니다.

최항의 묘

역사 풀이

1. 세종 대왕이 학문 발전을 위해 만든 것을 고르세요.
    ① 숭례문
    ② 집현전
    ③ 음악도감
    ④ 성균관

2. 세종 대왕 때의 유명한 과학자로 측우기를 만든 사람은 누구인가요?
    ① 김종서
    ② 이천
    ③ 장영실
    ④ 최윤덕

3. 두만강과 압록강 주변에서 우리 나라를 괴롭히던 사람들의 무리를 찾아보세요.
    ① 말갈족
    ② 흉노족
    ③ 거란족
    ④ 여진족

4. 김종서가 두만강 유역에 설치한 것은 무엇인가요?

    ....

5. 세종 대왕이 만든 우리 나라 최초의 글자는 무엇인가요?

　　..

6. 세종 대왕이 한글을 만든 이유는 무엇일까요?

　　..

　　..

7. 세종 대왕 때의 청렴 결백한 두 정승은 누구였나요?

　　..

8. 한글로 쓰여진 최초의 책은 무엇인가요?
　　① 〈용비어천가〉
　　② 〈동국정운〉
　　③ 〈석보상절〉
　　④ 〈월인천강지곡〉

9. 세종 대왕이 남긴 업적들은 어떠한 생각을 바탕으로 이루어진 것일까요?

　　..

제 6 대
단종

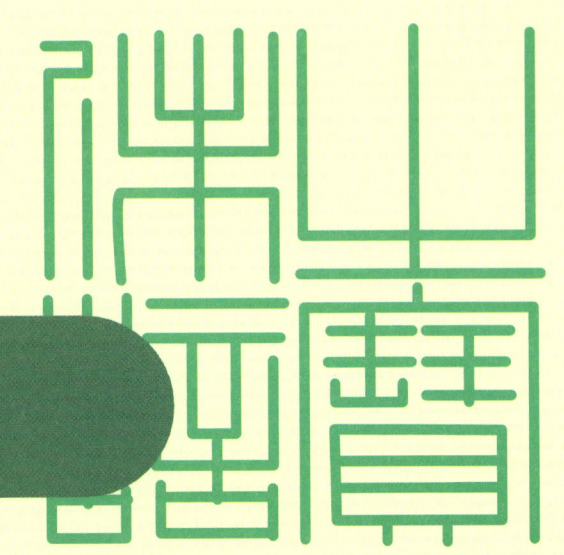

(1441~1457년)
재위 : 1452~1455년

문종의 아들로 이름은 홍위이고 어머니는 현덕 왕후 권씨입니다.
 1450년 10살로 세자로 책봉되어 12살 되던 해 문종이 죽자 왕위에 올랐습니다. 문종은 세자의 나이가 어린 것을 걱정해서 황보인·김종서 등에게 보필할 것을 명하고, 성삼문·신숙주·박팽년 등에게도 잘 보살펴 줄 것을 부탁했습니다.
 그러나 숙부 수양 대군이 보필하는 신하들을 암살하고 강제로 왕위를 빼앗아 1455년 단종은 수양 대군에게 왕위를 물려주었습니다.
 1457년 사육신이 단종을 복위시키려다 발각되어 단종은 강원도 영월로 유배되었고, 같은 해 죽음을 당했습니다.

어린 임금

한창 글공부에 전념해야 할 나이의 어린 세자가 문종의 뒤를 이어 임금의 자리에 오르니, 그가 바로 조선 제6대 임금 단종이었습니다.

단종은 나라일을 처리하기에는 너무나 어렸습니다. 문종이 세자로 있을 때 세종 대왕의 부탁을 받은 바 있는 황보인, 김종서, 정분 등이 단종을 대신해서 나라의 일을 보살펴야 했습니다.

무엇이 옳고 그른지 판단하기에는 너무 어린 나이라서, 나라의 관리를 뽑는 일은 더욱 어려웠습니다.

사정이 이렇게 되자 영의정, 우의정, 좌의정이 나섰습니다.

"소신들이 미리 살펴보아 적당한 인물에 누런 표시를 할 테니, 마마께서는 그런 표시가 되어 있는 인물을 고르시옵소서."

그들은 미리 정해진 인물에다가 누런 표시를 해놓았습니다. 이

표시로 관리를 뽑기도 하고, 다른 자리로 바꾸기도 했습니다.
 이 사실을 알게 된 조정의 다른 대신들이 술렁거리기 시작하였습니다.
 "영의정, 우의정, 좌의정이 인재를 모두 뽑는다는 말 아닌가."
 어떤 사람들은 이 사실을 알고는 몰래 영의정이나 좌의정을 찾아와 벼슬자리를 미리 부탁하기도 했습니다.
 "제 아들의 이름에다가 그 표시를 좀 해 주십시오. 그리고 약소하나마 받아 주십시오."
 어떤 이들은 뇌물을 바치기도 했습니다.
 문종의 동생이자 단종의 숙부이기도 한 수양 대군은 이 소식을 듣고는 괘씸하게 생각했습니다. 게다가 자신이 임금이 되려는 야망까지 품게 되었습니다.
 '흠, 나이 어린 조카에게 나라를 맡기느니, 차라리 내가 임금 노릇을 하는 게 더 낫겠어.'
 그러던 어느 날, 수양 대군의 집에 낯익은 손님이 찾아왔습니다. 한명회와 집현전 교리 권람이었습니다.
 "어쩐 일들이시오?"
 한명회와 권람은 주위를 둘러보며 눈치를 살피고는 방으로 조용히 들어왔습니다.
 "긴히 드릴 말씀이 있어서 왔습니다."

한명회가 간사한 웃음을 흘리며 말했습니다.

"지금 조정에서는 어린 임금을 앉혀 놓고 삼정승이 국사를 쥐었다 놓았다 하고 있다는데, 대군께서는 들으셨소이까?"

권람이 물었습니다.

"이대로 보고만 있겠사옵니까? 어린 임금이 곤란한 처지에 빠져 있는데, 숙부로서 모른 척하시다니 될 법한 일이겠소이까?"

한명회가 다시 말을 이었습니다.

"좀더 두고 봅시다."

수양 대군은 수염을 한 번 쓸어 내리더니, 덧붙여 말했습니다.

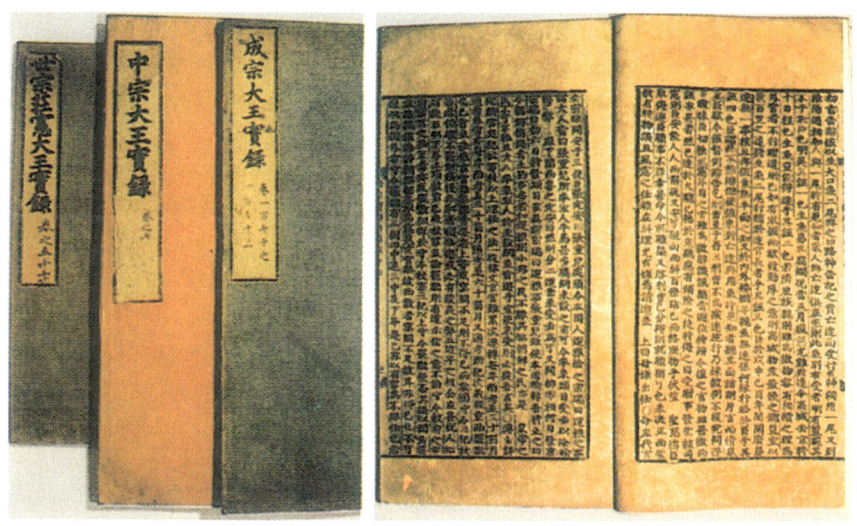

조선 태조 때부터 철종까지 25대 472년 간의 역사적 사실을 기술한 〈조선 왕조 실록〉의 표지와 내용

"큰일에는 다 때가 있는 법이지요."

한명회와 권람도 수양 대군의 말뜻을 알아차리고 고개를 끄덕였습니다.

"그렇다마다요!"

세 사람의 심상치 않은 웃음소리가 방 안에 퍼졌습니다.

 ## 계유정난

단종이 즉위한 지 1년째 되는 어느 날이었습니다.

수양 대군의 방에는 밤이 깊도록 불이 꺼지지 않았습니다. 한명회와 권람이 수양 대군과 모여 앉아 일을 꾸미고 있었기 때문입니다.

"먼저 김종서를 없애야 합니다."

"그렇소. 그를 없앤 다음, 안평 대군을 내세워 역모를 꾀하였기 때문에 주상께 아뢸 겨를도 없이 목을 베었다고 하면 될 것이오."

수양 대군의 눈이 반짝였습니다.

"우리 일에 방해되는 놈들을 없애야 하니, 대군께서는 주상에게 대신들을 입궐시키라는 어명을 내리라 하면 뒷일은 내 알아서 하리다."

"한 치의 어긋남도 없어야 하오."

수양 대군은 거듭 다짐을 받았습니다.

만약 일이 잘못되면 자신뿐 아니라 이 일에 관련된 모든 사람들의 목숨이 위험했기 때문이었습니다. 한밤중인데도 김종서의 집 대문 앞에는 장정들이 서너 사람 서 있었습니다.

"이리 오너라! 수양 대군께서 납시었다 여쭈어라!"

수양 대군의 집사가 집 안을 향하여 소리지르자, 하인이 나와서 물었습니다.

"한밤중에 어인 일이오?"

그러더니 잠시 후 나타난 것은 김종서의 아들 승규였습니다.

"아니, 어인 일로 야심한 밤에 저희 집에 납시었습니까?"

"대감 계신가? 급한 일이네."

승규는 수양 대군을 사랑채로 안내했습니다.

"안으로 드시지요. 아버님을 모셔 오겠습니다."

수양 대군은 그 자리에 선 채 김종서를 기다렸습니다. 승규는 아버지인 김종서와 함께 사랑채로 들어왔습니다.

"대감과 단 둘이서만 이야기를 하고 싶네만……."

김종서는 아들에게 나가라는 눈짓을 했습니다.

둘만 남게 되자 수양 대군은 품 속에서 한 통의 편지를 꺼내 김종서에게 건넸습니다.

김종서가 편지를 펴서 호롱불에 비춰 보려고 하는 순간, 방 안으로 뛰어든 장정이 김종서의 뒤통수를 쇠몽치로 내리쳤습니다.

김종서는 짧은 비명을 지르며 그 자리에 쓰러졌습니다. 문 밖에 있던 아들 승규와 하인들이 달려왔습니다.

"모두들 쳐라!"

수양 대군의 수하에 있던 군사들은 김종서의 아들과 하인들을 죽였습니다.

수양 대군은 곧바로 대궐로 가서, 막 잠자리에 들려던 단종의 침소에 들어가 소리쳤습니다.

"김종서, 황보인 등의 무리들이 안평과 짜고 역모를 꾀했기로 제가 나섰습니다."

어린 단종은 새파랗게 질렸습니다.

"우선 김종서부터 처치했사오니 마음을 놓으십시오."

수양 대군의 말에 단종은 하늘이 무너져 내리는 듯했습니다.

'김종서라면 내가 아버님처럼 따르던 대신이 아니던가.'

수양 대군은 다시 서둘러 말했습니다.

"급한 일이오니, 어서 대신들을 입궐하라 명하십시오."

"숙부의 말대로 하겠소."

겁에 질린 단종은 수양 대군의 말대로 했습니다.

"어명이시다! 대신들은 대궐로 들라 이르라!"

깊이 잠들려던 대궐 여기저기에 횃불이 타오르면서 대낮같이 환해졌습니다.

"아니 도대체 무슨 일이기에 이 난리들이란 말이오."

"무슨 일인지 나도 잘 모르오. 허나 왜적의 침입이 아니라면……."

대신들은 옷자락을 날리며 대궐을 행했습니다.

하지만 궁으로 들어서던 대신들은 숨어 있던 장정들에게 죽음을 당해야 했습니다.

"수양 이놈이 기어코……."

"수양이 드디어 일을 저질렀구나."

맨 먼저 죽음을 당한 것은 황보인이었습니다.

단종의 곁에서 보위하던 대신들이 하나 둘씩 죽어 가고, 간신히 목숨을 건진 사람들은 멀리 귀양을 떠나야만 했습니다.

이 때의 일을 계유정난이라 부르는데, 임금의 자리를 노리던 수양 대군이 하룻밤에 조정을 뒤엎은 비극적인 사건이었습니다.

그 후 수양 대군의 권세는 온 나라를 뒤덮었고, 그의 무리들이 나라의 주요 관직을 차지하고 앉았습니다.

나라의 중요한 결정은 그들이 내렸고, 단종은 그야말로 꼭두각시나 다름없었습니다.

단종은 근정전에 앉아 하염없이 눈물을 흘리면서 아무데도 의지할 곳 없는 임금이 되었습니다.

모든 나라의 일은 수양 대군이 맡아서 했고, 단종은 무슨 일이든 수양 대군의 허락을 맡아야만 했습니다. 그러니 단종은 수양 대군이 무서울 수밖에 없었습니다.

이 때 집현전 학사들이 입을 모아 수군거렸습니다.

"아무리 숙부라지만, 이건 너무하지 않소."

"도대체 이 나라 임금이 수양 대군이요, 단종이요!"

모두들 수양 대군을 탐탁지 않게 여겼습니다.

이를 전해 들은 신숙주와 한명회가 수양 대군을 찾아와 부추겼습니다.

"집현전 유생들이 대군을 탐

신숙주(조선 초기의 뛰어난 학자로 수양 대군의 왕위 찬탈에 가담함.)

92

조선 왕조 500년

탁지 않게 말하고 있습니다. 하루빨리 임금의 자리에 오르셔서 그들의 입을 다물게 하시는 것이 옳을 것 같사옵니다."

"그렇습니다. 지금 주상께서는 너무 어려서 나라를 맡길 수 없습니다. 서두르십시오."

수양 대군 쪽에서 이런 논의가 오갈 때 단종의 마음 역시 몹시 무거웠습니다.

'차라리 임금 자리를 내 주는 게 낫겠어. 이렇게 사느니 누더기 옷을 입더라도 하루라도 마음 편하게 살고 싶구나!'

무서운 숙부가 자신을 죽이지나 않을까 하여 악몽을 꾸다가 놀라서 깨어나는 날도 많았습니다.

단종은 조용히 중전을 불러 말했습니다.

"중전! 아무래도 왕위에서 물러나야 할 것 같소이다."

그 동안 옆에서 단종의 고통을 깊이 이해하게 된 중전은 누구보다 마음이 아팠습니다. 그러나 눈물만 글썽일 뿐 아무 말도 할 수가 없었습니다.

"이제 내 주위에 나를 보좌해 줄 충신은 없는 듯하오. 더 이상 버티지 못하겠소."

중전은 단종을 애처로이 바라볼 뿐이었습니다. 중전은 아무런 도움이 되어 주지 못한 안타까움으로 가슴이 답답했습니다.

단종의 눈에도 눈물이 고였습니다.

계유정난

"이제 내 나이 겨우 열다섯 살인데 앞으로 살 날이 더 많지 않소? 중전이 나를 믿고 따라와 주시오."

중전은 끝내 단종 앞에 엎드려 흐느꼈습니다.

단종이 즉위한 지 3년째 되던 어느 여름날, 단종은 수양 대군과 신하들을 불러들였습니다.

"덕이 부족한 과인은 더 이상 이 자리에 앉아 있을 수가 없소. 수양 숙부, 숙부께서 제 뜻을 받아 왕위를 이어 주세요."

신하들이 깜짝 놀라 서로 쳐다보았습니다.

"전하, 그, 그런 일이?"

신하들은 옆에 선 수양 대군의 눈치를 보며 말을 끝내 잇지 못했습니다. 수양 대군은 황송한 듯 절을 했습니다.

미리 옥새 함을 받아 들고 있던 성삼문은 속으로 울음을 삼키

단종 1년에 축조된 모양성

고 있었습니다.

　이렇게 해서 단종은 임금의 자리에서 물러났고, 수양 대군은 옥새 함 앞에 절을 하고 근정전으로 들어가 임금의 자리에 앉았습니다.

　단종을 끝까지 지키지 못한 죄책감에 빠진 성삼문은 우울한 나날을 보냈습니다.

　'장차 이 나라의 앞날이 걱정이로구나.'

제 7 대
세조

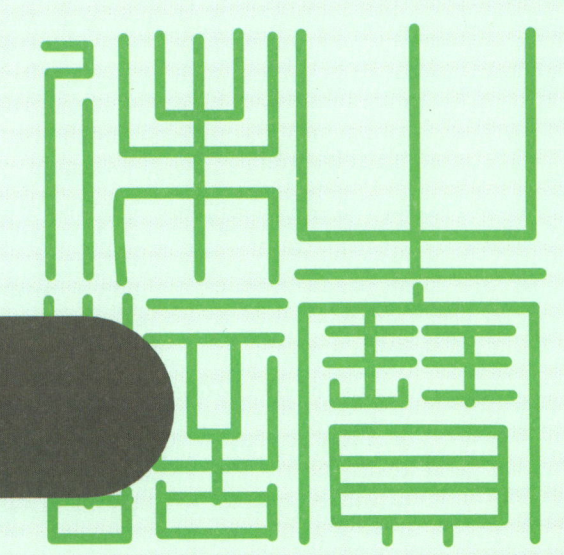

(1417~1468년)
재위 : 1455~1468년

　세종 대왕의 둘째 아들로 문종의 동생입니다. 이름은 유, 자는 수지, 시호는 해장입니다. 소현 왕후 심씨가 어머니이고 왕비는 윤번의 딸 정희 왕후입니다.
　세조는 1453년 계유정난을 일으켜 단종을 보필하던 김종서, 황보인 등을 죽이고 동생 안평 대군도 귀양을 보낸 뒤 사약을 내려 죽게 했습니다. 2년 뒤 단종을 밀어내고 왕위에 올랐습니다. 왕위에 있는 동안 자신에게 반대하는 신하들을 무자비하게 죽이거나 귀양을 보내 세조는 조선의 왕 가운데 가장 강력한 왕권을 가졌습니다. 세조는 호패법을 다시 실시하고, 상평창 제도를 실행했습니다. 그리고 나라의 법을 체계적으로 세우기 위해 《경국대전》을 만들었으며, 불교를 숭상해서 불경을 간행하고 원각사라는 절을 지었습니다.
　세조는 재위 14년 동안 국방·외교·서적 편찬·토지 제도 및 관제를 개혁하는 등 수많은 공을 세우고 조선 초기 왕권 확립에 크게 공헌했습니다.

 뜻을 굽히지 않은 사육신

수양 대군은 두 손에 옥새를 들고 근정전으로 들어가, 조선의 제7대 임금 세조가 되었습니다.

하지만 어린 조카를 몰아내고 왕이 되었다 하여 세조를 원망하는 신하들이 많았습니다.

어느 날, 경회루 앞을 지나던 성삼문은 발걸음을 멈추었습니다. 술 취한 사람이 연못을 향해 걸어가는 것이 보였습니다.

"아니, 저 사람이 설마……."

달려가 보니 집현전에서 함께 일하던 박팽년이었습니다. 성삼문은 그의 팔을 잡고 흔들었습니다.

"아니, 자네 이게 무슨 일인가?"

박팽년이 쓴웃음을 지으며 성삼문을 바라보았습니다.

"매죽헌! 내 더 이상 눈 뜨고 볼 수가 없어서 그러네."

박팽년은 성삼문의 호를 부르며 눈물을 흘렸습니다.

"자네가 이러면 어린 상왕은 누가 돌본단 말인가. 제발 정신 차리게."

"너무나 원통해서 그러네. 너무나 원통해서!"

박팽년과 성삼문은 두 손을 잡았습니다.

"목숨을 소중히 생각하게. 앞으로 우리의 목숨을 바쳐야 할 때가 반드시 올 걸세. 그 때까지 하찮은 목숨이나마 지키고 있어야 하질 않겠는가."

단종의 폐위를 슬퍼하던 두 사람은 세조의 눈엣가시 같은 존재였습니다.

"박팽년과 성삼문이 상왕을 도와 무슨 일인가를 꾸미려는 것 같소이다."

한명회를 비롯한 대신들은 세조를 부추겼습니다. 마침내 세조는 상왕의 거처를 마음대로 옮겼습니다. 단종이 박팽년과 성삼문 등과 만나지 못하게 하기 위해서였습니다. 상왕은 외출조차도 마음대로 할 수 없는 갇힌 신세가 되었습니다.

"임금께서는 정말 너무하셔. 임금 자릴 빼앗은 것도 모자라, 아예 가둬 버리다니……."

세조를 비난하는 목소리가 높아졌습니다.

"어린 조카가 불쌍하지도 않은가 보지?"

하지만 수군대기만 할 뿐, 누구도 큰 소리로 말하지 못했습니다. 세조를 비난하다 들켰다가는 목숨을 부지하기조차 어려웠습니다. 박수량, 이수정 같은 신하들이 그 본보기였습니다.

"함부로 상왕의 일을 들먹이는 자는 죽음을 면치 못하리라!"

세조에게 아첨하는 자들은 소리 높여 외쳤습니다.

세조 2년, 어느 여름날이었습니다.

궁궐 안은 명나라에서 오는 고명 칙사들을 맞을 준비를 하느라고 몹시 부산했습니다.

고명이라는 것은 명나라 황제가 조선의 왕과 왕비 책봉을 인정하는 일종의 승인서로서, 이 때만 해도 이 고명을 받아야 이 나라 만백성의 임금 자격을 얻게 되었습니다.

명나라에서 고명 칙사가 온다는 말을 들은 성삼문, 박팽년, 유성원 등은 어린 상왕을 다시 임금의 자리에 앉히기 위해 비밀리에 계획을 진행시켰습니다. 다른 집현전 학사들도 그들과 뜻을 같이했습니다.

드디어 거사 전날이 되자, 성삼문은 모두 모인 자리에서 먼저 말을 꺼냈습니다.

"고명 칙사를 위해 잔치를 베푸는 자리에 상왕께서도 참석하신다 하니 아주 좋은 기회요. 꼭 성공하여 세종 대왕께서 베푸신 은혜를 갚읍시다."

뜻을 굽히지 않은 사육신

모두 한마음이 되어 대답했습니다.
"좋소!"
성삼문은 다시 덧붙여 말했습니다.
"마침 제 아버님께서 의장용 칼인 운검을 들고 임금 뒤에서 별운검을 서신다 하니, 수양과 그의 아들은 쉽게 벨 수 있을 것이오. 그러니 여러분은 그 자리에 모인 다른 역적들을 남김 없이 처치하시오."
드디어 잔칫날이 되었습니다.
성승과 뜻을 같이하기로 한 유응부는 연회장으로 향했습니다. 뒤에는 성삼문과 박팽년이 따르고 있었습니다. 그들은 비장한 각오로 묵묵히 걸어갔습니다.
그런데 그들이 연회장으로 들어서려 할 때, 입구를 지키던 군졸이 앞을 가로막으며 말했습니다.
"오늘 연회에 별운검을 세우지 않는다고 합니다. 돌아들 가시지요."
성삼문, 성승, 유응부는 발길을 돌려야 했습니다. 그들은 한명회가 아무래도 불안하게 생각하여 그렇게 정했다는 소식을 뒤늦게야 들었습니다.
일이 틀어지자, 집현전 학사 중 겁이 많은 김질은 행여나 발각되면 큰일이라는 생각이 들어 평소 세조의 신임을 받고 있던, 자

① 사육신 묘의 불이문
② 사육신 묘지
③ 성삼문의 글씨

신의 장인인 정창손을 찾아가 모든 것을 털어놓았습니다.

다음 날 역모를 꾀한 죄로 성삼문, 박팽년, 유응부, 하위지, 이개, 유성원 등은 형틀에 묶여 온갖 악형을 받았습니다. 모진 고통에도 불구하고 성삼문은 자신의 뜻을 굽히지 않았습니다.

"나는 역모를 꾀한 일이 없소. 다만 옛 임금을 다시 이 나라의 임금으로 세우려 했을 뿐이오. 임금의 자리를 빼앗은 나리를 어찌 이 나라의 임금으로 섬기겠소!"

"아니, 저놈이 지금 누구한테 나리라고 하느냐! 여봐라!"

세조의 얼굴이 붉으락푸르락했습니다. 박팽년도 마찬가지였습니다.

"하늘에 태양이 하나이듯 나라의 임금 또한 하나이거늘, 어찌 나리는 한 나라에 두 임금을 두려 하시는지요."

박팽년은 고문을 받으며 세조에게 이렇게 소리쳤습니다.

"허허, 발칙한 것들이 모조리 여기 있구나."

형벌은 더욱 심해졌습니다. 다음은 유응부 차례였습니다.

건장한 무장 복장을 한 유응부는 세조를 똑바로 쏘아보며 말했습니다.

"내 한 칼이면 나리는 저 세상 사람이 됐을 것을. 한명회라는 간신 놈의 밀고로 일을 그르쳤으니 내 일생 일대의 한이로다."

"저놈이 미치지 않고서야……. 저놈을 고문해라!"

102

조선 왕조 500년

하위지도 대쪽 같은 기개를 버리지 않았습니다.
"우리는 한 나라의 한 임금을 모시려 했을 뿐이오."
마지막으로 끌려온 것은 강희안이었습니다.
포승줄에 묶인 강희안을 보자 성삼문이 겨우 입을 열어 간청했습니다.
"강희안은 이 나라의 인재요. 그는 우리와 아무 관계 없이 어쩌다 끌려온 것이니 살려서 쓰도록 하시오. 그의 시와 글씨와 그림은 이 나라에 필요한 것이오."
성삼문의 간청으로 강희안만 빼고 모두 살이 타고 뼈가 으깨어지는 고통을 당한 끝에 사형장으로 끌려가게 되었습니다. 지친 몸으로 끌려가던 성삼문은 시를 읊었습니다.

울리는 저 북소리 목숨을 재촉하는데
머리를 돌이키니 서산에 해 저문다.
황천 가는 길에는 주막도 없다 하니
오늘 밤은 뉘 집에서 쉬어 가리.

뒤따라 끌려가는 박팽년도 시를 읊었습니다.

까마귀 눈비 맞아 희는 듯 검노매라.

야광 명월이 밤인들 어두우랴.
임 향한 일편 단심이야 변할 줄이 있으랴.

1456년 6월, 이렇게 해서 여섯 명의 사육신은 온몸이 피투성이가 된 채 죽었습니다.

그로부터 1년 후 세조는 단종을 노산군으로 강등시켜 강원도 영월로 내쫓은 뒤 다시 사약을 내려 죽이고 말았습니다.

단종이 묻혀 있는 장릉

 수챗구멍 속의 김시습

    수많은 사람들의 목숨을 빼앗고 왕위에 오르기는 했지만, 세조는 나라를 잘 다스렸습니다.
    거기다 몇 년째 풍년이 계속되었습니다. 나라 곳곳에서 풍년을 노래하는 농부들의 농악 소리가 끊이지 않았습니다.
    그러나 세조의 마음 한구석은 늘 허전하였습니다. 훌륭한 학자와 충신들이 죽거나 산 속으로 들어가 버렸기 때문입니다.
    김시습은 이 무렵 경주 금오산에 들어가 있었습니다.
    세조가 몇 차례나 그를 불렀지만 그는 끝내 모습을 나타내지 않았습니다.
    김시습은 거기서 우리 나라 최초의 한문 소설인 〈금오신화〉를 썼습니다.
    어느 날 세조는 장안 한복판에 새로 지은 원각사에서 임금이 참석하는 법회(불교 의식)를 열기로 했습니다.
    세조는 김시습에게 염불을 해 달라고 부탁했습니다.
    '어디, 한번 골려 줘 볼까?'
    세조의 부탁을 받은 김시습은 오랜만에 장안에 모습을 나타냈습니다.

자신을 위해 염불을 하러 온 김시습을 본 세조는 무척이나 반가워했습니다. 그런데 법회가 거의 끝나갈 무렵, 염불을 하던 김시습이 눈에 뜨이질 않았습니다.

세조를 비롯하여 법회에 참석한 사람들이 모두 김시습을 찾았습니다. 그러나 김시습의 모습은 보이질 않았습니다.

생육신의 한 사람인 김시습

이튿날 새벽, 군사 하나가 대궐 수챗구멍에서 코를 골며 자는 김시습을 발견하였습니다.

"아니, 저기 웬 사람이 들어가 있지?"

그 소식을 들은 세조는 부끄러움과 분한 마음을 금할 길이 없었습니다. 한 나라의 임금을 위해 불공을 드리던 스님이 수챗구멍으로 도망을 쳤다는 것은 임금을 비웃는 행동과 같은 것이었기 때문입니다.

신숙주가 급히 가서 김시습을 자기 집으로 데리고 왔습니다. 그러나 날이 밝자 김시습은 다시 금오산으로 떠나 버렸습니다.

세종 때 관찰사를 지낸 권절도 집 안에만 틀어박혀 있었습니다. 세조는 권절에게도 벼슬을 내렸지만 그는 끝내 거절하고 정

치에 몸을 담지 않았습니다.

뿐만 아니라 단종이 세상을 떠나자 영월 땅에 내려가 3년 동안 상복을 입고 지내기도 했습니다.

세조는 원호에게도 벼슬을 내렸습니다. 세조의 명을 전하러 원호의 조카가 찾아왔습니다. 그러나 원호는 방문조차 열어 주지 않았습니다.

"삼촌이 조카를 죽이는 세상이 아니더냐! 너도 내 손에 죽을지 모르니 어서 돌아가거라."

그의 조카는 하는 수 없이 문 밖에서 인사를 했습니다.

세조가 그 뒤로도 여러 번 원호에게 사람을 보내자, 그는 깊은 산 속으로 몸을 숨겨 버렸습니다.

"학문은 열심히 닦되 벼슬길에는 나가지 말아라."

원호는 죽을 때 자식들에게 이런 유언을 남겼습니다.

조여도 고향 함안에 있는 백이산에 들어가 살았습니다. 그는 보던 책마저 모두 버리고 산 속에 파묻혀 살면서 일생을 마쳤습니다.

세종 때 사간원 정언까지 지낸 이맹전도 벼슬을 버리고 고향으로 내려갔습니다. 성담수도 고향 파주로 내려가 생활했는데 방에 돗자리도 깔 수 없을 정도로 가난하게 살았습니다.

이들말고도 세조가 다스리는 세상에 나오기 싫다며 숨어 사는 선비들이 많았습니다.

이들 중 김시습·권절·원호·조여·이맹전·성담수 등을 '생육신'이라 하여 사육신과 함께 그 충절을 기리고 있습니다.

세조와 왕비 정희 왕후의 무덤인 광릉

 남아 나이 스물에 나라 평정 못 하면

세조는 외적의 침입을 막기 위해 국경 지대에 성을 튼튼히 쌓았고, 인지의를 손수 제작하여 토지 측량을 쉽게 할 수 있게 했습니다.

그 외에도 군사를 정비하고, 역로를 정하고, 관리들의 나태를 없애기 위해 애를 썼으며, 역대 조선의 왕들의 이야기에 시를 곁들여 쓴 〈선종영가집〉을 펴내는 등 재위 중에 이룩한 치적이 역대 임금들 중 손꼽힐 만큼 훌륭했습니다.

그러던 중 세조 즉위 후 13년인 1467년 함경도 호족 출신 장군인 이시애가 반란을 일으켰습니다. 조선 초부터 북방의 변경 지역은 대대로 그 지방 출신의 호족 중에서 수령을 임명했었는데, 세조가 중앙 집권 체제를 강화하기 위하여 직접 관리를 파견하자 이에 불만을 품었던 것입니다.

세조는 당시 무예와 호탕함으로 이름을 떨치던 남이 장군을 불렀습니다.

"5만의 군사를 줄 테니 장군이 이시애의 난을 평정하라."

그런데 어명을 받은 남이 장군은 아직도 어린 티가 가시지 않은 청년이었습니다. 남이는 열일곱 살의 어린 나이에 무과에 급제한 왕가의 외손으로, 그 당시 스물다섯 살이었습니다.

한양에서 떠난 지 얼마 되지도 않아 기략과 투지로 반란을 성공적으로 진압한 남이 장군은 두만강 가에 진을 치고는 흐르는 강물을 바라보면서 시 한 수를 읊었습니다.

백두산 돌은 칼을 갈아 모두 없애고
두만강 물은 말에게 먹여 다 없애리.

남아 나이 스물에 나라 평정 못 하면

남아 나이 스물에 나라 평정 못 하면
그 누가 대장부라 부르랴!

그런데 사내 대장부로서의 기개가 느껴지는 이 시 한 수가 후에 남이 장군의 목숨을 앗아가는 사건에 한 요소가 될 줄은 아무도 몰랐습니다.

조정에서 난을 진압하는 데 세운 공을 심사하여 상을 내리면서, 서자 출신인 유자광은 낮은 벼슬을 내렸습니다. 유자광은 이렇게 생각했습니다.

'남이란 놈이 자기 공만 높이고 내 공은 깎아 내리다니! 어디 두고 보자.'

그 후에도 남이 장군은 여진족을 토벌하는 데 많은 공을 세워, 스물일곱 살에 한 나라의 군사권을 쥐는 병조 판서가 되었습니다. 남이의 벼슬이 점점 높아갈수록 유자광은 억울하기만 했습니다.

세조가 세상을 떠나고 예종이 즉위하던 해의 어느 날, 유자광은 예종을 찾아가 아뢰었습니다.

"상감마마, 남이가 역모를 꾀하고 있사옵니다."

예종은 유자광의 말을 믿을 수가 없었습니다.

"선왕의 총애를 받던 남이 장군이 역모를 꾀하다니, 그럴 리가 없소. 무엇을 근거로 그런 말을 하는 거요?"
"네, 소신이 남이 장군이 한 말을 직접 들었사옵니다. 마마께서 즉위하시고 나서 얼마 안 되었을 때 혜성이 떨어진 적이 있는데, 그 때 남이가 옛 것이 없어지고 새 것이 나타날 징조라고 하였습니다."

남이 장군 묘

"그 말 한 마디가 역모를 꾀하였다는 증거가 될 순 없소."
"아닙니다. 또 있사옵니다. 전에 이시애의 난을 진압하러 나갔을 때 남이가 읊은 시를 들어 보시옵소서."
유자광은 남이의 시를 읊어 주면서 일부러 셋째 구절을 바꾸어 '남아 나이 스물에 나라를 얻지 못하면' 이라고 했습니다.
이렇게 해서 남이 장군은 역모죄를 뒤집어쓴 채 젊은 나이에 억울하게 눈을 감아야 했습니다.

남아 나이 스물에 나라 평정 못 하면

제 8 대 예종

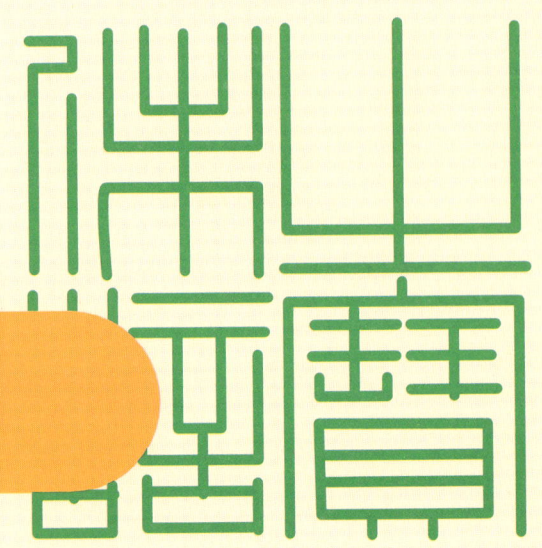

(1450~1469년)
재위 : 1468년~1469년

　세조의 둘째 아들로 어머니는 정희 왕후입니다. 이름은 광, 자는 명조, 시호는 소효입니다.
　1457년 왕세자에 책봉된 뒤 1468년 세조가 위독하자 왕위를 이어받았습니다.
　부드럽고 약한 성격이었지만 어머니 정희 왕후의 도움으로 나라를 잘 이끌어 갈 수 있었습니다. 예종은 부산포, 염포, 제포 등의 삼포에서 백성들이 왜나라와 개별적으로 무역을 하는 것을 금지시키고, 둔전(군대에 딸려 있는 나라의 논과 밭)에 일반 백성들이 농사를 지을 수 있도록 했습니다. 하지만 몸이 약해서 왕위에 오른 지 1년 2개월 만에 숨을 거두었습니다.

조선 시대 생활용품들

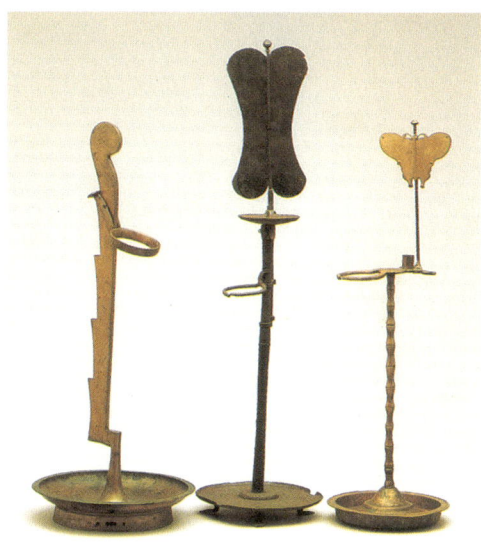

등가(등잔걸이로 놋쇠나 철로 만들어짐.)

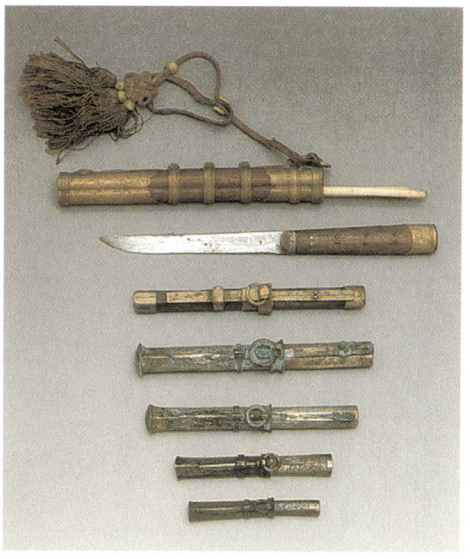

장도(주머니 속이나 옷고름에 늘 차고 다니는 칼집이나 작은 칼)

화로와 부삽(숯불을 담아 두는 그릇과 숯불을 옮기는 삽)

역사 탐방

분청사기

분청사기는 회색 바탕의 흙에 흰색의 흙으로 분을 바르고, 그 위에 유약을 바른 조선 초기 도자기의 하나입니다.

분청사기는 '분장된 회청사기'를 줄여서 부른 이름입니다.

분청사기는 고려청자에서 변형된 것입니다. 고려청자는 청색의 유약을 바르지만 분청사기는 백색에 가까운 회색 유약을 바릅니다.

분청사기의 무늬는 굉장히 다양하게 나타나는데, 연꽃, 연꽃의 꽃판무늬, 모란무늬, 초화무늬, 버드나무, 물고기, 용, 파도, 새, 국화, 당초무늬가 주류를 이룹니다. 그 외에 나비무늬, 매화 등이 자유롭게 변형되어 다양한 효과를 나타냅니다.

분청사기는 두툼하고 탄탄하게 만들어져 힘이 넘치고 소박한 멋을 느낄 수 있습니다.

또 활달하고 자유분방한 무늬들이 지방의 특색에 따라 제작되었습니다.

분청사기 철화당초무늬 항아리(15세기 말~16세기, 높이 17.2cm)

생육신은 여섯 명이었나?

생육신은 수양 대군이 즉위한 후 벼슬을 버리고 절개를 지킨 6명의 신하를 가리킵니다. 이들은 세조가 조정의 일을 보라고 불러들였지만, 시골로 돌아가 숨어 살면서 나오지 않았습니다. 그러나 사실은 6명이 넘어 8현이라고도 부릅니다.

김시습·남효온·원호·권절·이맹전·조여·정보·성담수 등을 일컬어 8현이라고 부릅니다. 영조 때에는 영월의 유생들이 이들의 사당을 영월 육신사 옆에 지어 주었습니다.

김시습은 호를 매월당이라고 하고 승려가 된 후 각지로 유랑을 했습니다. 남효온은 단종 때 불과 두 살밖에 안 된 유아였지만 나중에 방랑 생활을 했습니다. 원호는 고향 원주에 파묻혀 나오지 않다가 후에 산 속에 들어가 세상과 인연을 끊었습니다.

권절은 미친 병이 생겼다며 벼슬길로 나가려 하지 않았고, 이맹전은 고향인 선산에서 30년간 나오지 않았습니다. 정몽주의 손자인 정보는 세상에 나오지 않았고, 조여 또한 마찬가지였습니다. 성담수는 시골에서 농부 생활을 하였습니다.

이 밖에 조상치·조변융·기건 등도 세조가 집권한 후에 숨어서 살며 벼슬길에 나오지 않았습니다.

역사 풀이

1. 명나라의 고명을 받아야 임금의 자격을 받을 수 있는 것은 무엇 때문일까요?
   ① 조선이 명나라를 섬기고 있어서
   ② 명나라와의 싸움에서 패해서
   ③ 조선의 임금이 명나라 사람이어서
   ④ 왕실의 전통성을 위해서

2. 다음 중 사육신이 아닌 사람을 찾아보세요.
   ① 성삼문
   ② 박팽년
   ③ 유응부
   ④ 김질

3. 세조가 집현전을 없앤 이유는 무엇인가요?
   ....

4. 세조의 업적이 아닌 것을 찾아보세요.
   ① 군사 정비
   ② 국경 지대에 성을 쌓음
   ③ 토지 측량을 위해 인지의 제작
   ④ 집현전의 활성화

5. 시의 한 대목이 목숨을 잃는 데 영향을 준 사람은 누구인가요?
   ① 유자광
   ② 남이 장군
   ③ 신숙주
   ④ 성삼문

6. 도산 서당을 세운 조선 시대의 학자는 누구인가요?
   ① 율곡 이이
   ② 퇴계 이황
   ③ 유자광
   ④ 한석봉

7. 생육신은 어떤 사람들이었나요?
   ....

8. 세조가 단종을 폐한 일과 그가 세운 업적을 비교할 때, 그를 어떻게 평가할 수 있을까요?
   ....

9. 사육신이나 생육신이 세조에게 대항한 이유는 무엇이었나요?
   ....
   ....

제 9 대
성종

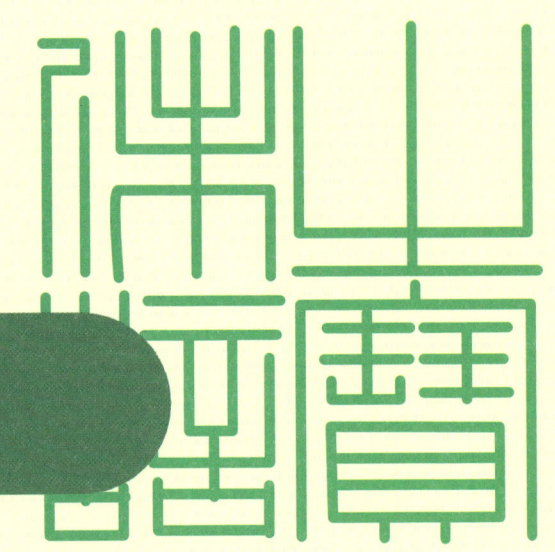

(1457~1494년)
재위 : 1469~1494년

　세조의 맏아들 의경 세자와 소혜 왕후 한씨의 둘째 아들입니다. 이름은 혈이고, 어린 시절 자을산군이라고 불렸습니다.
　1469년 할머니 정희 대비의 명으로 나이 13살로 왕이 되었습니다.
　7년 동안 정희 대비가 수렴 청정을 하다가, 1476년부터 직접 나라를 다스렸습니다. 성종은 조선 시대 최고의 태평 성대를 이룩한 왕으로, 조선 전기 사회 문물 제도를 거의 완성했습니다.
　학문을 좋아하고 문학과 예술 방면에 소질이 있는 현명한 왕이었습니다. 학문을 장려하기 위해 홍문관·존경각·독서당을 설립하여, 대학·향학 등을 지원했습니다.
　〈동국통감〉, 〈동국여지승람〉, 〈동문선〉 등 다양한 책들을 많이 편찬하고, 〈경국대전〉을 완성하여 조선의 법률 제도를 확립했습니다. 성종의 뒤를 이은 왕들은 이를 토대로 나라를 다스렸습니다. 나라의 변방을 안전하게 하고, 형벌을 가볍게 내리고 인재를 등용하는 등 백성을 위한 정치를 펼쳤습니다.

학문을 사랑한 왕

예종의 병이 깊어지자, 다시 왕 자리를 두고 의견이 많았습니다. 예종에게 아들이 있기는 했으나, 당시 나이가 네 살밖에 되지 않았기 때문입니다.

예종이 세상을 떠나자, 정희 왕후의 명에 따라 예종의 형이었던 의경 세자의 아들 중 둘째를 왕의 자리에 앉혔습니다. 그가 바로 성종입니다.

온순하고 감상적이었던 성종은 늘 학문을 가까이했습니다. 선대에 만들어진 서적에 관심이 깊었던 성종은 〈경국대전〉을 다시 손보게 했습니다.

〈경국대전〉은 조선 정치의 기준이 된 책으로 태종 때 만들기 시작하여 성종 16년에 완성된 조선 시대 최대의 법전입니다.

〈경국대전〉은 성리학 사상을 법률로 나타낸 것으로 충효를 강조하고 있습니다.

　법전의 내용으로는 '서자에게는 과거를 볼 자격을 주지 않는다.', '다시 시집을 간 여자의 자식은 관직에 오를 수 없게 한다.', '상례 제도는 엄격히 가장 중심으로 한다.', '모반이나 반역죄 이외에 노비가 주인을 고발하면 목을 매어 죽인다.' 등이 있으나 백성들의 일상은 전통적인 관습이 더 중시되었습니다.

　또 정효황 등에게는 〈동국통감〉이라는 역사책을 만들게 하여 신라의 시조 박혁거세에서부터 백제, 고구려의 공양왕까지 1400년 동안의 나라의 흥망 성쇠에 관한 이야기를 자세히 기록하게 했습니다.

　뿐만 아니라 〈국조오례의〉와 악보를 정리한 음악 서적인 〈악학궤범〉을 엮기도 했습니다.

　한편 노사신, 양성지, 강희맹 등에게는 〈동국여지승람〉을 엮게 했습니다. 세종 14년에 이미 완성되었던 이 책은 경기도를 비롯한 전국 8도의 내력과 절, 다리의 위치, 이름난 관리들, 시인들의 시까지도 적도록 했습니다.

　성종에 이르러 조선은 또다시 문화의 중흥기를 맞았습니다.

　어느 따스한 봄날, 창덕궁 뜰을 거닐던 성종이 봄날의 정취에 빠져 시를 읊다 보니 뒷부분이 생각나지 않는 것이었습니다. 성종은 짓다 만 앞부분의 시를 종이에 적어 정자 기둥에 아무렇게

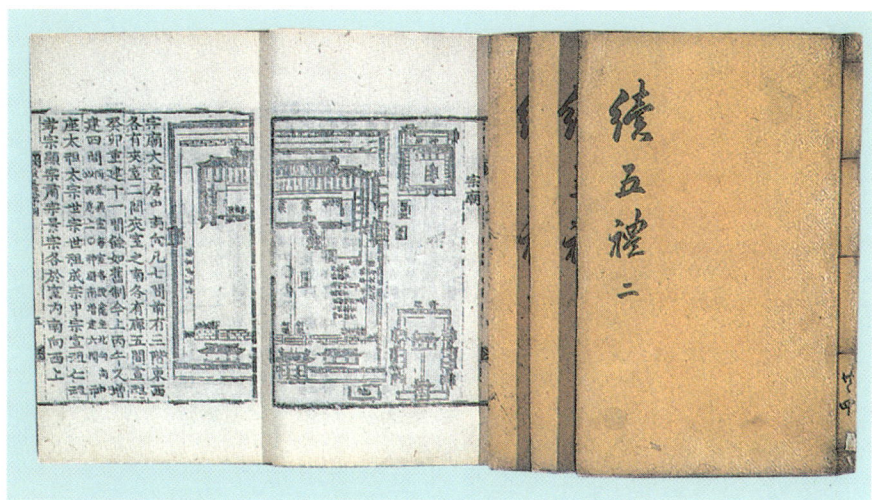

속오례의(〈국조오례의〉의 내용을 보완 수정하여 다시 간행된 〈예전〉)

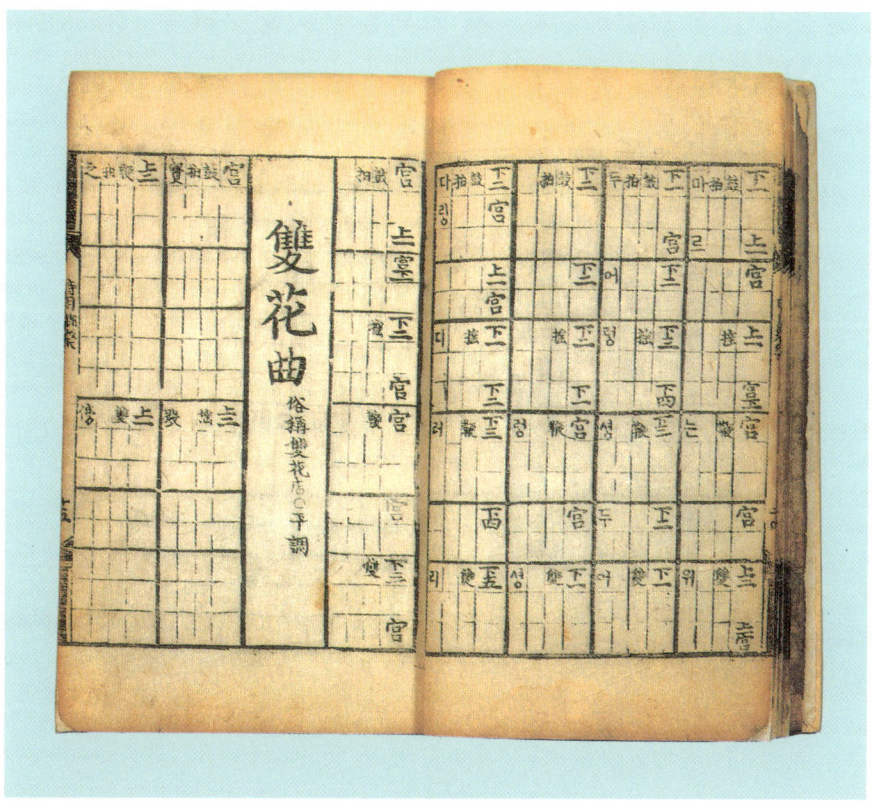

시용향악보(조선 중기 목판본 악보집. 현존하는 유일한 향악보. 음계를 궁·상·각·치·우로 표시하고, 악보에 따라 가사를 26장 수록함.)

나 붙여 두었습니다.

'나중에라도 뒷부분이 떠오르면 그 때 마저 써 넣어야지.'

며칠 뒤 우연히 정자 기둥을 쳐다보던 성종은 자신이 붙여 둔 종이를 보고 깜짝 놀랐습니다. 누군가가 나머지 시구를 채워 넣은 것이었습니다.

'누가 이리도 훌륭하게 남은 부분을 채워 넣었을꼬.'

성종은 신하들을 시켜 수소문해 보았습니다.

"마마, 대령했사옵나이다."

성종의 앞에 무릎을 꿇은 채 고개를 조아린 사람은 창덕궁의 문지기였습니다.

"전하! 용서하여 주시옵소서. 감히 전하의 필체인 줄 모르고 큰 죄를 지었습니다."

문지기는 벌받을 각오를 하고 용서를 빌었는데, 성종의 얼굴에는 빙그레 미소가 떠올랐습니다.

"고개를 들라. 그토록 훌륭한 재주를 가진 자가 문지기로 썩을 수는 없다. 그대에게 벼슬을 내릴 터이니, 더욱 학문에 정진하여 좋은 시를 쓰도록 하라."

성종은 문지기에게 벼슬을 내렸습니다. 비록 문지기일지라도 잘 지은 시구 하나를 보고 벼슬을 줄 정도로 성종은 학문을 사랑했던 것입니다.

폐비 윤씨의 죽음

성종이 임금이 된 지 5년 만에 왕비 한씨가 세상을 떠났습니다.

성종은 여러 명의 후궁들을 거느리게 되었습니다. 후궁 중에 숙의 윤씨가 가장 먼저 아들을 낳자, 왕비로 책봉하였습니다. 그러자 다른 후궁들이 입을 모아 수군거리며 왕비를 시샘하기 시작하였습니다.

"얼마 전까지만 해도 궁녀였던 주제에 왕비가 되고 아들이 세자로 책봉까지 되었으니 원!"

"콧대가 하늘을 찌를 것이 뻔하지요."

후궁들의 시비로 궁 안은 하루도 조용할 날이 없었습니다.

게다가 왕비는 성종이 자신의 처소에 자주 들르지 않고, 다른 후궁의 처소를 자주 찾는 것을 몹시 못마땅하게 여겼습니다.

그러던 어느 날, 후궁 한 사람이 성종에게 말했습니다.

"마마! 왕비 마마께서 다른 후궁들을 시샘하여 그들을 죽이려고 이상한 물건을 지니고 있다 하옵니다."

"아니, 뭐라고? 그게 사실이란 말이냐?"

성종은 당장 왕비의 방으로 가 보았습니다.

성종은 왕비의 방 장롱 위에서 낯선 상자를 발견했습니다.
"저 빨간 상자는 무엇이오?"
성종의 물음에 왕비는 대답을 못 하고 머뭇거렸습니다.
왕비도 그 속에 무엇이 들었는지 알지 못했습니다. 그 상자는 친정 어머니 신씨가 가져다 주면서 열어 보지 말고 고이 두기만 하라고 한 것이었습니다.
성종과 왕비는 상자 속을 들여다보고 소스라칠 듯이 놀랐습니다. 후궁의 말대로 상자 속에는 독약과 이상한 주문이 적힌 책이 들어 있었습니다.
성종은 화가 나서 돌아갔습니다. 성종은 왕비가 후궁들을 해치기 위해 그런 물건을 가지고 있다고 생각했습니다.
이 틈을 타 후궁들은 성종의 어머니 인수 대비를 찾아가 그 동안 있었던 자질구레한 일들을 낱낱이 일러바쳤습니다.
인수 대비도 왕비가 탐탁지 않던 참이라, 당장 성종을 불러 의논을 하였습니다.
"왕비는 질투심이 많은데다 이상한 일까지 꾸미고 있다니, 아무리 세자의 어미라지만 이젠 어쩔 수 없소이다. 폐위시키도록 하시오."
인수 대비와 후궁들에 의해 왕비는 하루아침에 숙의로 강등되어 대궐의 구석진 곳으로 거처를 옮기게 되었습니다.

그러던 어느 날, 성종은 오랜만에 윤 숙의의 처소를 찾아갔습니다.

그런데 반가워할 줄 알았던 숙의가 성종의 손을 뿌리치며 돌아서는 것이었습니다. 이 바람에 성종의 얼굴에 숙의의 손이 스치며 손톱 자국이 났습니다. 성종은 흐르는 피를 닦으며 노하여 발길을 돌렸습니다.

그 다음 날, 성종의 얼굴을 본 인수 대비는 화를 내며 성종에게 말했습니다.

"윤 숙의는 용서할 수 없는 죄를 지었소. 서인으로 폐하여 대궐 밖으로 쫓아내시오!"

옛부터 임금의 얼굴은 용안이라 하여 어느 누구도 함부로 할 수 없는 일이니, 성종도 어쩔 수 없이 어머니의 말을 들어야 했습니다.

폐비 윤씨는 친정집으로 돌아가 외롭게 세월을 보내야 했습니다. 그러면서 성종이 자기를 다시 불러 주기만을 애타게 기다렸습니다. 성종은 가끔 내시를 보내 윤씨가 어떻게 살고 있는지 몰래 살피게 했습니다.

그러나 윤씨의 바람과는 달리 궁에서는 윤씨를 죽이려는 음모가 이루어지고 있었습니다. 인수 대비와 성종의 후궁인 정 귀인, 엄 소용이 성종에게 거짓말을 지어내어 윤씨에게 사약을 내리도록 한 것이었습니다.

　윤씨가 궁에서 쫓겨난 지 3년이 지난 후, 어명을 받든 조정 대신이 윤씨의 거처로 왔습니다.

　"폐비 윤씨는 어명을 받으시오!"

　윤씨는 자신을 다시 불러들이는 어명이라 생각하고는 너무나 반가워 버선발로 뛰어내려와 임금이 있는 쪽을 향해 절을 했습니다.

　궁궐에 두고 온 어린 세자의 얼굴이 눈앞에 어른거렸습니다.

　"어명이오! 죄인은 사약을 받으시오!"

　윤씨의 앞에는 사약 그릇이 놓여 있었습니다. 윤씨의 얼굴이 새파랗게 변했습니다. 그 옆에서는 윤씨의 어머니 신씨가 땅을 치며 통곡을 했습니다.

　윤씨는 입술을 꼭 깨물었습니다. 그러더니 한삼 자락을 북 찢는 것이었습니다. 그리고 나서 윤씨는 사약 사발을 들고 벌컥벌컥 마셨습니다. 윤씨의 입에서 검붉은 피가 쏟아져 나왔습니다. 윤씨는 재빨리 한삼 자락으로 입을 막았습니다.

　한삼 자락과 저고리는 금세 피로 벌겋게 물들었습니다. 윤씨는 그것을 울고 있는 친정 어머니에게 주었습니다.

　"어머니, 이것을 세자에게 전해……."

　윤씨는 말을 채 끝내지 못하고 모로 쓰러졌습니다.

조선 왕조 500년

"궐 안에서 폐비 윤씨의 죽음을 논하는 자는 엄벌에 처하리라."

폐비의 죽음 이후에 이러한 명령이 떨어졌습니다.

그 후 어린 세자에게 폐비 윤씨의 이야기가 알려질까 봐, 누구도 그 일을 입밖에 내지는 않았지만, 그것은 궁 안의 공공연한 비밀이었습니다.

폐비 윤씨의 죽음

제 10 대
연산군

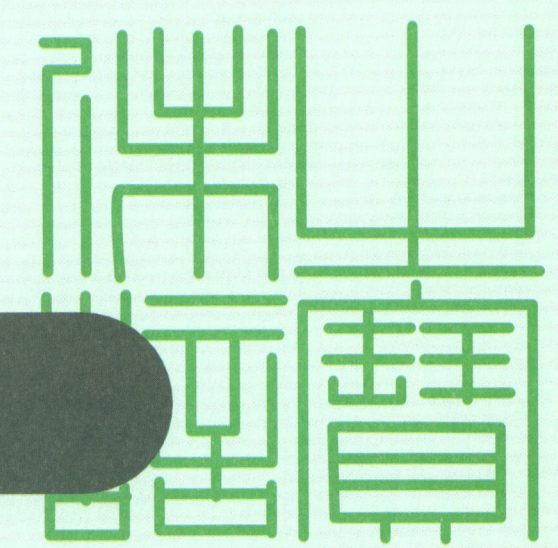

(1476~1506년)
재위 : 1494~1506년

성종의 맏아들로 어머니는 폐비 윤씨입니다. 이름은 융입니다.
1483년 세자로 책봉되어 1494년 왕에 올랐습니다.
1498년 무오사화를 일으켰고, 1504년에는 어머니 폐비 윤씨가 성종의 후궁 정씨·엄씨의 모함으로 살해되었다는 것을 알고 자기 손으로 두 후궁을 죽이고 정씨 소생 안양군·봉안군을 죽였습니다.
또한 전국에서 미녀와 좋은 말을 구해 오게 하고, 성균관 학생들을 몰아내고 그 곳을 놀이터로 삼았습니다. 뿐만 아니라 원각사를 기생 양성소로 만들고, 한글을 아는 사람은 전부 잡아들이고 한글 서적을 모두 태우는 등 포악한 정치를 일삼았습니다.
결국 연산군은 1506년 중종 반정에 의해 교동으로 쫓겨가고 그 해 병으로 죽었습니다.

무오사화

 태조 이성계가 죽은 지 거의 100년의 세월이 흐른 성종 때에야 조선은 다시 한 번 그 기반을 확실히 다졌습니다. 그러나 성종의 뒤를 이어 즉위한 연산군 때에는 사정이 많이 달라졌습니다.
 폐비 윤씨가 낳은 세자가 임금의 자리에 오른 것은 1494년이었습니다.
 어린 시절부터 어머니와 떨어져 살았던 연산군은 자신의 생모가 폐비 윤씨라는 것도 몰랐습니다. 거칠고 장난이 심했던 연산군은 공부에 흥미가 없어서, 스승이 나무라면 어린 세자가 나이 많은 스승에게 도리어 호통을 치는 것이었습니다.
 "내가 왕이 되면 너희들을 가만 두지 않겠다."
 아버지인 성종이 심하게 꾸짖어도 비웃기만 하던 연산군은 마침내 왕위에 즉위하자, 겁날 것이 없었습니다. 연산군이 하는 일

원각사지 10층 석탑(서울 종로 2가 탑골 공원에 있는 대리석제 석탑. 높이 12m. 국보 제2호)

에 참견을 했다가는 어떤 봉변을 당할지 몰랐습니다. 어진 신하들은 모이기만 하면 나라의 일을 걱정했습니다.

"대궐 안의 사슴이나 토끼마저도 함부로 찢어 죽이니, 어진 성군이 되기는 아예 틀렸소이다."

그러던 어느 날, 한밤중에 신수근이 급히 연산군을 뵙겠다며 입궁하였습니다.

"전하, 사관을 편찬하던 김일손이 사초(사관이 기록하여 두던 사기의 초고)에 세조 대왕을 욕되게 하는 말을 적어 놓았다 하옵니다."

"당장 김일손을 잡아들여라."

연산군은 잠시도 지체하지 않았습니다. 잠시 후 김일손은 형틀에 묶여 연산군 앞에 끌려왔습니다. 연산군은 김일손을 향해 소리쳤습니다.

"너는 실록을 편찬하면서 어찌하여 무엄하게 세조 대왕 마마의 일을 불손하게 적었느냐. 게다가 할바마마의 후궁 권씨까지 비난하는 글을 썼다는데, 사실이냐?"

연산군의 호통에도 김일손은 침착했습니다.

"사실이옵니다. 사관이라 함은 보고 들은 바를 빼놓지 않고 기록하게 되어 있사옵니다. 저는 사관으로서 그 임무를 다했을 뿐입니다."

무오사화

원래 한 임금이 세상을 떠나면 그 왕의 역사적 사실을 기록하게 되어 있는데, 그 당시 성종의 사관이 편찬되고 있었습니다. 그런데 성종의 사초 중에 김일손의 스승인 김종직이 쓴 〈조의제문〉이라는 글이 실려 있었던 것입니다.

〈조의제문〉은 중국의 의제를 조상하는 글로서, 세조가 단종을 몰아내고 왕위에 오르자 김종직이 이를 비꼬아 쓴 글이었습니다.

연산군은 김일손과 권오복, 권경유 등을 모질게 고문하더니 다음과 같이 명했습니다.

"세조 대왕께옵서는 어린 임금으로 인해 어지러워진 나라를 바로 세우고자 반역을 도모하던 신하들을 벌주었다. 그런 세조 대왕을 비난하는 글을 쓴 김종직과 그의 제자들을 중벌로 다스리겠노라!"

연산군의 명이 내려지자 김종직의 무덤이 파헤쳐져, 그 유골이 참형에 처해졌습니다. 그의 제자들도 사형에 처해지거나 귀양을 떠났습니다.

많은 학자들과 신하들이 하루아침에 죽음을 당했습니다. 1498년 무오년에 선비들이 한꺼번에 화를 입은 이 사건을 무오사화라 합니다. 이로써 김종직의 대를 잇던 사림과 학자들은 궐 안에 발을 붙이지 못하게 되었습니다.

피 묻은 한삼 자락

무오사화가 있은 지 6년이 지난 어느 날이었습니다.
연산군은 폐비 윤씨가 자신의 생모였다는 것과 사약을 받고 죽었다는 사실을 알게 되었습니다.
"지금 당장 어마마마의 묘에 사당을 지어 성대하게 장사를 치르도록 하라!"
연산군의 곁에서 아첨을 일삼던 임사홍은 연산군의 외할머니를 찾아 데려왔습니다. 이 일로 임사홍은 승지에 오르게 되었습니다.
"마마!"
연산군의 외할머니 신씨는 연산군을 보자 울음부터 터뜨렸습니다.
"그간 얼마나 마음 고생이 심하셨소."
연산군이 신씨의 손을 잡으며 다정하게 말하자, 신씨는 상자 하나를 연산군 앞에 내밀었습니다. 연산군은 조심스레 상자를 열어 보았습니다. 그 속에 폐비 윤씨의 피가 묻은 한삼 자락이 들어 있었습니다.
"돌아가시기 직전까지 마마를 찾으셨사옵니다. 이것이 바로 마마의 생모가 억울하게 흘린 피입니다. 마마의 생모는 모함을 당하여 돌아가셨습니다. 마마!"

신씨의 말을 들은 연산군은 벌떡 일어서더니 큰 소리로 고함을 쳤습니다.

"여봐라! 지금 당장 그 당시의 승지를 찾아 대령하라! 사실을 밝혀 내 어머니를 모함한 자는 한 명도 남김없이 죽이리라!"

연산군의 목소리가 궐 안에 울려 퍼졌습니다.

깊은 밤 궁궐 안은 발칵 뒤집히고, 윤씨가 폐위되어 사약을 받기까지의 과정이 낱낱이 드러났습니다.

"지체 말고 후궁 엄씨와 정씨부터 잡아들여라!"

연산군 앞에 잡혀 온 두 후궁은 겁에 질려 벌벌 떨었습니다. 연산군은 그들의 코 앞에다가 폐비 윤씨의 한삼 자락을 들이댔습니다.

"이것이 누구의 피인지 아느냐!"

두 후궁은 그제서야 자신들이 잡혀 온 이유를 알고는 벌벌 떨며 용서를 빌었지만, 연산군은 자신의 어머니나 마찬가지인 그들을 잔인하게 죽였습니다.

그뿐만이 아니었습니다. 사약을 내리는 데에 관계된 벼슬아치들도 한밤중에 불려 와 고문을 당했고, 폐비가 되는 데 잠자코 보고만 있었다고 하여 그 자리에 있었던 신하들도 모조리 잡혀

왔습니다.

연산군은 마치 미친 사람 같았습니다.

이미 오래 전에 죽은 정창손, 한명회의 무덤이 파헤쳐졌습니다. 자기 어머니를 죽도록 한 자들이라면서 무덤에 묻힌 자들까지도 그 유골을 꺼내어 다시 목을 베는 끔찍한 일이 벌어졌습니다.

하지만 신하들은 연산군이 시키는 대로 하는 수밖에 없었습니다.

폐비 윤씨의 일로 죽음을 당한 사람들은 수십 명에 이르렀으며, 갑자년에 일어난 일이라 하여 '갑자사화' 라고 부릅니다.

그 후 연산군은 폐비가 된 그의 어머니를 왕후로 올리고 그 신주를 성종의 사당에 함께 모셨습니다.

연산군이 자신의 유흥지에 일반인의 출입을 금하기 위해 세운 금표비

중종 반정

무오사화와 갑자사화로 조정의 분위기는 무겁게 가라앉았습니다. 그럼에도 불구하고 연산군의 방탕은 그치질 않았습니다. 젊은 인재들을 뽑아 학문을 논하던 성균관은 기생들과 후궁들의 놀이터가 되었고, 날마다 술잔치가 벌어졌습니다. 세조 때 큰 돈을 들여 지은 원각사에서도 수도승들을 몰아내고 기생들이 살도록 했습니다. 궐 안은 기생들과 연산군에게 아첨하는 간신들의 웃음소리로 시끌벅적했습니다.

"여기가 궁궐인지 의심스럽소이다."

지나가던 신하들이 고개를 돌리고 수군거렸습니다.

한편, 이조 참판으로 있던 성희안은 연산군을 비웃는 시를 써서 미움을 사는 바람에 관직에서 물러나 있었습니다.

어느 날 성희안이 박원종을 찾아갔습니다.

"지금의 상감은 한 나라의 군주로서 부족함이 너무도 많소. 나라를 다스릴 생각은 않고, 방탕한 놀이로 세월을 보내니, 이를 보고만 있어서는 안 되겠다는 생각이 드는구려. 대감께서는 어떠신지요."

박종원과 성희안은 조정의 안녕을 위해 열심히 일해 온 충신들

조선 왕조 500년

이었습니다. 하지만 박원종은 함부로 입을 열지 못했습니다.

"대감께서 오신 뜻은 잘 알지만……."

이 때 평소에도 성희안과 뜻을 같이하던 유순정이 박원종의 집을 찾아왔습니다.

"임금을 이대로 내버려 두면 나라가 위태로워질 것이오."

유순정이 두 사람의 분위기를 파악한 듯 조심스럽게 먼저 말을 꺼냈습니다.

"그럼, 이 길로 나가 함께 일을 도모할 사람들을 찾아봅시다."

그러자 영의정 유순과 우의정 김수동도 뜻을 같이하기로 했습니다.

"상감의 측근들이 알아채기 전에 서둘러야 하오."

연산군이 임금이 된 지 12년 만에 일어난 일이었습니다.

그 날도 연산군은 애첩 장녹수와 함께 술을 마시다가 잠들어 있었습니다. 박원종은 무관들을 불러 모은 다음, 궁궐의 경계가 허술한 틈을 타 궐 안으로 들어갔습니다. 단잠에 빠져 있던 연산군은 바깥이 소란스러워 잠이 깼습니다.

이 때 내시가 달려와 연산군에게 아뢰었습니다.

"마마, 반란이 일어났사옵니다!"

"누가 감히 반란을 일으켰단 말이냐!"

연산군은 자리에서 벌떡 일어났습니다. 대궐을 지키던 군사들

중종 반정

도 반란군에 합세했습니다.

"여봐라, 어서 반란군을 치지 않고 뭣들 하느냐!"

연산군이 목이 터져라 외쳤지만 아무도 달려오지 않았습니다.

그 때 침전 쪽으로 다가오는 거친 발소리와 함께 박원종이 나타났습니다. 연산군은 박원종에게 달려갔습니다.

"빨리 피해야 할 것 같으니, 어서 길을 터라."

하지만 박원종은 연산군을 밀치고 반란군에게 명령했습니다.

"패주를 묶어라!"

"그럼, 네놈이 반란군의 수뇌였더냐?"

연산군이 부르르 떨었습니다. 박원종은 아무 말도 하지 않았습니다. 연산군은 온몸이 꽁꽁 묶인 채 군사들에게 끌려갔습니다.

박원종이 주축이 되어 연산군을 쫓아내고 그의 이복동생인 진성 대군을 즉위시킨 이 사건을 '중종 반정' 이라 합니다.

연산군이 임금의 자리에서 쫓겨난 후 조정의 대신들은 연산군의 처리 문제를 놓고 많은 회의를 열었습니다. 임금이 될 진성 대군이 대신들에게 말했습니다.

"참형에 처하지는 마시오."

신하들은 장차 새 임금이 될 진성 대군의 명에 따라 연산군을 강화도로 귀양보냈습니다. 그로부터 몇 개월 뒤, 연산군은 시름시름 병을 앓다가 외롭게 죽었습니다.

조선 시대 벼슬아치의 의복

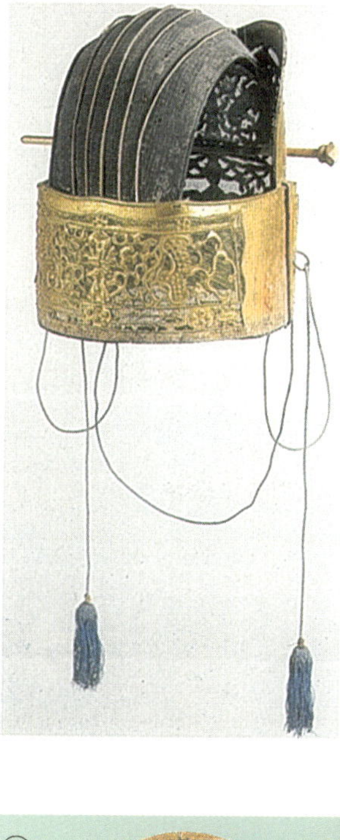

① 적초의(문무 백관이 경사 때에 입던 금관 조복 차림의 겉옷. 장식품으로 품계를 가림.)

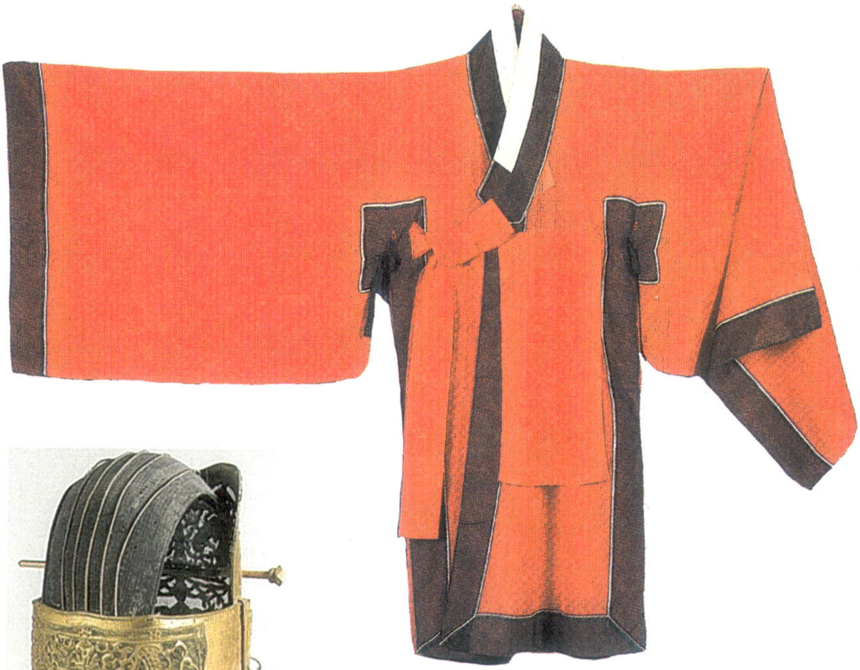

② 금관(나라에 경사가 있을 때 착용하던 모자. 태종 때부터 씀.)

③ 목화(벼슬아치들이 관복을 입을 때 신던 목이 긴 마른신. 일반인들은 혼례 때에만 사모관대 차림에 신음.)

④ 태사혜(사대부나 양반 계층의 남자들이 평상 옷에 신던 마른신)

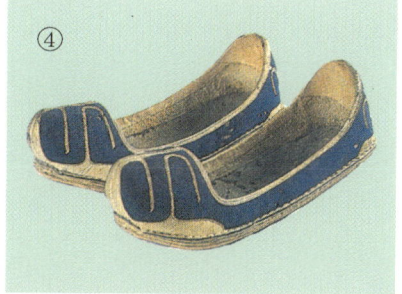

제 11 대
중종

(1488~1544년)
재위 : 1506~1544년

성종의 둘째 아들로 어머니는 정현 왕후 윤씨입니다. 이름은 역, 자는 낙천입니다.

1506년 성희안·박원종 등이 일으킨 반정에 의해 왕위에 올랐습니다. 중종은 조광조를 등용하여 연산군 때의 잘못된 정치를 바로잡으려고 노력했습니다. 신진 세력을 등용하여 과감한 개혁 정치를 펼쳐 나가려 했지만, 반정 공신들의 반발로 기묘사화가 일어났습니다. 이 사화로 조광조와 많은 신진 세력들이 죽고, 그 뒤 정치는 간신들의 손에 놀아나게 되었습니다.

중종은 주자도감을 설치하여 대량의 활자를 만들어 인쇄술을 발달시켰습니다.

 신진과 훈구의 대결

성종의 둘째 아들인 진성 대군은 중종 반정으로 왕위에 올랐습니다.

중종은 선왕인 연산군이 나라일을 전혀 돌보지 않았기 때문에 어수선해진 대궐을 바로잡으려 많은 애를 썼습니다.

주자도감을 설치하여 활자를 만들어 인쇄술을 개량하는 데 힘을 쏟는 한편, 지방의 역사를 기록하는 기관을 따로 마련하고 역대 실록의 인쇄를 끝내 국사고에 잘 정리해 두었습니다.

중종은 선정을 베풀고 백성을 위해 많은 일을 하려고 마음먹었지만, 막상 임금의 자리에 오르고 보니 모든 일이 마음처럼 쉽지 않았습니다. 중종은 신하들의 도움을 받아 왕이 되었기 때문에 그들의 말을 무시할 수 없었던 것입니다.

게다가 중종 2년에는 대사성을 지낸 바 있는 이과가 반란을 일으켰습니다. 성종의 후궁이었던 홍씨의 아들 견성군을 임금의 자리에 앉히려는 것이었습니다.

　하지만 일을 치르기도 전에 발각되어 이과를 비롯한 우두머리들은 귀양을 갔고, 견성군에게는 사약이 내려졌습니다.

　그런 중에도 중종은 조광조라는 젊은 관리를 통하여 개혁 정치를 펼치려고 했습니다.

　조광조는 성균관의 유생으로 학문에 남다른 재능을 가지고 있어, 진사 시험에 1등으로 급제하였으며, 빠른 속도로 벼슬이 높아졌습니다.

　조광조가 올바른 학문의 길을 제시하고, 사회에 좋지 않은 영향을 끼치는 나쁜 관습을 바로잡는 등 개혁 정치를 이끌어 나가자, 백성들은 조광조를 우러러보며 존경했습니다.

　중종의 신임을 받은 조광조는 서른여덟 살에 대사헌이라는 높은 벼슬에 이르게 되었습니다. 그러자 조정의 원로 대신들이 조광조를 시기하기 시작했습니다.

　그러던 어느 날, 조광조가 중종을 찾아가 말했습니다.

　"전하! 나라에 공이 많은 신하가 아니면서도 나라의 녹을 받는 벼슬아치들이 많사옵니다."

　조광조는 이렇게 말하며 엉뚱한 사람에게 나가는 나랏돈을 막아야 백성들의 형편이 좋아진다고 주장했습니다. 하지만 중종은

조선 왕조 500년

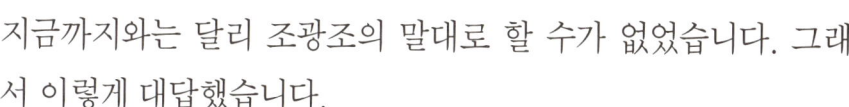

지금까지와는 달리 조광조의 말대로 할 수가 없었습니다. 그래서 이렇게 대답했습니다.

"비록 지금은 공이 없다고 하나, 앞으로 좋은 일을 하여 공을 세울지도 모르는 일이니 그냥 내버려 둡시다."

하지만 조광조는 자신이 한 번 옳다고 생각한 일에 대해서는 그것이 받아들여질 때까지 결코 물러서지 않았습니다. 임금 앞에서도 그의 그러한 대쪽 같은 성격은 변함이 없었습니다.

"전하! 그것을 모르는 바 아닙니다만, 나라일을 하는 자에게 주기 위해 백성들로부터 거둔 세금을 이렇게 허술하게 쓰는 것은 옳은 일이 아니라 생각되옵니다."

조광조의 말에 찬성하는 신하들이 하나 둘 늘어가자, 중종도 더 이상 어쩌지 못하고, 어명을 내릴 수밖에 없었습니다.

"공신이 아니면서 녹을 받는 벼슬아치들을 대궐에서 몰아내고, 반정 공신록에서 지우도록 하라."

이렇게 해서 중종 반정에 참여하지도 않고 공신이 되었던 78명의 사람들이 공신록에서 제명되게 되었습니다.

정암 조광조의 뜻을 기리고 제사를 지내기 위해 세운 심곡 서원(1650년 창건)

공신록에서 이름이 없어진 사람들은 대부분 훈구파 대신들이었고, 그들을 제명하도록 주장한 사람들은 조광조를 비롯한 신진 사림파였으니, 이 때부터 훈구파와 신진 사림들의 보이지 않는 싸움이 시작된 것입니다. 훈구파 대신들은 이를 갈며 조광조를 없앨 궁리를 하였습니다.

'잘난 척하는 조광조 이놈을 가만두지 않겠다.'

그런데 그 무렵 대궐 안에는 조씨가 앞으로 왕이 될 거라는 이상한 소문이 돌기 시작했습니다. 중종까지도 하도 여러 번 이 말을 들어 조광조를 의심할 지경이 되었습니다.

며칠 뒤의 일이었습니다. 대궐의 뜰을 거닐던 중종은 희빈 홍씨가 들고 온 나뭇잎을 보고 눈이 휘둥그레졌습니다.

"이게, 이게 무엇이오?"

그 나뭇잎에는 벌레가 갉아먹은 자리에 네 글자가 또렷이 새겨져 있었던 것입니다.

"주초위왕이라는 글자가 아니옵니까, 마마?"

"주초가 왕이 된다면……. 아니, 주와 초가 합쳐지면 조씨가 되는데……."

중종은 언뜻 조광조가 생각나서 깜짝 놀라 말을 멈추었습니다. 이 때 희빈은 한술 더 떠 이렇게 말했습니다.

"마마! 하늘도 조광조가 역모를 꾸미는 것을 알려 주고 있는데,

마마께서만 모르고 있사옵니다. 그렇지 않다면, 대체 이런 글이 왜 나뭇잎에 새겨져 있겠습니까?"

중종이 생각에 잠긴 듯 아무 말이 없자, 희빈 홍씨는 혼자 미소를 지었습니다.

평소 조광조를 미워하던 희빈의 아버지 홍경주가 남곤 등과 짜고 꾸민 일이었던 것입니다. 그들은 나뭇잎에 꿀로 글씨를 써 놓아 벌레가 갉아 먹게 한 다음, 희빈으로 하여금 중종에게 나뭇잎을 보이도록 일을 꾸몄던 것입니다.

이 때 남곤, 심정이 홍경주의 뒤를 따라 서둘러 입궁했습니다. 희빈 홍씨의 전갈을 받고 조광조를 모함할 마지막 말을 중종에게 전하기 위해서였습니다.

"전하, 조광조가 역모를 꾸몄다 하옵니다."

세 사람은 중종의 표정을 살폈습니다.

중종은 몹시 화가 나서 얼굴이 붉어졌습니다.

"내 그토록 그를 믿었건만, 나를 배신하다니……."

많은 유생들이 임금에게 조광조가 모함을 받은 것이라고 아뢰었으나, 한 번 의심하기 시작한 중종은 유생들의 말을 믿으려 하지 않았습니다. 중종은 엄한 말투로 명을 내렸습니다.

"조광조, 김정, 김구, 김식을 잡아들여 처형하라!"

그러자 성균관 출신 유생들은 스스로 자리에서 물러났습니다.

"조광조 없이는 나라일을 계속할 수가 없사옵니다."

신하들의 반발이 심해지자 중종은 사형시키지 말고 귀양을 보내도록 했습니다. 그러자 모함에 가담했던 남곤과 심정이 발끈하고 나섰습니다.

"어찌하여 조광조를 두둔하는 무리들의 말에 귀를 기울이시는지요. 그를 가만 내버려두었다가는 전하의 자리까지 넘볼 것이옵니다."

곤란해진 중종은 다시 어명을 내렸습니다.

"조광조에게는 사약을 내리고, 나머지 신하들은 귀양을 보내도록 하라."

이번에는 조광조를 도우려 했던 많은 신하들과 유생들까지 화를 입게 되었습니다.

'기묘사화'라 불리는 이 사건은 조광조라는 인재를 죽게 하고, 수많은 젊은 유생들을 조정에서 몰아냈습니다.

비록 홍경주 무리들에게 휩쓸려 기묘사화를 일으키긴 했지만, 그 후 중종은 청백리 제도를 두어 훌륭한 벼슬아치들을 많이 가려냈습니다.

이 때 뽑힌 청백리는 문서에 따로 기록해 두고, 후세에 그 이름이 널리 알려지도록 했습니다.

기묘사화 후 조정은 두 갈래의 세력으로 나누어졌습니다.

 삼포왜란

우리 나라에는 오래 전부터 왜인들이 왜관을 세워 무역을 하였습니다. 처음에는 동래의 부산포, 웅천의 제포, 울산의 염포에 왜관이 있었습니다.

이 세 곳을 일컬어 '삼포'라고 합니다.

왜인들은 삼포를 중심으로 무역도 하고 고기잡이도 했습니다.

일본 영토인 쓰시마 섬은 매우 메마른 땅이어서 왜인들은 남의 나라에 빌붙거나 노략질하지 않고는 먹을 것을 구하기가 어려웠습니다.

쓰시마 섬의 우두머리인 도주는 세종 대왕에게 우리 나라와 무역을 하도록 해 달라고 사정을 했습니다.

"50척의 세견선(우리 나라를 드나드는 일본 무역선)만 드나들도록 하라."

또한 세종은 '세사미'라고 하여 해마다 쌀 2백 석을 쓰시마 도주에게 내려 주었습니다.

그런데 왜인들이 약속을 어기기 시작했습니다. 원래는 무역과 고기잡이가 끝나면 왜관에 60명만 머물고 나머지는 곧바로 자기 나라로 돌아가게 되어 있었는데, 시간이 지날수록 우리 땅에 머무는 왜인의 숫자가 점점 늘어났습니다.

연산군이 나라를 제대로 돌보지 않는 동안 왜인들은 더욱 제멋대로 행동했습니다.

중종 5년인 1510년에는 왜인들이 우리 나라 백성들의 마을에 쳐들어가 불을 지르고 노략질을 했습니다. 그 다음 달에는 제주도에서 바치는 물자를 실을 배를 습격하기도 했습니다.

"저들을 그대로 두어서는 안 되겠다."

조정에서는 왜인들에게 엄한 벌을 내리고, 우두머리 17명의 목을 베어 삼포에 매달았습니다. 그러자 왜장 소 모리노부가 군사를 이끌고 제포성에 쳐들어왔습니다.

왜군은 제포성 첨사 김세균을 죽이고, 부산포와 거제를 차례로 공격했습니다.

이 난리를 '삼포왜란'이라고 합니다.

얼마 뒤, 우리 백성들을 괴롭히던 왜인들은 조정에서 내려보낸 군사들에 의해 진압되었습니다.

별망성지(조선 초기 외적을 방어하기 위해 쌓은 성)

조선 시대 문방사우

문방사우(선비들의 문방의 필수품 종이·붓·먹·벼루)

① **종이**(현재 전하는 가장 오래된 종이인 석가탑에서 나온 무구정광대다라니경이 인쇄된 두루마리)

② **붓**(조선 시대 붓들은 대부분 대로 만들었고, 족제비 털로 된 황모필이 최상품임.)

③ **먹**(검은 먹과 붉은 먹의 두 종류가 있음. 옛 선비들은 아름다움을 오래도록 전할 수 있는 좋은 먹을 애용함.)

④ **벼루**(대부분 돌로 되었으나 금속·도자기·나무로 된 것도 있음. 물이 마르지 않고 먹을 갈 때 곱게 갈려 붓이 상하지 않는 것이 좋은 벼루임.)

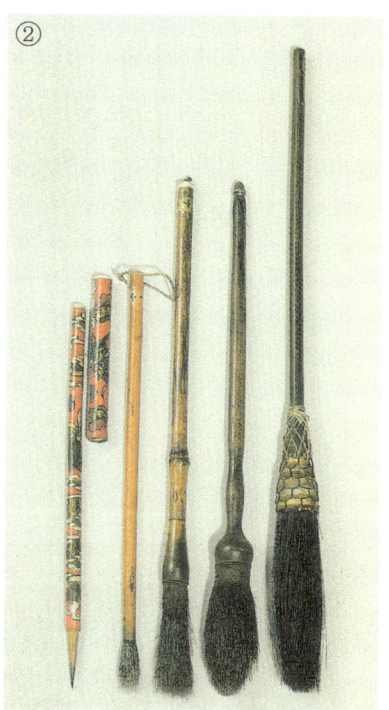

역사 탐방

도산 서원

 도산 서원은 경상 북도 안동시 도산면 토계리에 있는 서원입니다. 이 곳에는 조선 시대 학자 퇴계 이황의 위패가 모셔져 있습니다.

 이황은 조선 시대 학자로 우리 나라 성리학의 대가입니다. 벼슬에서 물러난 이황은 교육 사업에 큰 뜻을 가지고 도산 서당을 세웠습니다. 그는 이 곳을 학문 연구의 도장으로 만들어 교육 사업에 힘썼습니다. 조선의 주자로 불린 이황은 겸손한 성격의 학자로 중종·명종·선조의 존경을 받았습니다. 특히 명종은 여러 번 그를 조정으로 불러들이려 했지만, 이황은 끝내 사양했습니다. 명종은 그를 그리워하며 도산의 경치를 화공에게 그리게 해서 병풍을 만들어 두르고 바라볼 정도였습니다.

 도산 서원은 이황이 죽고 4년 뒤인 1575년(선조 8) 도산 서당 뒤편에 창건되었습니다. 조정에서는 명필 한석봉이 쓴 '도산 서원' 액자를 내려 주고 이황의 학덕을 추모했습니다. 서원에는 4,000여 권의 장서와 장판 및 퇴계의 유품 등이 남아 있습니다.

도산 서원

쏙쏙 역사 상식

말머리를 보아라

조선 10대 왕 연산군을 쫓아낼 때의 일입니다.

많은 군사들이 궁궐을 포위하여 연산군을 찾으러 다녔습니다. 그리고 진성 대군을 보호하기 위해 그의 저택을 겹겹으로 감쌌습니다.

그러나 이 일을 모르고 있던 진성 대군과 부인 신씨는 겁에 질려 부들부들 떨었습니다. 아무래도 큰 변이 닥칠 것만 같았습니다. 이 때 신씨 부인이 하인을 조용히 불렀습니다.

"나가서 군인들의 말머리를 보고 오너라. 말머리가 궁을 향해 있나, 아니면 밖을 향해 있나 살펴보고 오너라."

급히 나갔다가 돌아온 하인이 말했습니다.

"마님, 말머리가 밖으로 향해 있었습니다."

신씨 부인은 안도의 한숨을 내쉬었습니다.

"부인, 말머리의 방향이 궁을 향해 있든, 밖으로 향해 있든 무슨 상관이란 말이오?"

"나리, 말머리가 밖으로 향해 있으면 이것은 우리를 보호하는 것이니 걱정할 것이 없습니다. 저희에게 등을 돌리고 바깥의 동정을 살피는 것입니다."

진성 대군은 그제서야 안심했습니다. 얼마 후 진성 대군은 왕이 되었고, 신씨 부인은 왕비의 자리에 올랐습니다. 그러나 신씨 부인은 역적 신수근의 딸이라고 해서 1주일도 못 되어 왕궁 밖으로 쫓겨났습니다. 지혜로운 아내였지만 정치적인 상황 때문에 중종과 신씨는 다시는 만나지 못했습니다.

역사 풀이

1. 조선 시대 최고의 태평 성대를 이룩한 왕은 누구인가요?
   ① 세종
   ② 세조
   ③ 성종
   ④ 중종

2. 조선 시대 법전은 무엇이었나요?
   ① 〈동문선〉
   ② 〈동국통감〉
   ③ 〈경국대전〉
   ④ 〈동국여지승람〉

3. 다음 중 악보를 정리한 음악 서적은 무엇일까요?
   ① 〈동문선〉
   ② 〈삼국사기〉
   ③ 〈악장가사〉
   ④ 〈악학궤범〉

4. 성종은 왜 폐비 윤씨의 죽음을 궐 안에서 논하지 말라고 했을까요?

   ....

5. 무오사화는 무엇이 원인이 되어 일어난 것일까요?

역사 풀이

6. 갑자사화는 어느 왕 때 일어난 일이었나요?
   ① 중종   ② 연산군   ③ 성종   ④ 인종

7. 박원종이 중종 반정을 일으킨 이유는 무엇이었나요?
   ① 연산군의 횡포를 보다못해서
   ② 진성 대군을 왕위에 앉히기 위해
   ③ 갑자사화로 친지들이 목숨을 잃어서
   ④ 연산군이 귀양을 보내려고 해서

8. 중종이 개혁 정치를 위해 등용한 사람은 누구인가요?
   ① 성희안   ② 박원종   ③ 조광조   ④ 이과

9. 훈구파와 사림파의 대립으로 일어난 사화는 무엇인가요?

10. 중종이 인재를 등용하기 위해 실시한 제도를 써 보고 그 제도에 대한 자신의 생각도 써 보세요.

제 12 대
인종

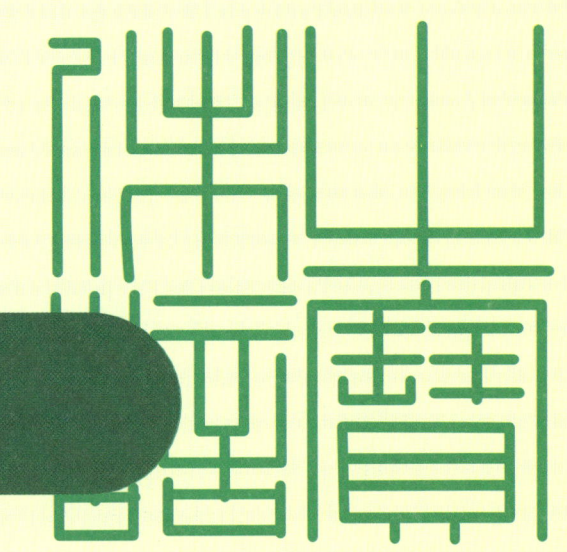

(1515~1545년)
재위 : 1544~1545년

중종의 맏아들로 장경 왕후 윤씨가 어머니입니다.
1544년 중종의 유언에 따라 30살로 왕위에 올랐습니다. 어려서부터 학문을 좋아하고 성격이 온화하여 나라를 슬기롭게 다스렸습니다.
인종은 인재를 등용하여 잘못된 정치를 바로잡으려고 노력했습니다. 그러나 몸이 약해 12살의 어린 동생 경원 대군에게 왕위를 물려주고, 왕이 된 지 8개월 만에 숨을 거두었습니다.

지극한 효성

중종이 세상을 떠나자 계모인 문정 왕후의 미움을 받던 인종이 왕위에 올랐습니다. 문정 왕후는 자기 아들인 경원 대군을 왕의 자리에 앉히고 싶었기 때문이었습니다.

경원 대군을 왕위에 앉히려던 소윤 무리는 분통을 터뜨렸고, 대윤 무리는 쾌재를 불렀습니다.

"마마, 소윤의 무리들이 세자로 계시던 시절 전하를 모함하기를 일삼았으니 그들에게 큰 벌을 내리는 것이 마땅한 줄로 아옵니다."

대윤의 무리들이 인종에게 수시로 이렇게 말했지만, 성품이 너그럽고 인자한 인종은 그들의 말을 따르지 않았습니다. 인종은 금욕적인 생활로 신하들의 존경을 받기도 했습니다.

중종이 살아 있을 때의 일이었습니다.

어머니가 일찍 죽어 계모인 문정 왕후 윤씨의 손에서 자란 인종은 자신을 길러 준 어머니, 문정 왕후에게 언제나 공손했습니다. 야심이 많았던 문정 왕후는 세자였던 인종을 없애려고 애를 썼습니다.

하루는 세자가 세자빈과 함께 잠들어 있을 때인데, 어디선가 뜨거운 열기가 느껴져 잠이 깼습니다. 그런데 세자는 방 안이 불길에 휩싸인 것을 보고는, 그것이 자신을 미워하는 문정 왕후가 꾸민 일이라는 것까지 알았습니다.

"마마, 어서 빠져 나가셔야지요."

세자빈이 소리쳤습니다.

그러나 세자는 낯빛 하나 변하지 않은 채 태연하게 대답했습니다.

"빈궁 먼저 나가시오. 어마마마가 시킨 일이라면 내가 죽기를 바라고 도모한 것일 텐데 내가 죽어서 효도할 수 있다면 얼마나 좋겠소. 나는 여기서 죽을 터이니, 빈궁이나 어서 몸을 피하시오."

세자는 그 자리에서 꼼짝도 하지 않았습니다. 빈궁은 함께 죽겠다며 그대로 있었습니다.

그 때였습니다. 밖에서 중종이 세자를 애타게 부르는 소리가 들렸습니다.

"세자! 어디 있느냐, 세자!"

그러자 세자빈이 급히 말하였습니다.

"세자 저하, 아바마마께서 애타게 찾고 계시옵니다. 어서 나가시지요."

이에 세자는 아버님을 생각해서라도 살아야겠다고 생각하고는 몸을 일으켜 자리에서 빠져 나왔습니다. 그 후에도 문정 왕후는 인종을 없애기 위해 여러 번 음모를 꾸몄습니다.

그것은 자신의 친아들을 임금 자리에 앉히기 위해서였습니다.

인종은 자신을 길러 준 어머니를 위해서라면 죽어도 좋다고 생각했습니다. 하지만 우여곡절 끝에 살아나기를 거듭했습니다.

인종은 어느 임금보다 마음이 어질고 인정이 깊었지만, 조선의 역대 임금 중 가장 짧게 왕위에 머물러 있었습니다.

그는 몸이 약하여 치적을 남길 겨를도 없이 몸져 누워 있다가, 즉위한 지 8개월 보름 만에 세상을 떠나고 말았습니다.

인종과 왕비 인성 왕후의 능이 있는 서삼릉

제 13 대
명종

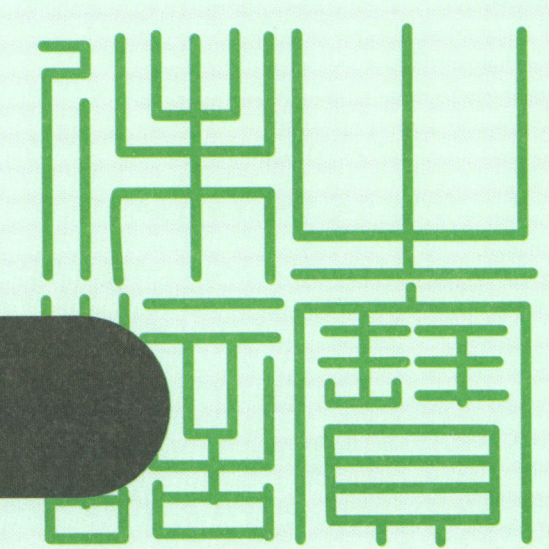

(1534~1567년)
재위 : 1545~1567년

중종의 둘째 아들로 인종의 동생입니다. 어머니는 문정 왕후 윤씨입니다.

명종은 12살의 어린 나이로 왕위에 올라 어머니 문정 왕후의 수렴 청정을 받았습니다. 문정 왕후는 자신의 동생 윤원형 등과 함께 인종을 따르는 신하를 죽이기 위해 을사사화를 일으키고, 불교를 일으키기 위해 승려 보우를 조정으로 불러들였습니다.

윤원형과 보우는 문정 왕후를 믿고 벼슬을 팔아 재물을 늘리고, 백성들의 재물을 함부로 빼앗아 백성들의 원성을 샀습니다.

1555년 전라도에서 왜구들이 을묘왜변을 일으키고, 북쪽에서는 여진족이 자주 침입하여 민심이 크게 흔들렸습니다.

1565년 문정 왕후가 죽은 뒤 명종은 나라의 기강을 바로 세우려고 했지만 뜻을 이루지 못하고 2년 뒤 34살의 나이로 세상을 떴습니다.

을사사화

   인종이 병으로 세상을 뜨자, 이복 형제인 경원 대군이 즉위하여 명종이 되었습니다. 이 때 명종의 나이 열두 살이었습니다.
   어린 명종은 나라일을 스스로 결정할 수 없었기 때문에, 친어머니인 문정 왕후가 왕을 대신하여 정치에 참여했습니다.
   임금의 나이가 어릴 때 임금의 어머니인 대비가 대신 나라일을 돌보아 주는 것을 수렴 청정이라 합니다. 문정 왕후는 8년 동안 수렴 청정을 했습니다.
   인종이 즉위할 무렵만 해도 대윤의 이언적 등 사림파가 세력을 키웠으나, 문정 왕후가 수렴 청정을 하게 되자 상황이 바뀌어 윤원형을 비롯한 소윤의 무리들이 힘을 얻게 되었습니다.
   무오, 갑자, 기묘사화와 더불어 조선의 제4대 사화로 일컬어지는 을사사화가 일어난 것은 명종이 즉위하던 을사년의 일이었습니다.

　중종이 재위할 무렵, 조정에서는 왕비 간택 문제로 무척 시끄러웠던 적이 있었습니다.

　역대 왕들이 왕비들의 입김으로 조정이 어지러웠던 점을 생각하여 신중하게 결정을 내려야 했기 때문입니다. 1517년 조정에서는 고민 끝에 윤지임의 딸을 빈으로 책봉했습니다.

　그녀가 문정 왕후로, 바로 지금의 명종의 어머니였습니다. 그녀는 윤원로, 윤원형과 힘을 합쳐 경원 대군을 임금의 자리에 앉히려고 계략을 세웠지만, 이미 세자로 책봉되어 있던 호의 외숙인 윤임이 이를 막고 나섰습니다. 그로 인해 문정 왕후와 소윤은 그 뜻을 이루지 못했던 것입니다. 이 일을 계기로 윤임이 이끄는 대윤과 윤원형이 이끄는 소윤의 싸움이 생겨나기 시작했습니다.

　조정의 신하들 또한 덩달아 대윤과 소윤으로 나누어져 세력 다툼은 점차 커져 갔습니다.

　중종이 죽고 인종이 즉위할 당시에는 인종의 외가 친척인 대윤이 세력을 얻었습니다. 윤임의 대윤에는 사림파들이 많이 포함되어 있어서, 인종 당시 사림파들이 득세를 하기도 했습니다.

　하지만 인종이 8개월 만에 병으로 세상을 떠나자, 소윤의 뜻대로 문정 왕후의 아들인 경원 대군이 임금의 자리에 올라 명종이 된 것입니다.

　우선 문정 왕후가 나서서 대윤의 우두머리인 윤임을 탄핵하기 시작했습니다.

　"마마, 윤임은 상감마마가 경원 대군이던 시절, 마마의 앞길을 가로막았던 자이옵니다. 처형하심이 마땅하십니다."

　문정 왕후의 말이라면 거역할 수 없었던 명종은 윤임을 처형하라는 어명을 내렸고, 이를 시작으로 대윤의 무리들이 모두 잡혀 처형당하면서 대윤 무리는 한순간에 무너져 내렸습니다.

　을사사화로 세력을 얻은 윤원형은 조정을 장악하다시피 했습니다. 우선 자

최초의 사액 서원인 소수 서원(국가에서 서원에 이름을 지어 내리고 노비와 전답을 나누어 줌. 명종 때 서원은 학문과 교육 활동으로 성리학과 지방 문화를 발달시킴.)

회연 서원

을사사화

신은 사헌부의 가장 높은 벼슬인 대사헌을 맡았으며, 조정의 대신들은 거의 모두 그에게 아첨하는 자들로 채워졌습니다.

 양재역 벽서 사건

을사사화가 일어난 지 2년 뒤인 1547년의 일입니다. 윤원형은 을사사화를 일으켜 많은 사림들을 죽인 것도 부족하여, 대윤의 잔당을 마저 없애야 한다며 혈안이 되어 있었습니다.

그러던 중 경기도 과천의 양재역 벽에 이상한 글이 써붙여진 사건이 일어났습니다.

"위로는 여왕, 아래로는 간신 이기 등이 권력을 휘두르니 곧 나라가 망할 징조이다."

이 소식을 전해 들은 윤원형은 무릎을 쳤습니다.

"사림과 잔당을 없앨 수 있는 절호의 기회이다."

윤원형은 서둘러 문정 왕후에게 벽서 이야기를 한 다음, 곧바로 소윤 무리를 이끌고 대궐로 들어가 명종에게 아뢰었습니다.

"전하! 이는 필시 저를 시기하는 대윤 무리의 짓이 분명하옵니다. 을사사화 때 전하께서 너그러이 행하신 것도 모르고 그들이 다시 날뛰고 있는 것이 분명하옵니다. 전하, 대윤과 손이 닿는 사림파들을 모조리 불러들여 문초하심이 옳은 줄로 아옵니다."

그러자 문정 왕후도 태연하게 덧붙였습니다.

"그러하오. 상감, 지금 대윤의 세력을 없애지 않으시면 이 왕실의 앞날에 두고두고 방해가 될 것이오. 한 명도 남김없이 모조리 잡아들여야 하오."

다음 날 명종은 어명을 내렸습니다.

"윤임과 관계된 사림파는 하나도 남김없이 잡아들여 처형하도록 하여라!"

이약수, 이언적, 정자, 노수신, 유희춘 등 사림파들이 잡혀 들어와 처형을 당하거나 말도 안 되는 이유로 유배를 당했습니다. 그 밖에도 많은 사람들이 대수롭지 않은 이유로 희생되었습니다. 조그만 역의 벽에 나붙은 벽서 한 장으로 대윤에 관계된 사림 일파는 무고한 희생을 치러야만 했습니다.

모두 윤원형과 문정 왕후의 계략 때문이었습니다.

그 후 윤원형의 횡포는 점점 심해졌습니다.

윤원형은 자신의 친형 윤원로를 유배시킨 것도 모자라 사형에 처했습니다. 자신의 첩 정난정과 짜고는 자신의 부인인 김씨를 독살한 다음, 정난정을 정경 부인 자리에 앉히기도 했습니다.

또한 상권을 장악하여 전매, 모리 행위로 부를 일구었습니다. 윤원형의 집에는 아첨꾼들과 뇌물을 들고 온 자들로 늘 붐볐습니다.

사람들은 이렇게 말하곤 했습니다.

"죽고 사는 것은 이 나라 임금에게 달린 것이 아니라, 윤원형에게 달렸지 뭔가."

정경 부인이 된 정난정 또한 윤원형을 믿고는 조정을 휘젓고 다녔습니다.

"도대체 이 나라가 어찌 되려고 정난정 같은 아녀자까지도 판을 치고 다니는지 모르겠소. 전하께 아뢰어 바로잡도록 해야 하지 않겠소이까."

이렇게 말하는 선비도 있었지만, 대부분의 선비들은 시골로 낙향하여 나라일에서 손을 떼고 말았습니다.

남아 있는 신하들의 대부분은 한숨을 쉬며 바라보고만 있었습니다.

윤원형의 세력도 강했지만 그 뒤에는 문정 왕후가 버티고 있었던 것입니다. 조정이 이러한 상황이니, 나라가 평화로울 리 없었습니다.

 의로운 도둑 임꺽정

윤원형에게 돈을 갖다 바쳐야 제대로 된 벼슬자리를 차지하게 되자, 지방에서는 탐관오리들이 하루가 다르게 늘어났고 백성들은 굶주렸습니다. 백성들은 먹을 것이 없어 여기저기 떠돌아다니기 시작했고, 산 속에 숨어 살며 산적이 되는 사람들도 많았습니다. 나그네들이 마음 편히 길을 떠날 수가 없을 정도로 도둑이 많아졌습니다.

나라가 온통 어수선한 때에 황해도 지방에 남다른 산적 무리들이 있었으니, 그들의 우두머리는 바로 임꺽정이었습니다.

황해도 지방에서 주로 활동했던 이들은 무조건 빼앗고 훔치는 다른 산적 무리들과는 달랐습니다. 탐관오리나 부잣집들만 찾아다니며 그들의 재물을 훔쳐 가난한 사람들에게 나누어 주는 의적들이었습니다. 비록 산적들이었지만 어느 누구도 그들을 욕하지 않으며 오히려 칭찬이 자자했습니다.

"나라가 엉망인데 이런 산적이라도 있어야 해."

곡식이 떨어져 굶주리던 가난한 백성들에게 자고 나면 마당에 쌀 한 가마니가 놓여 있는 일이 생기곤 했습니다.

"이게 다 그 유명한 임꺽정 의적님이 하신 일이라네."

"아이고, 얼굴을 볼 수 있어야 고맙다고 넙죽 절이라도 할 텐데 말이야."

백성들은 임꺽정의 얼굴을 보고 싶어했지만, 동에 번쩍 서에 번쩍 하는 임꺽정을 볼 수 있는 사람은 거의 없었습니다.

임꺽정은 원래 양주에 살던 백정의 아들이었습니다. 아버지에 이어 자신도 백정이 되어야만 하는 조선의 엄한 신분 제도에 불만을 품고 도적이 되었습니다. 그는 기운이 천하 장사였는데, 마침 땅을 잃고 떠돌던 많은 백성들이 그를 따르게 되어 곧 거대한 조직이 되었습니다.

한편, 조정에서는 벼슬아치들이 재물을 빼앗기다 못해 대비의 생일 선물까지도 임꺽정에게 빼앗기게 되자 전국에 포고령을 내렸습니다.

"임꺽정을 보는 즉시 관가에 알리거나 사로잡도록 하라."

그러나 쉽게 잡힐 임꺽정이 아니었습니다. 게다가 임꺽정과 마주친 백성이 있었다고 해도 관가에 알릴 리가 없었습니다. 그 무렵 백성들은 관가나 조정 대신들을 믿지 않았습니다.

"체, 임꺽정 같은 의적을 어느 나쁜 놈이 신고해? 만약 그런 놈이 있다면 내 그 놈을 가만두지 않겠네."

사정이 이러하자 황해도 관가에서는 포졸들을 한꺼번에 풀었습니다.

"임꺽정을 잡는 포졸에게는 큰 포상을 할 것이다."
사실 포졸들조차도 백성들의 마음과 다를 게 없었습니다.
"포졸 짓 그만두고 임꺽정 밑에 가서 의적이나 되는 게 더 낫겠어."
황해도 지방은 임꺽정을 잡으려는 관리들과 임꺽정이 잡히지 않기를 기원하는 백성들로 떠들썩했습니다.
그러는 동안에도 임꺽정은 대낮에 버젓이 자신을 잡으려고 혈안이 되어 있는 벼슬아치들의 집을 털었습니다.
백성들은 임꺽정의 소식을 들을 때마다 속이 후련해지는 것을 느꼈습니다. 이렇게 백성들의 가려운 곳을 긁어 주며 탐관오리들을 괴롭히던 임꺽정이 잡힌 것은 그로부터 3년이 지난 후였습니다.
다급해진 조정에서 남치근을 경기, 황해, 평안도의 토포사로 임명하여 임꺽정을 잡도록 했습니다. 남치근은 우선 임꺽정의 졸개인 서림을 잡았습니다. 모진 고문을 당하던 서림은 마침내 임꺽정을 배신하였고, 남치근은 임꺽정을 잡을 수 있었습니다.
이맘때쯤 조정의 상황도 많이 달라져, 권세를 잡던 문정 왕후가 세상을 떠난 뒤였습니다.
"전하, 윤원형이 그 동안 문정 왕후의 세력을 등에 업고 지은 죄가 많습니다. 그를 벌해야 하옵니다."

대윤의 무리들이 들고 일어섰습니다. 이제 어른이 되어 직접 나라일을 돌보게 된 명종도 윤원형의 죄상을 짐작하고 있던 터였습니다.

"윤원형을 멀리 귀양 보내도록 하라!"

20여 년 간 누이의 권세를 믿고 조정에서 큰소리쳐 온 윤원형은 하루 아침에 죄인이 되었습니다.

조정에 새로운 기운이 도는 듯했습니다. 명종은 을사사화 때 죄인으로 몰렸던 사람들을 풀어 주었습니다.

양재역 벽서 사건 때 명종을 모함한 것으로 오해받고 유배당했던 노수신, 유희춘, 백인걸 등을 조정으로 불러들여 벼슬자리를 주었습니다.

또 학문에 밝고 덕망이 높은 사람들을 찾기 시작했습니다. 이미 환갑이 지난 이황도 명종의 부름을 받았습니다.

하지만 이황은 선뜻 응하지 않았습니다. 학문이 깊고 성품이 어진 그였지만, 조정에 나가 권력 싸움에 휘말려들고 싶지 않았던 것입니다.

'제자를 키우는 일도 보람 있는 일이다.'

이렇게 생각하며 시골에 머물러 있던 이황이 명종의 마지막 부름을 거절할 수 없어 한양으로 올라왔을 때 명종은 이미 세상을 떠나고 없었습니다.

조선 시대 여인들의 장신구

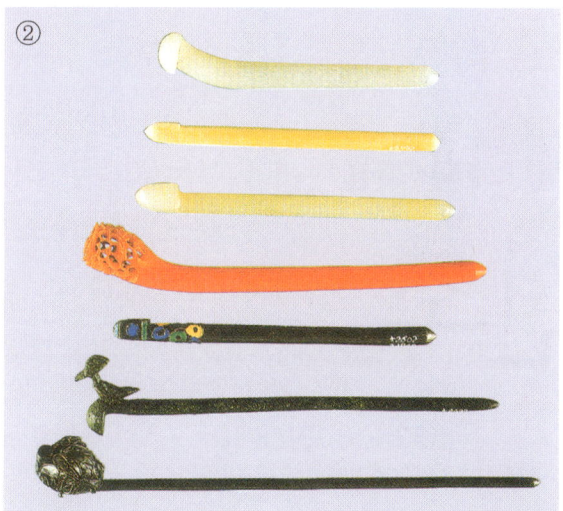

① 도투락 댕기(어린 계집아이가 길게 땋은 머리 끝에 드리는 자줏빛 댕기)
② 쪽진 머리를 잡아 주는 비녀(작고 짧은 비녀는 평상시 사용되던 것으로 일반 서민 계급의 부녀자는 나무·뿔·뼈 등으로 만든 것을 이용함. 위로부터 버섯옥잠, 상아민잠, 백옥잠, 산호잠, 칠보민잠, 백통매죽잠)
③ 노리개(저고리의 겉고름, 안고름 또는 치마 허리에 차는 대표적인 여성 장신구)

제 14 대
선조

(1552~1608년)
재위 : 1567~1608년

중종의 손자입니다. 이름은 균이고 후에 공으로 개명했습니다. 열여섯 살의 나이로 왕위에 올라 인순 왕후의 수렴 청정을 받다가 이듬해부터 직접 나라를 다스렸습니다.

이황·이이·백인걸 등 많은 인재를 등용하고 유학을 크게 장려했습니다.

그러나 신하들 사이에 싸움이 그치지 않아 동서로 갈라지는 당파가 생겼습니다. 1592년 일본에서 명나라를 치러 가는 길을 만들어 달라는 요구를 해 오자 이를 거절하여 임진왜란이 일어났습니다. 선조는 의주까지 피난을 가는 등 7년 동안 왜군에 의해 나라가 짓밟히고 많은 문화재가 불탔습니다.

선조는 임진왜란 이후 국토를 정비하고 재정을 바로잡기 위해 힘쓰다가 세상을 떠났습니다.

이황과 이이

아들을 두지 못한 명종이 선조를 후계자로 정하고 세상을 떠나, 선조는 1567년 조선의 열네 번째 왕의 자리에 올랐습니다.

이 때 그의 나이가 열여섯 살이어서 인순 왕후가 수렴 청정을 했습니다. 그러나 다음해부터는 선조가 혼자서 나라를 다스릴 수 있었습니다. 선조는 성리학의 대부인 이황과 이이를 스승으로 여기며 극진히 대우했습니다.

선조는 이준경의 청을 받아들여 기묘사화 때 화를 입은 조광조에게 영의정을 추존했습니다.

또 억울하게 화를 당한 사람들을 풀어 주었고, 간계를 꾸며 사화를 일으킨 남곤 등은 관직에서 물러나게 했습니다. 을사사화를 일으킨 윤원형 등도 조정에서 물러나게 했습니다.

선조의 이러한 정책에 힘입어 민심이 안정되었고 조정은 평화를 찾았습니다.

 하지만 백성들의 살림살이를 보살펴야 할 신하들은 또다시 동인과 서인으로 나뉘어 싸움을 일삼았습니다.

 동인은 구세력에 속하는 심의겸이 사는 동네가 동쪽이라 해서 붙은 이름이었고, 서인은 신진 세력에 속하는 김효원이 서쪽에 산다고 해서 붙은 이름이었습니다.

 처음에 동인과 서인으로 갈라진 파벌은 임진왜란이 일어나기 전 해에 동인이 남인과 북인으로 갈라지더니, 숙종 때에는 서인도 노론과 소론으로 갈라졌습니다.

 한편, 고려 때 우리 나라에 들어온 성리학은 명종과 선조 때 크게 발달했습니다.

 특히 이황과 이이는 우리 나라에서 성리학의 양대 봉우리를 이루었습니다.

 이 두 학자는 성리학 체계를 우리 나라 실정에 맞게끔 독특하게 발전시켜, 오히려 성리학의 고향인 중국에까지 그 영향을 미쳤습니다.

 선조는 학문이 깊고 경륜이 많은 이황에게 높은 벼슬자리를 주었습니다.

 "전하, 성은이 망극하옵니다. 하오나

퇴계 이황(1501~1570)

저는 이미 늙은 몸, 고향에 내려가서 학자들을 키우는 데 전념토록 허락해 주옵소서."

선조는 이황을 곁에 두고 싶었지만, 늙은 신하의 뜻을 무시할 수는 없었습니다.

이황은 경북 안동으로 내려가 도산 서원을 짓고는 많은 제자들을 길렀습니다. 이황은 이 곳에서 유성룡, 김성일을 비롯한 많은 인재들을 길러 내어 영남학파의 영원한 스승이 되었습니다.

퇴계 이황과 더불어 조선 왕조사에서 손꼽히는 학자가 율곡 이이입니다.

이이는 중종 때 어머니 신사임당의 고향인 강릉에서 태어났습니다. 신사임당은 그림과 글씨에서 뛰어났음은 물론, 가정적으로도 모범이 되어 현모양처의 표본이라고 할 수 있는 인물이었습니다.

신사임당은 서른세 살 때 이이를 낳았는데 선녀가 한 아기를 건네 주는 꿈을 꾼 뒤에 이이를 임신하였고, 낳을 때에도 커다란 검은 용꿈을 꾸었다고 합니다. 그래서 아기 이름도 현룡이라고 지었습니다.

율곡은 어려서부터 다른 아이들과는 달리, 책이나 붓을 가지고 장난하는 것을 좋아하였습니다.

그래서 신사임당은 늘 율곡에게 책을 읽어 주고, 붓글씨를 가

오죽헌(율곡 이이가 태어난 신사임당 본가의 사랑채, 보물 제165호)

르쳐 주었습니다.

율곡이 네 살 되던 해의 일입니다. 외할머니가 율곡을 데리고 마당의 석류나무 밑을 거닐다가 불쑥 물었습니다.

"너, 이거 무슨 열매인지 아느냐?"

"이거요? 홍피낭리 쇄홍주 같아요."

율곡은 거침없이 대답했습니다. 그 어려운 문자를 쓰는 것도 놀랄 일이지만, 말하는 것이 아이답지 않았습니다. 할머니는 시치미를 떼고 다시 물었습니다.

"그 뜻이 무엇이냐?"

"할머니, 이 열매는 껍질이 단단해서 가죽 같잖아요? 그래서 빨간 가죽 주머니(홍피낭)라 한 거예요. 그 속에 새빨간 구슬(홍주)이 많이 들어 있는 것 같지 않으세요?"

"네 말대로 석류알은 구슬 같구나."

이렇듯 율곡은 생각이 뛰어났습니다.

또한 어머니의 훌륭한 가르침 덕분에 이이는 이황과 쌍벽을 이

루는 주자학의 대가가 되었습니다.

　율곡은 조정이 동인과 서인으로 나뉘어 싸울 때 어느 편에도 가담하지 않았습니다. 하지만 그런 그를 욕되게 하는 자들이 있었습니다. 공정한 입장을 취하려는 이이를 동인들이 서인으로 몰아세웠던 것입니다.

지방의 교육 기관이었던 향교

율곡 이이가 시를 짓고 학문을 논하던 화석정

하지만 서인들은 이이를 이편에 들었다 저편에 들었다 하는 줏대 없는 자라고 여겼습니다. 이이만 난처하게 되었던 것입니다.
이이는 선조 앞에 나아가 아뢰었습니다.
"문무 백관이 서로 다투기만 하다가 나라에 왜적이 쳐들어와 전쟁이라도 일어나면 어찌 되겠습니까. 전하, 군사를 십만여 명쯤은 훈련시켜 왜적의 침입에 대비해야 합니다."
그러자 대신들이 하나같이 들고 일어섰습니다.

신사임당 묘(남편 이원수와의 합장묘)　　율곡 이이 묘

"이렇게 평화로운 때에 군사는 무슨 군사요, 괜히 군사를 훈련시킨다고 나라 돈과 식량만 축내서야 되겠소이까!"

"그렇게 대군을 길렀다가는 공연히 명나라의 오해를 사기 십상이오."

반대하는 대신들이 반대의 목소리가 높자 선조도 더 이상 이이의 의견을 따를 수가 없었습니다.

실망한 이이는 벼슬자리를 내 놓고 해주 땅으로 내려가 다시는 조정에 나오지 않았습니다.

임진왜란

조정에 왜구에 대한 소식이 처음으로 날아든 것은 1590년이었습니다.

"전하, 요즘 왜구의 동태가 심상치 않사옵니다. 통신사를 파견하여 그들을 살피고 옴이 옳은 줄 아뢰옵니다."

선조는 즉시 황윤길과 김성일을 왜나라에 보내어 동정을 살피고 오라는 지시를 내렸습니다. 이듬해 초, 왜나라로 떠났던 황윤길과 김성일이 돌아왔습니다.

"그래, 왜나라의 조짐이 어떠하던가?"

선조의 물음에 통신사 황윤길이 대답했습니다.

"전하, 왜나라는 지금 조선에 쳐들어오려고 만반의 준비를 갖추고 있사옵니다. 우리도 하루빨리 준비를 하는 것이 옳은 줄로 아뢰옵니다."

하지만 함께 다녀온 김성일의 의견은 달랐습니다.

"전하, 왜나라의 군사를 지휘하고 있는 도요토미는 조선이 겁낼 위인이 못 되옵니다. 또한 그들이 전쟁 준비를 하는 것으로는 보이지 않았사옵니다. 괜한 전쟁 준비를 한다고 나라와 민심을 혼란스럽게 하는 것은 옳지 못한 일인 줄로 아뢰옵니다."

동래 부사 순절도(임진왜란 당시 순절한 동래 부사 송상현과 군민들의 항전 내용을 그린 기록화. 보물 제392호)

두 사람의 의견 대립은 두 사람 선에서 끝나지 않았습니다. 조정의 대신들도 동인과 서인으로 나뉘어 서로의 의견을 받아들이려 하지 않았습니다.

이듬해 4월, 황윤길의 말대로 왜나라는 막강한 군사력을 앞세우고 조선으로 쳐들어왔습니다.

대륙을 정복하려는 야욕에 불타던 도요토미는 오랜 기간 동안 군사력을 키워 왔습니다. 무술, 축성술, 해운술 등을 강화하고 서양으로부터 신식 무기를 들여오는 등 전쟁 준비를 철저히 해 왔습니다. 당시 왜군 병력의 3분의 2가 조선의 침략을 위해 동원되었습니다.

우리 나라에서 침략에 대비해야 한다는 서인과 왜나라의 침략은 우려할 필요가 없다는 동인이 떠들썩하게 말다툼을 하는 동안, 왜나라의 도요토미는 그의 야심을 이루려고 총력을 기울였던 것입니다.

임진년인 1592년 4월 13일이었습니다.

"사또, 부산포 앞바다에 수많은 배들이 떠 있습니다."

한참 사냥중이던 부산진 첨사 정발에게 포졸이 달려와 말했습니다. 첨사는 부산포를 내다보더니, 큰 소리로 외쳤습니다.

"왜, 왜군이다. 왜군이 쳐들어왔다!"

첨사가 급히 보낸 파발마가 한양의 조정에 닿기도 전에 부산포

는 도요토미의 손에 함락되었습니다.

　도요토미는 고니시 유키나가, 가토 기요마사, 구로다 나가마사 등을 선두로 총 20여 만 명의 군사를 태운 배를 거느리고 부산포 앞바다를 새까맣게 물들였던 것입니다.

　부산포와 함께 다대포도 순식간에 함락되었습니다. 신식 무기인 조총을 쏘아대며 물밀듯이 밀어닥치는 왜군을 당해 낼 수가 없었습니다.

　두 포구가 함락되었다는 소식을 들은 동래 부사 송상현은 성문을 굳게 닫고는 왜군과 싸울 준비를 했습니다.

　이미 봉화로 왜군이 침입했다는 신호를 보냈으니 조금만 버티면 원군이 오리라는 생각이었습니다. 송상현은 항복하라는 왜장

왜구의 침입에 맞서 출전하는 조선의 수군들

의 말을 무시하고 성 안의 백성과 군사들에게 외쳤습니다.

"동래성은 조선의 관문이다. 무슨 수를 써서라도 반드시 지켜야 한다!"

무기도 변변치 않은데다 그 동안 전쟁 준비라고는 전혀 하지 않았던 우리 군사들은 왜군의 조총에 모두 쓰러졌습니다. 그래도 송상현은 끝까지 항복하지 않고 장렬한 죽음을 맞았습니다.

그 후 왜군은 승승장구하여 양산, 언양, 대구, 상주 등을 짓밟으며 문경까지 올라왔습니다. 조정에서는 날마다 대책을 논의하였지만 별 뾰족한 수가 없었습니다. 결국 선조는 신립 장군을 불러 명했습니다.

"장군! 급히 문경으로 내려가 왜군을 막으시오. 문경 새재는 지형이 험하니 그 곳에서 지키고 있다가 왜군을 치시오."

신립 장군이 용감히 싸운 탄금대와 그 곳에 세워진 순절비

조선 왕조 500년

그런데 신립 장군이 군사를 거느리고 문경으로 가 보니, 생각한 것보다 사태가 좋지 않았습니다. 바로 옆 고을인 상주 목사가 도망가고 없는데다가 군사들 또한 3백여 명밖에 남아 있지 않았습니다. 신립 장군은 왜군과 싸우다가 도망왔다는 군사를 불러서 물어 보았습니다.

"왜군의 숫자가 그렇게 많더냐?"

그 군사는 겁에 질린 듯 작은 소리로 대답했습니다.

"왜군의 숫자도 엄청나지만, 그들의 무기인 조총 소리가 탕 탕 나기 시작하면 저희 쪽에서는 화살을 쏠 여유도 없이 픽픽 쓰러지고 맙니다. 그 조총이라는 것이 정말 무섭습니다."

그 소리를 들은 신립 장군은 생각에 잠겼습니다.

'군사의 수와 무기 면에서 우리가 절대적으로 불리하다. 왜군을 보면 겁에 질린 우리 군사들은 도망갈 생각만 할 것이 뻔하구나. 그러니 뒤에 배수진을 쳐서 군사들로 하여금 죽기 아니면 살기라는 생각으로 싸우게 해야겠다.'

그리하여 신립 장군은 탄금대를 배수진으로 삼아 왜적과 싸우기 시작했습니다. 싸움은 치열했습니다.

우리의 군사들은 후퇴하여 물에 빠져 죽으나, 왜군과 싸우다 죽으나 마찬가지라는 생각으로 열심히 싸웠으나, 금방 방어선이 무너지고 말았습니다.

거의 모든 군사들이 죽자, 신립 장군은 강물에 몸을 던지고 말았습니다.

한편, 한양의 조정에서는 신립 장군만 믿고 있다가 그가 자결했다는 소식을 듣자 선조도 피란을 가기로 결정했습니다.

신립 장군의 묘

선조는 피란길에 나서며 몹시 후회했습니다.

"율곡의 말을 듣는 건데…… 또한 황윤길도 왜군의 침입에 준비를 해야 한다고 했는데……동인, 서인으로 나뉘어 싸움만 하다 보니 나라가 이 꼴이 되었구나."

하지만 사태를 바로잡기에는 이미 늦었습니다.

조선을 침략한 지 한 달여 만에 왜군은 한양을 손에 넣었습니다. 개경, 평양 등이 차례로 함락되고 급기야 선조는 의주까지 피란을 가야 했습니다.

성웅 이순신

당시 전라도 좌수사로 있던 이순신은 승승 장구하던 왜군의 코를 납작하게 해 준 인물이었습니다. 그 때까지 조선 팔도는 전라도를 제외한 전 국토를 왜군에게 내어 준 상태였습니다.

이순신은 싸움에 임하는 전략만 뛰어난 것이 아니라, 앞날을 내다보는 재주도 있었습니다.

그는 임진왜란이 일어나기 전부터 거북 모양의 배 위에다가 덮개를 씌우고 쇠못을 박아 적이 뛰어들지 못하는 장갑선을 만들고 있었습니다.

길이 28m, 너비 9m의 이 장갑선은 거북 모양을 하고 있다 하여 거북선이라 이름지었습니다.

이것은 세계 최초의 철갑선이었습니다.

이순신의 수군은 첫번째 싸움에서는 작은 범선들로 왜구와 맞섰습니다. 하지만 거북선이 완성되자 두 번째 싸움부터는 거북선을 끌고 왜구와 맞섰습니다.

거북선은 입으로 연기를 뿜어 내며 왜선 가까이 다가가 대포를 쏘고는 신속히 물러섰습니다. 왜군은 이 거대한 철갑선의 출현에 꼼짝 못 하고 속수무책으로 당할 수밖에 없었습니다.

임진왜란 중 최초의 승리를 기록한 옥포(통영) 해전에서의 일입니다.

통영 앞바다에 모여 있던 왜선들은 그 수가 이순신이 이끄는 군사의 수에 비해 엄청나게 많았습니다.

"조선의 이순신이라 해도 이렇게 많은 군사는 당해 내지 못할 것이다."

왜군은 의기양양해 있었습니다.

이순신은 이러한 때야말로 전략이 필요하다고 생각했습니다. 먼저 싸움을 건 이순신은 항복하는 것처럼 꾸며 큰 소리로 명을 내렸습니다.

"후퇴하라! 적의 숫자가 너무 많다. 빨리 물러서라!"

그러자 왜군 쪽에서는 당연한 결과라는 듯이 곧 따라오기 시작했습니다.

"조선의 거북선을 따라

거북선 민족 기록화

가라. 저들은 숫자가 많지 않으니 우리가 이긴다. 빨리 따라잡아라."

곧 이길 것이라고 생각한 왜군은 신이 나 이순신의 뒤를 쫓아왔습니다.

이 때 이순신이 신속하게 명령을 내렸습니다.

"뱃머리를 돌려라!"

조선 수군이 갑자기 뱃머리를 돌려 대포를 쏘기 시작하자, 잠시 무방비 상태에 있던 왜군들은 당황하며 쓰러져 갔습니다.

이순신이 거북선에다 장치한 천자포는 조총밖에 없던 왜군들을 한순간에 격퇴시키기에 충분했습니다.

거북선의 위력은 대단하여 가는 곳마다 왜선을 침몰시키고, 왜군들을 수장

충무공 이순신(1545~1598)의 동상

성웅 이순신

시켰습니다. 육지에서는 계속 이기고 있던 왜군들이 바다에서는 거북선에 밀려 꼼짝을 못 하고 있었습니다.
　그 소식을 들은 도요토미는 몹시 화를 내며 이순신의 거북선을 공격하여 쳐부수라고 명했습니다.
　"왜군의 배들을 모두 한 곳에 모이게 한 다음, 이순신의 함대를 격파하라!"
　이렇게 해서 왜군의 연합 함대와 이순신의 함대가 벌인 싸움이 한산도 대첩입니다. 이 대첩에서 날개를 활짝 편 학처럼 진을 친 이순신은, 왜선이 학의 날개 안에 들어오도록 하는 유인 작전을

아산에 있는 충무공 유적지(이순신이 어릴 때 살던 곳으로 그의 친필, 난중 일기 등이 보존되어 있음.)

펼쳐서 커다란 승리를 거두었습니다.

이순신과 조선 수군이 왜군의 배 70여 척을 쳐부수는 대승리를 거두었다는 승전 보고를 들은 선조는 감격의 눈물을 흘렸습니다.

"이제야 조금 안심이 되는구나. 이순신 장군에게 전라, 충청, 경상의 삼도 수군 통제사를 명하노라!"

3도 수군 통제사가 된 이순신은 그 후에도 수없이 많은 왜군을 무찔렀지만, 그의 공을 시기하는 원균 등의 모함으로 한때 옥에 갇히기도 하는 수모를 겪었습니다. 하지만 오직 나라 걱정에 잠 못 이루던 이순신은 정유재란 때 다시 나아가 노량 해전에서 왜군과 싸우다가 그만 적의 유탄에 맞고 쓰러졌습니다. 바로 옆에 있던 군사들이 거북선 바닥에 쓰러진 그를 보고 달려왔지만 이순신은 이렇게 말했습니다.

"조용히 하라! 지금 내가 쓰러졌다는 말을 하면 우리 군사들이 동요할 것이니, 아무 말도 하지 말라."

이순신의 묘(사적 제112호)

"장군님! 장군님!"
"조용히 하라!"
군사들은 눈물을 삼키며 끝까지 싸웠고, 싸움이 끝난 뒤에 보니 이순신은 숨을 거둔 뒤였습니다. 이 싸움을 끝으로 왜나라의 수군은 모두 물러갔습니다.

 나라를 지킨 의병들

이순신이 거북선으로 바다를 지킬 때, 다른 한쪽에서는 곽재우라는 평민이 의병을 일으켜 육지를 지키고 있었습니다.
"무장한 군사들에게만 이 나라를 맡길 것이 아니라, 우리도 발 벗고 나서야 하오!"
농민이나 상민, 노비나 승려 할 것 없이 나라를 구할 마음만 있으면 누구든 의병에 가담할 수 있었습니다.
곽재우는 과거에 낙방한 후 낚시로 세월을 보내다가, 나라가 왜군에게 짓밟히자 보다 못해 의령에서 의병을 일으켰습니다. 그가 군사를 모은다는 소문이 돌자 여기저기서 의병이 되겠다는

사람들이 찾아왔습니다.

그런데 막상 의욕을 가지고 모이기는 했지만 무기며 식량이며 부족한 것들이 한둘이 아니었습니다. 곽재우는 자신의 재산을 전부 내놓고 왜군이 무서워 수령들이 달아나 버린 관가로 들어가 무기며 식량을 구했습니다.

곽재우는 붉은 옷을 입고 의병들을 지휘하였기 때문에 의병들은 곽재우를 홍의 장군이라 부르며 그를 따랐습니다.

마침, 왜군이 창녕에 침입하려 한다는 소식이 들렸습니다. 곽재우는 의병을 이끌고 창녕으로 가서 두루 살펴본 다음 명령을 내렸습니다.

"마을에 내려가서 베와 벌통을 있는 대로 구해 오도록 하라."

의병들은 뜻밖의 명령에 어리둥절했지만, 무슨 이유가 있을 거라고 생각해서 즉시 그의 명령에 따랐습니다.

의병들이 베와 벌통을 잔뜩 구해 오자 곽재우는 먼저 판자를 모아 식량 궤짝을 만들게 하더니, 그 안에 식량 대신 벌통을 하나씩 집어넣었습니다.

이 일이 끝나자 곽재우는 산성 앞에 새끼줄을 치고는, 그 줄에 마을에서 얻어 온 베를 걸어 놓았습니다. 그리고 벌통을 넣은 궤짝은 산성 뒤 여기저기에 늘어놓게 했습니다.

마침내 왜군이 창녕에 이르렀습니다. 왜장이 멀리에서 화왕산성을 바라보니 베 자락 사이로 말을 탄 의병들이 왔다갔다하는 모습이 보이는데, 그 수가 꽤 많아 보였습니다.

'수가 꽤 많은걸. 앞으로 쳐들어가면 안 되겠어.'

이렇게 생각한 왜장은 군사를 이끌고 성을 돌아 산성의 뒤편으로 해서 올라가기 시작했습니다. 맨 앞장서서 올라가던 왜군이 소리쳤습니다.

"저기 식량 궤짝이 있습니다. 아! 여기에도……."

주위를 둘러보니, 정말 여기저기에 식량 궤짝이 널려 있었습니다. 왜군은 진군을 멈추게 했습니다.

"조선의 군사들이 급히 도망가면서 버리고 간 것이다. 우선 여기 있는 식량으로 밥을 해 먹고 나서 공격하도록 한다."

왜군들은 좋아 날뛰며, 궤짝을 모두 한 군데에 모았습니다. 그러고는 급히 뚜껑을 뜯었습니다.

바로 그 때, 궤짝 속에 숨어 있던 벌떼들이 한꺼번에 밖으로 날아와 사정 없이 왜군들을 쏘아 대기 시작했습니다.

"아이쿠!"

왜군들은 비명을 지르며 얼굴을 감싸쥔 채 사방으로 흩어졌습니다.

"공격!"

이 때 곽재우의 우렁찬 목소리가 산을 울렸습니다. 때를 기다

울산성 전투도(정유재란 때 울산성에서 농성 중이던 왜군을 조·명 연합군이 포위 공격하는 광경을 묘사한 그림)

렸다는 듯이 숨어 있던 의병들이 일제히 함성을 지르며 달려나와 왜군을 무찔렀습니다. 왜군은 대부분 죽고, 겨우 몇 명만이 살아서 도망쳤습니다.

 홍의 장군 곽재우는 여기저기에서 왜군을 물리치다가, 마침 어느 성에 들어와 있던 왜군의 보급처를 끊는 공을 세우기도 했습니다. 곳곳에서 나라를 지키려는 의병들이 일어나고 장군들이 일어섰습니다.

 진주성을 지키던 김시민은 전략이 뛰어난 장수였습니다. 임진왜란이 나던 해 가을, 왜장들이 3만여 대군으로 진주성을 둘러쌌을 때입니다.

 "왜 이렇게 조용하지? 모두들 도망을 갔나?"

 왜군들은 진주성에서 아무런 반응이 없자 성을 향해 한바탕 조총을 쏘아 댔습니다. 그래도 아무런 반응이 없자 왜군은 총을 내리고 성을 올려다보고만 있었습니다. 바로 이 때였습니다. 어디선가에서 화살이 빗발치듯 날아와 왜군들을 명중시켰습니다. 왜군 수백 명이 단박에 총 한 번 쏘지 못하고 쓰러졌습니다. 남은 왜군들은 사다리를 놓고 성벽을 기어오르려 했습니다. 그러자 이번에는 뜨거운 물이 성벽을 타고 쏟아졌습니다.

 밤이 되자 김시민은 의병들에게 명하였습니다.

 "왜군들에게 슬픈 음악을 들려 주어 고향 생각이 나게 하자."

봄과 여름 거의 두 계절을 조선에 머물러 있었던 왜병들은 진주성에서 슬픈 가락의 음악이 흘러나오자 그만 사기가 떨어지기 시작하였습니다. 이런 식으로 싸움은 7일 동안이나 계속되었지만 김시민이 지휘하는 의병들은 끄떡도 하지 않았습니다.

행주산성(권율 장군이 큰 승리를 거둔 곳, 사적 제56호)

　왜군들의 시체만 성 주위에 늘어갔습니다. 진주 대첩은 지혜로운 장군 김시민과 성 안의 군사들, 백성들이 합심하여 얻은 승리였습니다. 하지만 김시민은 적탄에 맞아 세상을 떠나고 말았습니다.

　한편 전라도 광주에서 목사로 있던 권율 또한 의병들을 모았습니다.

　한강을 건너 행주산성에다 진을 친 권율은 어스름한 저녁, 왜군 3만 명이 개미떼처럼 몰려오는 것을 지켜 보고 있었습니다.

　"목숨이 아까운 자는 나라를 잃을 것이요, 버리는 자는 나라를 위해 희생할 것이다. 나라를 구할 생각이거든 목숨을 바쳐라."

　의병들은 권율의 말에 더욱 힘을 얻어, 10배가 넘는 적군의 숫자도 아랑곳하지 않고 싸웠습니다. 하지만 왜군들의 숫자가 너무 많아 의병들의 화살로는 당해 낼 수 없게 되자, 권율은 다른 묘책을 생각해 내야 했습니다.

'화살도 없이 저 많은 군사를 어찌 당해 낸단 말인가……'

이 때 권율을 지켜 보던 젊은 아낙이 다가와 말했습니다.

"장군님, 돌멩이로 싸우면 안 될까요?"

권율의 두 눈이 반짝였습니다. 아낙네는 그 길로 달려가 마을의 여자들을 모조리 불러모았습니다. 그리고 치마폭에다 돌을 담아 날랐습니다.

권율 장군의 지휘 아래 부녀자들까지 힘을 거들어 큰 승리를 거둔 행주 대첩

"큰 돌을 가져오시오. 그래야 적들의 머리통을 부술 수 있지 않겠소."

의병들은 아낙네들이 치마폭에 싸서 나르는 커다란 돌덩이를 왜군에게 던졌습니다. 돌덩이는 화살보다 무거웠지만 화살보다 더 훌륭한 무기가 되어 주었습니다. 큰 돌에 맞은 왜군들은 그 자리에 쓰러져 일어나지 못했습니다. 아낙네들의 치마가 한 몫을 톡톡히 해냈던 셈이었습니다.

그 이후로 사람들은 아녀자들의 앞치마를 행주치마라 부르게 되었습니다. 행주 대첩에서 앞치마의 공이 컸기 때문입니다.

왜군을 물리친 사람 중에는 장군과 의병과 목사들이 있었지만,

행주 서원지(권율 장군의 전공을 기리고 그의 호국 충절을 추모하기 위해 건립된 서원)

행주 대첩비

권율 장군의 묘

또 한 사람 왜적을 물리치는 데 커다란 공을 세운 기생이 있었습니다.

진주성과의 첫번째 싸움에서 진 왜군은 대군을 이끌고 다시 공격해 왔습니다. 그런데 마침 큰 비가 쏟아지는 바람에 성벽이 무너지면서 진주성은 왜군에게 함락되었습니다. 왜군들은 촉석루에서 승리를 축하하는 잔치를 벌였습니다.

평양성 탈환도 부분(조·명 연합군은 평양성을 점령하고 일본군은 한성으로 도망침.)

논개의 아름다운 의기를 간직하고 있는 촉석루

왜군들은 조선의 빼어난 기생들을 불러모아 흥을 돋구게 했습니다. 논개도 그 자리에 참석하여, 왜장 게타니 곁에서 술을 따르고 있었습니다.

"논개라 했느냐? 나하고 춤 한 번 추자꾸나."

술에 취한 왜장이 논개의 손을 끌고 촉석루 난간에 섰습니다. 논개는 춤을 추는 척하며 난간 끝으로 조금씩 다가가, 왜장을 껴안은 채 난간에서 뛰어내렸습니다.

"나하고 같이 죽자. 이 왜장놈아!"

진주 남강의 푸른 물은 곧 왜장과 논개를 삼켰습니다. 나라가 왜군에게 짓밟히자 울분을 참지 못하던 논개는 왜장을 끌어안고 죽는 의로운 일을 해냈던 것입니다.

조선 팔도에서 의병이 일어나자, 절에서 수도하던 승려들도 나라를 구하려고 승병을 일으켰습니다. 서산 대사와 사명당이 중심이 되어 평양성을 탈환하는 데 커다란 공을 세웠습니다. 게다가 원조를 요청한 명나라 군사까지 합세해서 조선 팔도는 빼앗긴 땅을 다시 찾아가고 있었습니다.

1598년 8월, 도요토미가 세상을 떠났습니다.

수많은 사상자를 낸 왜군은 우두머리가 죽자 슬슬 철수하기 시작했습니다. 그리고 같은 해 11월에는 조선군에게 완전히 패하고 말았습니다. 이로써 6년 7개월이라는 조선과 왜군과의 긴 전

쟁은 막을 내렸습니다.

  전쟁으로 입은 우리의 피해는 막대하여, 수많은 사람들이 억울한 죽음을 당했는가 하면, 한양의 궁궐은 물론 불국사와 사고 등 많은 문화재가 불에 탔습니다. 또한 왜군에게 붙잡혀 간 사람들도 많았는데, 그 중에는 왜나라에 우리의 높은 기술을 전수해 준 사람도 있었습니다.

전쟁 기록 문학

1592년 임진왜란 이후 전쟁 중의 상황을 기록한 각종 전쟁 기록물이 많이 나왔습니다. 대표적인 작품으로는 유성룡의 〈징비록〉, 이순신의 〈난중일기〉, 유진의 〈임진록〉, 오희문의 〈쇄미록〉 등이 있습니다.

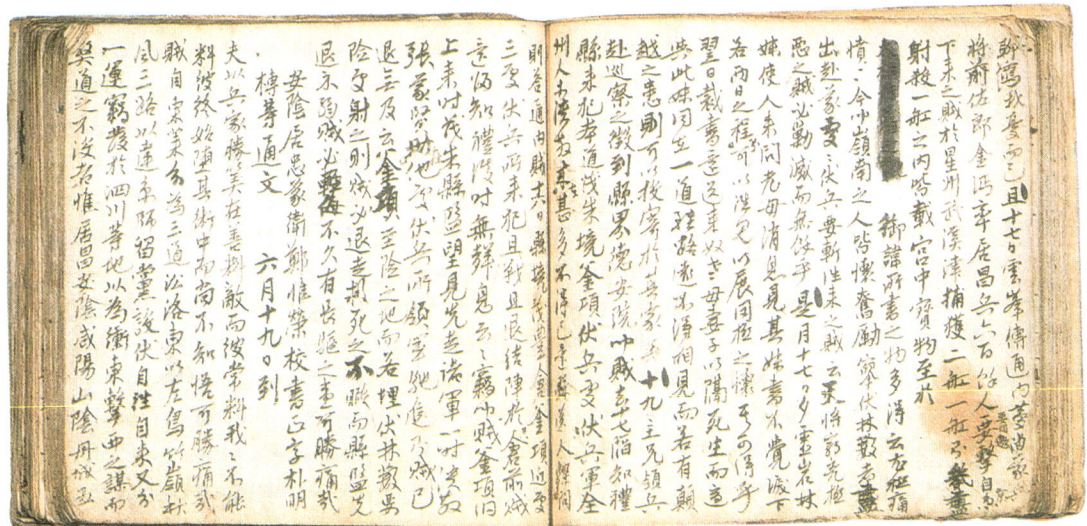

〈쇄미록〉(오희문이 남긴 임진왜란 때의 피란 일기. 전 7책)

〈징비록〉(유성룡이 지은 임진왜란 수기. 국보 제132호)

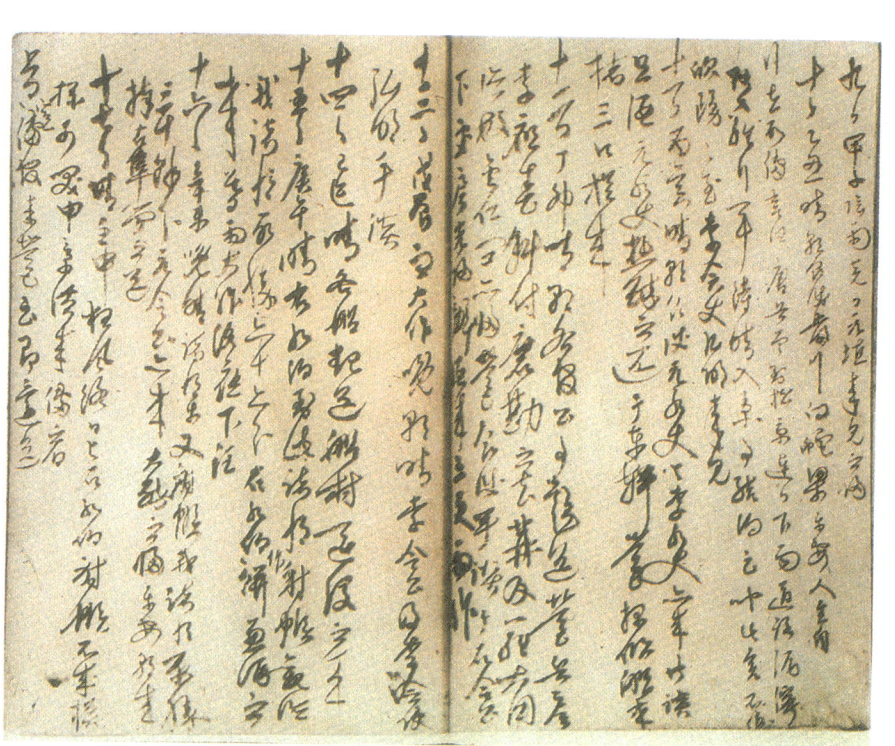
〈난중일기〉(이순신이 임진왜란 7년 동안 쓴 일기. 국보 제76호)

신사임당의 그림

신사임당은 1504년(연산군 10년)에 강릉 북평촌에서 태어나 19살에 이원수와 결혼하여 4남 3녀를 두었습니다.

신사임당은 이이의 어머니로 현모양처의 전형이기도 하지만, 시와 그림에 탁월한 재능을 보이기도 했습니다.

안견의 영향을 받은 신사임당의 그림은 여성 특유의 섬세함을 더해 그녀는 조선 시대 제일의 여류화가로 평가됩니다.

풀벌레·포도·화조·어죽·매화·난초·산수 등으로 그림 속에서 마치 살아 움직이는 듯한 사실적인 느낌을 줍니다.

풀벌레 그림의 경우 햇볕에 말리려고 마당에 그림을 내놓자 닭이 쪼아 먹으려고 달려들 정도였다고 합니다.

작품으로는 '자리도', '산수도', '초충도', '노안도' 등이 있습니다.

신사임당의 '초충도'

왜 조선을 '선비의 나라'라고 했을까요?

조선은 우리 나라의 여러 시대에 사용되었던 국호입니다. 단군이 아사달에 도읍하고 국호를 조선이라 했습니다. 그것은 후에 이성계가 세운 조선 왕조와 구별하기 위해 고조선이라고 부릅니다.

〈동국여지승람〉은 조선이란 동쪽의 해 뜨는 광경을 표현한 것이라고 했으며 〈성호사설〉에서는 조는 동방의 뜻이고, 선은 선비산의 약칭이라고 하고 있습니다. 그래서 조선이란 선비가 사는 동쪽의 나라라고 말합니다.

하얀 옷을 즐겨 입고 흰 쌀밥을 먹는 동방 예의지국, 조선.

흔히 조선을 '선비의 나라'라고 하는데, 그 까닭은 무엇일까요? 그것은 바로 조선 사회가 유학을 바탕으로 한 나라였기 때문이었습니다.

1392년 태조 이성계는 조선을 세울 때 고려 시대에 큰 폐단이 되었던 불교 대신에 유학을 받아들였습니다. 그리고 유학 사상을 정치·교육의 근본 이념으로 삼았습니다. 이것은 양반층은 물론 일반 백성들도 널리 받아들였습니다. 나라에서는 윤리 도덕을 백성들에게 구체적으로 가르치기 위해 효자·충신·열녀 등의 서적을 편찬하기도 했습니다.

유학은 고대 중국 공자가 만든 학문으로 자기를 닦아서 군자가 되어 남에게 덕을 행하는 것을 궁극적인 목적으로 하고 있습니다.

유학 사상에는 삼강 오륜이라는 덕목이 있습니다.

삼강은 임금과 신하·부모와 자식·부부 사이의 올바른 도리를 말합니다. 아버지와 자식 사이의 도리를 지켜야 하며, 임금과 신하 사이에는 의리를 지켜야 하고, 부부 사이에는 서로 넘어서는 안 되는 인륜의 도리를 지켜야 하

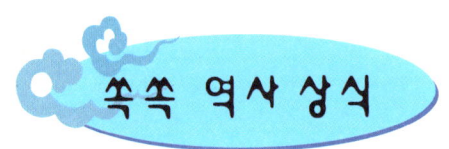

며, 어른과 아이 사이에는 차례와 질서가 있어야 하고, 친구 사이에는 믿음을 지켜 나가야 한다는 것이 오륜입니다.

유학의 시작은 삼국 시대에 당나라의 학교 제도를 받아들여 국학을 세운 때부터입니다.

고구려는 소수림왕 때 태학을 세워 교육을 시켰고, 백제는 고이왕 때에 일본에 〈논어〉, 〈천자문〉을 전한 것으로 보아 그 이전에 유학을 받아들였다고 보여집니다. 신라는 신문왕 때 국학을 세웠고, 고려 시대에는 태조 왕건이 불교를 숭상하여 유학이 충분히 발달하지 못하다가 6대 성종에 국자감을 세우고 유학을 장려했습니다.

조선 태조는 국초부터 서울에 성균관과 사학을 세우고 각 지방에 향교를 세워 유학을 장려했습니다.

삼국 시대부터 들어온 유학은 조선 시대에 이르러 그 절정을 이루었습니다. 특히 뛰어난 유학자가 많이 나왔는데 고려 말 등용된 길재는 조선 초기 고향에 돌아가 유학에 매진하여 많은 제자들을 배출했습니다. 그 학통으로 김종직, 그의 문인으로 김굉필, 정여창이 있는데 이들은 무오사화 때 목숨을 잃었습니다.

이어 조광조가 중종 때 왕도 정치를 강조하다가 남곤·심정의 간계에 몰려 기묘사화 때에 몰락했습니다. 이 때부터 유학자들이 벼슬에 뜻을 끊고 산 속으로 들어가 학문을 연구하고 제자들을 교육하는 학풍이 일어났습니다.

이런 학자 중에는 서경덕과 조식 등이 유명합니다.

고려 말에 성리학이 들어온 후 성리학을 연구하는 학자는 많았지만 그 깊은 뜻을 완전히 이해하고 진전을 보인 사람은 명종·선조 때의 이황이 최초였습니다. 그는 꾸준히 연구를 쌓아 퇴계학설을 완성하기에 이르렀습니다.

이황과 함께 이이도 율곡학설을 만들어 많은 업적을 남겼습니다.

그러나 유학은 이론에만 치우쳐 현실과 맞지 않는 점이 많았습니다. 그래서 우리의 실정을 연구하고 현실에 바탕을 둔 실학파가 나타났습니다. 이들은 경제적인 학문을 연구하고, 나라의 기초적인 국사·지리·물산·풍토 등을 조사 연구했습니다. 또한 청나라의 문화와 서양 여러 나라의 신문명을 수입, 활용해야 한다고 주장했습니다.

유형원이 최초로 제기한 이후로 이익·안정복이 발달시켜 박지원·박제가·홍대용을 거쳐 정약용에 이르러 성립되었습니다.

이들은 모두 정권을 잡지 못했기 때문에 실학의 이상을 실현하지는 못했지만 그 의의는 크다고 볼 수 있습니다.

대한제국 말기의 유학자들은 국제 정세에 너무 어두운데다가 지나친 형식과 체면에 집착하여 개화를 방해하는 결과를 낳았습니다.

유학 사상은 조선 시대의 정치·사회면에서 많은 영향을 끼쳤지만, 한편으로는 가족 제도와 계급 사상을 너무 지나치게 강조해서 형식적인 예절과 사대주의 사상을 낳기도 했습니다. 또한 상공업·예술 등을 천시하는 폐단도 적지 않았습니다.

역사 풀이

1. 조선 역대 임금 중 가장 짧게 왕위에 있었던 왕은 누구인가요?
   ① 인종
   ② 명종
   ③ 선조
   ④ 광해군

2. 조선의 제4대 사화에 들어가지 않는 것을 고르세요.
   ① 무오사화
   ② 을사사화
   ③ 기묘사화
   ④ 임오사화

3. 대윤에 관계된 사림 일파가 희생된 사건은 무엇인가요?

   ....

4. 황해도 지역에 나타난 산적의 우두머리로 백성들을 도와 준 사람은 누구인가요?

   ....

5. 성리학의 대가인 두 학자를 찾아보세요.
   ① 이황
   ② 조광조

③ 이이
④ 심의겸

6. 1592년 도요토미 히데요시가 일으킨 전쟁을 써 보세요.

   ....

7. 우리 나라가 왜국의 침입에 대응하지 못했던 이유를 써 보세요.

   ....

   ....

8. 이순신이 세계 최초로 만든 철갑선 이름은 무엇인가요?

   ....

9. 아녀자들의 치마를 '행주치마'라고 부르게 된 이유를 써 보세요.

   ....

   ....

제 15 대 광해군

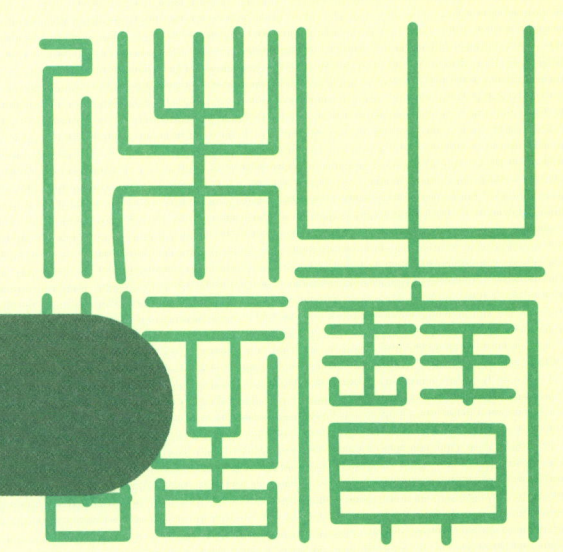

(1575~1641년)
재위 : 1608~1623년

선조의 둘째 아들로 제2계비 공빈 김씨가 어머니입니다.
이름은 혼이며 임진왜란 중 세자로 봉해졌습니다. 선조 39년에 왕비 인목 대비가 영창 대군을 낳아 첫번째 왕위 계승자는 아니었으나, 1608년 선조가 세상을 떠나자 왕위에 올랐습니다.
광해군은 임진왜란 중 세자로서의 역할을 훌륭하게 하였고, 왕이 된 후에도 백성들의 생활을 안정시키는 데 노력했습니다.
밖으로는 중국의 후금에 대비해 성을 정비했습니다.
그러나 형제 임해군과 영창 대군을 죽이고, 인목 대비를 서궁에 가두어 1623년 인조 반정이 일어났습니다. 왕위에서 쫓겨난 광해군은 강화, 교동, 제주도로 옮겨다니다가 결국 제주도에서 숨을 거두었습니다.

적자와 서자

　전쟁으로 인해 흉흉해진 백성들 사이의 인심과 당파 싸움으로 하루도 조용할 날이 없는 조정, 게다가 임금의 자리를 놓고 암투를 벌이는 세력들까지 있어 조선은 그야말로 혼란스러운 지경에 있었습니다.
　그런 와중에 선조가 죽고 조선의 제15대 임금인 광해군이 즉위했습니다. 하지만 광해군이 즉위하기까지의 과정이 그리 순탄했던 것은 아닙니다.
　영창 대군이 임금이 되어야 한다는 소북파는 광해군이 임금이 되는 것을 완강히 반대했습니다.
　"후궁의 아들인 광해군을 임금의 자리에 앉힐 수 없소이다!"
　임금의 자리가 비어 있는 조정에서 결정권을 가지게 된 인목 대비는 영창 대군을 임금의 자리에 앉히고 자신이 수렴 청정하기를 원했지만, 광해군을 추대하는 대북파 대신들의 반대로 그 뜻을 이루지 못했습니다.

　광해군은 등극하자마자 선혜청을 설치하여 대동법을 시행하기 시작했습니다. 우선 경기도에서부터 대동법을 실시하여 백성들의 세금 부담을 줄였습니다. 농지를 조사하여 정리했고, 창덕궁을 준공했습니다. 여러 궁을 짓는 일로 백성들의 원성을 사기도 했지만, 임진왜란으로 궁궐이 파괴되어 어쩔 수 없는 일이었습니다.

　광해군은 학문의 진흥에도 힘을 쏟았습니다. 실학 사상을 싹트게 하는가 하면 허준이 〈동의보감〉을 쓴 것도 또한 광해군 때의 일입니다. 하지만 왕권의 안정을 위해서는 몇몇 사람들의 희생도 필요했습니다.

대동법 시행 기념비(경기도 평택시 비전동, 공납제의 모순과 피해를 없애기 위해 실시한 제도로 선조 41년(1608)부터 실시함.)

　광해군은 즉위한 지 얼마 되지 않아 왕위 계승 과정에서 자신의 즉위를 반대했던 유영경을 사형에 처하고, 왕권을 위협한다고 생각된 임해군도 유배시킨 후 사형에 처했습니다. 선조의 왕비였던 인목 대비의 아들인 영창 대군마저도 죽였습니다.

　영창 대군을 죽이기까지는 이이첨의 계략이 숨어 있었습니다.

이이첨은 서자 출신으로 구성된 도둑 무리들이 포도청에 잡혀 오자 그들에게 이렇게 시켰습니다. 후사할 것을 약속하고 한결같은 대답을 하도록 한 것이었습니다.

"너희들에게 왜 이런 짓을 하느냐고 묻거든, 영창 대군을 임금으로 모시려고 했을 뿐이라고 대답하라."

이에 도둑 무리들은 그렇게 하겠다고 대답했습니다.

"그렇게만 한다면 너희들을 무사히 풀려나게 해 주는 것은 물론이고, 나중에 큰상을 내릴 것이니라. 알겠느냐?"

그러자 도둑들은 똑같이 대답했고, 이 소식을 전해 들은 광해군은 화가 머리끝까지 나 당장 어명을 내렸습니다.

"영창 대군을 없애라!"

어명을 받은 군사들은 강화도에 유배중인 영창 대군 방의 문을 밖에서 잠근 다음, 며칠 동안 계속 불을 땠습니다. 방 안에 갇혀 있던 영창 대군이 소리쳤습니다.

"너무 뜨거워요! 살려 주세요! 밖에 누구 없어요!"

영창 대군은 뜨거움에 견디다 못해 그만 죽고 말았습니다.

영창 대군의 묘

가엾은 영창 대군이 이이첨의 모략으로 죽었을 때 그의 나이 겨우 일곱 살이었습니다. 어진 학자들이나 유생들이 광해군을 향해 항소를 했지만, 광해군은 조금도 동요하지 않았습니다.

오히려 그의 계모이자 영창 대군의 어머니인 인목 대비마저도 자신의 편이 아니라고 하여 덕수궁에 가두어 버렸습니다.

사정이 이렇게 되자 영창 대군을 모시려던 소북파들은 광해군을 원수처럼 여기기 시작했습니다.

광해군이 즉위할 당시 쫓겨난 신하들 중에는 이귀, 김자점 등 서인들이 많았습니다. 이들은 호시탐탐 광해군을 폐위시킬 기회를 노리고 있었습니다.

인목 대비를 등에 업은 서인들의 광해군 폐위에는 명백한 이유가 있었습니다.

선왕을 죽였으며 또한 형과 아우를 죽이고, 인목 대비를 유폐시켰다는 점과 과도한 토목 공사를 벌여 민생에게 고초를 안겨 주었다는 점, 명나라를 떠받들지 않았다는 점이었습니다.

광해군이 명나라를 멀리하고 성균관 유생들을 박대할 무렵, 유생들의 항소가 끊이질 않자 이들은 병마 절도사 이괄의 군사력을 동원하여 한밤중에 대궐로 쳐들어갔습니다.

순식간에 대궐은 서인들로 꽉 찼습니다.

"웬 소란이냐!"

광해군은 갑자기 들이닥친 군사들에 의해 꽁꽁 묶이는 신세가 되었습니다.

한밤중에 일어난 이 반정으로 광해군은 임금의 자리에서 쫓겨났습니다.

광해군의 묘(사적 제363호)

그 후 유배지에서의 길고 고단한 생활을 하면서도 다시 임금의 자리에 앉을 기회가 주어질지도 모른다는 기대를 저버리지 않았던 광해군은 그의 나이 67살에 세상을 떠나고 말았습니다.

광해군은 조선의 제15대 왕이지만 반정에 의해 왕위를 잃었기 때문에 역대의 왕들처럼 종이나 조를 붙이지 못한 채 오늘날까지도 광해군이나 광해주라는 호칭으로 불리고 있습니다.

허준의 〈동의보감〉

　광해군 2년에 우리 나라 최초의 의학서인 〈동의보감〉이 완성되었습니다.
　허준은 〈동의보감〉을 가지고 광해군에게로 갔습니다.
　"이것이 〈동의보감〉이오?"
　"그러하옵니다, 전하."
　허준은 감격에 겨워 목이 메었습니다. 광해군이 말했습니다.
　"선왕께서 이 책이 완성된 걸 아시면 무척 기뻐하실 텐데. 그 동안 수고가 많으셨소."
　광해군은 〈동의보감〉을 하루라도 빨리 세상에 펴기 위하여 내의원에 특별 기구를 두고 동의보감을 인쇄하기 시작했습니다.
　그로부터 3년 후 〈동의보감〉이 간행되어 세상에 널리 퍼졌습니다.
　〈동의보감〉은 만들기 시작한 지 16년 만에 우리 나라 최초의 의학책이 되어 세상에 나온 것입니다.
　〈동의보감〉은 모두 25권으로 되어 있으며 그 내용은 내과, 외과, 유행병, 부인병, 소아병, 탕액편, 침구편 등으로 끝에는 처방법도 적혀 있습니다.

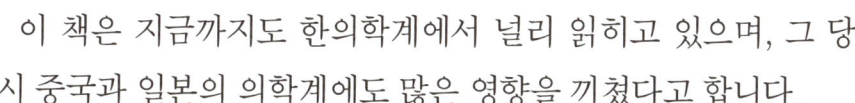

　이 책은 지금까지도 한의학계에서 널리 읽히고 있으며, 그 당시 중국과 일본의 의학계에도 많은 영향을 끼쳤다고 합니다.

　허준은 명종 때 무관인 허논의 서자로 태어났습니다. 반쪽 양반인 서자로 태어나 과거도 볼 수 없다는 것에 충격을 받은 허준은 한동안 공부도 하지 않고 말썽만 피웠습니다.

　그러던 중 경남 산청에서 한의사인 유의태를 스승으로 만나면서 새로운 인생을 시작하게 되었습니다.

　허준은 처음에는 유의태의 한약방에서 약재를 써는 일부터 시작했습니다. 그리고 약재를 말릴 것을 볕에 내놓았다가 거두어들이는 일도 했습니다. 또 한약방 안의 온갖 잔심부름을 도맡아

침과 침통(침술에 쓰이는 침과 침을 넣어 보관하는 통. 한의에서 기본적인 의료 기구)

하다시피 했습니다. 하루종일 약재를 써느라 손에 물집이 잡히고 몇 번이나 손이 터지기까지 했습니다.

허준은 약재를 썰다가 유의태에게 이것저것 물으며 관심을 보였습니다. 그것은 '의원'이 되는 공부의 시초이기도 했습니다.

유의태는 처음에는 아무런 대답도 하지 않고 야단을 치기 일쑤였습니다.

"이 녀석아, 아직 약재 하나 제대로 썰 줄 모르면서 그 이름을 알아서 무엇하느냐. 설불리 몇 가지 이름이나 알았다가 돌팔이 의원이 되려고 그러느냐?"

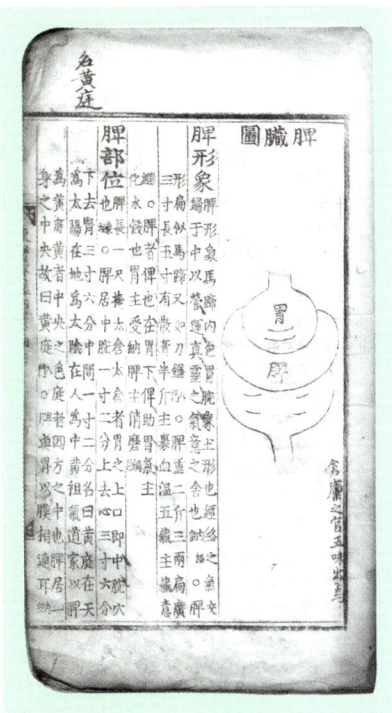

〈동의보감〉

그러나 스승 유의태는 속으로는 허준의 행동들을 모두 유심히 지켜 보고 있었습니다. 허준은 서서히 스승의 마음을 움직일 수 있을 정도로 실력을 쌓아 갔고, 성숙해져 갔습니다.

마침내 허준의 질문에 스승 유의태는 하나하나 대답해 주기에 이르렀습니다. 허준은 낮에 스승으로부터 가르침을 받고 나면

밤에 잠을 자지 않고 꼼꼼히 한의학에 관한 책을 읽었습니다.

'의원이 되는 길은 정말 힘들구나! 배우면 배울수록 새로운 것들이 나와 끝이 없으니 말이야.'

이렇게 끊임없이 의학의 길에 몰두한 허준이었지만, 그는 재물에 대한 욕심은 털끝만큼도 가지지 않았습니다.

'과거를 보아 높은 사람이 되어 세상을 다스리는 것도 보람 있는 일이겠지만, 병든 사람들을 치료하여 고통으로부터 구해 내는 것은 더욱 보람있는 일이다. 앞으로 의학 공부를 열심히 하여 세상 사람들의 고통을 덜어 주자.'

허준은 스승에게서 의학 공부를 하면서 신분이 높고 낮은 차이는 있어도 사람은 모두 같은 사람이며, 생명은 다 귀하다는 것을 알게 되었습니다.

그는 후에 임금을 치료하는 어의가 되었지만 언제나 아픈 사람들을 생각했고, 또 그들을 돕기 위하여 16년 동안 갖은 고생을 다하면서 〈동의보감〉이라는 훌륭한 의학책을 펴냈던 것입니다.

조선의 대표적인 명의인 허준의 묘

허준의 〈동의보감〉

제 16 대 인조

(1595~1649년)
재위 : 1623~1649년

선조의 손자이며 광해군의 조카입니다. 이름은 종, 호는 송창입니다.
1623년 이귀 · 김류 · 김자점 등과 함께 광해군을 몰아내고 왕이 되었습니다.
인조는 광해군이 실시한 정책을 그대로 따랐습니다. 대동법을 강원도까지 확대하여 실시하고, 또 군역을 세금으로 대신할 수 있게 하는 등 백성들의 생활을 안정시키려고 했습니다.
그러나 후금과 사이가 좋지 않아 1627년 정묘호란과 1636년 병자호란이 일어났습니다.
남한산성에서 항거하다가 결국 삼전도에서 항복을 하고 말았습니다. 후금에게 신하의 예를 갖추겠다는 약속과 함께 소현 세자와 봉림 대군 두 왕자를 심양에 인질로 보냈습니다. 인조는 1649년 55살의 나이로 세상을 떠났습니다.

정묘호란

　인조 반정으로 광해군이 폐위되고, 광해군의 이복 조카인 능량군이 즉위하니 조선 제16대 임금 인조입니다.
　인조는 즉위한 이듬해에 총융청, 수어청 등 군영을 설치하여 나라의 국방력을 강화했습니다. 그리고 광해군 당시 경기도에 한정하여 실시하던 대동법을 강원도까지 확대 실시하여 민간의 세금 부담을 줄여 주었습니다. 또한 화폐 사용을 위해 1633년 상평통보를 만들었으며 회령, 경원, 압록강변의 중강에 시장을 열어 상인들의 활동을 활발하게 했습니다.
　나라를 위해 많은 일을 하려는

개원사지(개원사는 1624년에 조선 승병의 총지휘소로 창건된 사찰)

가산산성(경북 칠곡군 가산면 가산동에 있는 조선 시대 산성. 임진왜란 이후 국토 방위를 위해 축조됨. 사적 제216호)

의욕으로 가득 찬 인조였지만, 청나라와의 전쟁으로 굴욕을 당해야 하는 비운의 임금이었습니다.

 인조가 임금의 자리에 오른 후에도 조정에서는 커다란 사건이 연달아 일어났습니다.

 인조 반정에 큰 공을 세운 이괄은 자신이 2등 공신에 봉해진 것에 불만을 품고 있다가 인조가 평안도 병사로 자신을 지목하자 난을 일으켰습니다.

 이괄의 반란군은 한성까지 점령하고 인조는 공주로 피란을 가는 등 그 힘을 떨쳤으나, 관군에 의해 곧 진압되었습니다. 나라의 힘은 더욱 약해지고 백성들은 굶주렸습니다.

 이 무렵, 누르하치가 세운 후금에 머무르고 있는 강홍립을 찾아간 것은 한명련의 아들 윤이었습니다.

 "인조가 광해군을 내쫓고 수많은 신하들도 죽였소. 장군의 처와 형제를 죽였다는 말도 있소이다."

 "아니, 그럴 수가! 내가 후금에 항복하고 여기에 머무르고 있는 것도 다 이 나라를 위해서인데 그런 일이 있다니!"

 한윤이 꾸며낸 말인지도 모르고 강홍립이 흥분해서 목소리를 높였습니다. 그리고는 곧장 누르하치를 찾아갔습니다.

 "조선의 새 임금인 인조가 백성들을 괴롭히고 게다가 후금을 침략하려고 기회를 엿보고 있다고 합니다."

정묘호란

봉화를 올려 급한 소식을 알리던 수원 봉수대(봉화는 국경 지방에서 발생하는 국방상의 긴급 사태를 횃불이나 연기로 알리는 것을 말함.)

 하지만 누르하치는 곧 병이 들어 죽고 말았습니다. 누르하치의 뒤를 이은 태종은 거칠고 야욕에 불타는 사나이였습니다. 그는 1627년 귀영개에게 군사 3만을 주어 조선으로 쳐들어가라고 명령했습니다.

 귀영개의 군사가 승승 장구하며 평양까지 밀고 들어오자 인조는 강화도를 향해 피난길에 올랐습니다.

 인조는 적군의 우두머리가 강홍립이라는 걸 알고 그의 아들을 불러들였습니다.

 후금과 화해를 하려는 것이었습니다.

　인조를 만난 아들은 강홍립을 찾아갔습니다. 그리고 그 자리에서 한윤의 말이 모두 거짓이었음을 밝혔습니다. 강홍립은 아들에게 전했습니다.
　"조선과 화해를 하겠다."
　인조와 강홍립이 화해를 하려고 하자, 조정에서는 신하들이 가만 있질 않았습니다. 화해를 하자는 강화파와 끝까지 싸우자는 척화파가 서로 싸움을 하기에 바빴던 것입니다.
　"상감께서 어찌 오랑캐 앞에 무릎을 꿇고 화해를 한단 말이오."
　강화파와 척화파는 실랑이 끝에 화해를 하기로 결정을 보았습니다. 화해의 내용은 이러했습니다.
　"조선은 후금과 형제의 나라가 되겠다."
　나라는 잠시 전쟁에서 벗어났고, 강홍립도 조선에서 남은 여생을 보내기 위해 후금에서 돌아왔습니다.
　1627년에 일어났던 이 전쟁을 정묘호란이라고 합니다. 조정의 시시비비도 전쟁도 끝났지만, 이것은 폭풍 전야의 고요에 지나지 않았습니다.

병자호란

　강홍립은 여생을 편안히 보내기 위해 조선 땅으로 돌아왔지만, 그를 기다리는 건 편안한 집이 아니라 감옥이었습니다.
　인조는 화해를 반대하던 척화파의 거센 입김에 못 이겨 강홍립을 감옥에 가두어 버렸습니다. 얼마 후 강홍립은 감옥에서 돌아왔지만 병을 얻어 그만 숨을 거두고 말았습니다.
　이 일로 후금의 태종은 심기가 편칠 않았습니다.
　"강홍립이 갑자기 죽다니……. 무슨 계략이 숨어 있는 게 아닐까?"
　태종은 인조의 마음을 떠 보기 위해 한 장의 전갈을 보냈습니다.
　"명나라 장수 모문룡을 잡으러 갈 테니 배를 한 척 빌려 주시오."
　전갈을 받은 인조는 태종의 청을 거절했습니다.
　게다가 인조의 비 한씨가 죽자, 태종이 국서를 주어 조문을 보내 왔지만 그것마저도 거절했습니다.
　1636년, 후금은 나라 이름을 청이라 고치고 임금의 호칭도 황제로 바꾸었습니다. 자세한 사정을 몰랐던 인조는 후금을 얕보았던 것입니다. 분개한 청나라는 10만 대군을 앞세우고 조선에 쳐들어왔습니다.

수어장대(인조가 군사들을 친히 지휘하여 청나라 대군과 대항하며 45일 동안 항전하던 곳)

그러나 이미 여러 가지 일로 민심을 잃은 인조는 대항할 힘이 없었습니다. 조정의 신하들은 두 패로 나누어져 있고, 백성들은 의병은커녕 나라를 지키려는 의욕조차 없었습니다. 강화도로 피란을 가기 위해 인조는 급히 짐을 꾸렸습니다. 하지만 때는 이미 늦었습니다. 청나라 군사들이 말을 타고 달려와 인조의 앞길을 가로막고 기다리고 있었던 것입니다. 인조는 발길을 돌려 남한산성으로 피했습니다.

하지만 집요한 청나라 군사는 쏜살같이 달려와 남한산성을 포위해 버렸습니다.

"이제 조선이 할 수 있는 일은 항복하는 일뿐이다."

모든 사람들이 자포자기하고 있었습니다.

그러나 임진왜란 때 이순신이 있었다면, 병자호란 때에는 바로 임경업이 있었습니다.

여섯 살 때부터 전쟁놀이를 할 때마다 대장을 했던 임경업은 무과에 급제하자, 그의 부모님 앞에서 맹세했습니다.

"이젠 아들을 잊으십시오. 나라를 위해 이 한 목숨 바치기로 했습니다."

그 후 장군이 된 임경업은 청나라가 쳐들어오자 기습 전법을 썼습니다. 산 속에 숨어 있다가 갑자기 적의 뒤에서 공격을 하기도 하고, 갈대밭에 몸을 수그리고 숨어 있다가 적의 선봉대를 쓰러뜨리기도 했습니다.

임경업의 이러한 활약에도 불구하고 청나라 군사를 막기에 조선은 역부족이었습니다. 워낙 군사력이 없는데다가 그 동안 당

임경업(1594~1646)

임경업의 사당인 충렬사

조선 왕조 500년

파 싸움을 하느라고 나라 밖의 정세를 잘 살피지 못한 탓이었습니다. 인조는 탄식에 탄식을 거듭하며 항복 문서를 써야 했습니다.

1637년 1월 30일, 인조는 송파 삼전도에 나아가 청 태종 앞에 무릎을 꿇었습니다. 이 날, 날씨는 살을 에는 듯 추웠습니다.

현절사(윤집, 오달제, 홍익한의 우국 충절을 기리기 위해 지은 사당)

인조는 몸이 얼어 엉거주춤한 자세로 청 태종에게 세 번 절하고 아홉 번 머리를 숙여 항복의 뜻을 나타냈습니다.

이를 지켜 보던 조정의 신하들은 소리 없이 울고 있었습니다. 인조의 절을 받은 청 태종은 조건을 내걸었습니다.

"볼모로 소현 세자와 봉림 대군을 데려가겠다."

그리고 끝까지 화해를 반대했던 홍익한, 윤집, 오달제도 잡아 갔습니다. 이 삼학사는 청나라의 갖은 고문과 꾐에도 불구하고 끝까지 항복하지 않다가 결국 죽음을 당했습니다.

임경업은 원통한 마음을 달랠 길이 없어 청나라를 치기 위해 명나라와 몰래 교섭을 시작했습니다.

교섭의 내용은 명나라와 조선이 힘을 합쳐 청나라를 무찌르자는 것이었습니다. 임경업은 이 사실을 몰래 영의정 최명길과 대신 김상헌에게 알렸습니다.

그러나 임경업의 노력에도 불구하고 이 사실은 금방 들통이 나고 말았습니다. 청나라의 힘이 날로 강해져 가자, 명나라의 장수 홍승도가 청나라로 달아나 조선과 명나라의 교섭을 밀고했던 것입니다.

이런 이야기를 들은 청나라는 펄쩍 뛰며, 즉시 영의정 최명길과 김상헌을 데리고 갔습니다. 김상헌은 압록강을 건너면서 원통함과 나라를 사랑하는 마음을 누를 길이 없어 시조를 한 수 읊었습니다.

가노라 삼각산아 다시 보자 한강수야
고국 산천을 떠나고자 하랴만은
시절이 하 수상하니 올똥말똥 하여라.

인조가 청나라의 태종 앞에 무릎을 꿇는 치욕스런 일이 있은 후에도 조정은 당파 싸움으로 시끄러운 나날을 보냈습니다.

1645년 청에 잡혀 갔던 소현 세자가 돌아왔습니다. 소현 세자는 볼모가 되어 청나라에 살게 되면서부터 서양 문물을 많이 대하게 되었습니다. 이 당시 중국 베이징에는 이미 서양 사람이 들어와 천주교가 널리 퍼져 있었고, 서양의 과학 문명도 많이 소개

조선 왕조 500년

되어 있었습니다. 소현 세자는 서양 사람을 사귀면서 많은 서양 문물을 배워, 조선으로 돌아오는 길에 서양 선교사까지 데리고 왔습니다. 그리고 화포, 천리경, 과학 서적, 천주교 서적 등을 가지고 왔습니다.

 이것은 조선의 새로운 문화 형성에 기여하기에 충분한 것들이었습니다. 하지만 인조는 그런 소현 세자를 못마땅하게 여겼으며, 소현 세자가 데리고 온 서양 선교사조차도 박대를 했습니다.

 그러나 소현 세자는 청나라에서 돌아온 지 두 달 만에 병으로 드러눕더니, 곧 세상을 떠나고 말았습니다.

제 17 대
효종

(1619~1659년)
재위 : 1649~1659년

인조의 둘째 아들이며 소현 세자의 친아우입니다. 이름은 호이며 왕자 때에는 봉림 대군이라고 불리었습니다. 병자호란 때 소현 세자와 함께 청나라로 끌려가 8년 동안 볼모 생활을 했습니다. 1645년 4월 소현 세자가 죽자 그 해 9월 세자로 책봉되었습니다. 그리고 1649년 인조의 뒤를 이어 왕이 되었습니다.

효종은 심양에서의 치욕을 씻고자 북벌 계획을 세웠습니다.

흑룡강을 침입하는 러시아 군을 물리치려는 청나라의 요청으로 지원군을 보내 나선을 정벌하는 한편, 평생 동안 북벌 계획을 추진하며 군비를 늘리는 데 전념했습니다.

그러나 당시 국제 정세가 좋지 않았고, 경제 문제에 더 신경을 쓰는 신하들과 뜻이 맞지 않았습니다. 효종은 끝내 북벌을 숙원으로 남긴 채 1659년 41살의 나이로 세상을 뜨고 말았습니다.

북벌 정책

 소현 세자와 함께 청나라에 볼모로 잡혀 갔던 봉림 대군은 소현 세자가 서양 문물을 선뜻 받아들인 것과는 달리 반청 사상을 가진 인물이었습니다.
 인조도 봉림 대군과 뜻이 같았습니다. 인조는 소현 세자를 외면하고 봉림 대군을 기특히 여기던 차에 소현 세자가 죽자 차남인 봉림 대군에게 임금 자리를 물려 주었습니다. 그가 바로 북벌론을 주장하며 국력 강화에 힘을 쏟은 효종이었습니다.
 효종은 두 번에 걸친 전쟁으로 몹시 기울어진 나라의 경제를 바로잡기 위해 전라도와 충청도에 대동법을 실시했습니다.
 전세를 1결당 4두로 고정하여 백성들의 부담을 줄였으며, 태음력과 태양력의 원리를 결합하여 24절기의 시각과 1일간의 시간을 계산하여 제작한 시헌력을 사용케 했습니다. 〈국조보감〉을 다시 편찬하여 정치의 길을 바로잡고, 농서를 마련하여 농사 짓는 법을 개량하는 데 힘을 썼습니다.

두 번의 전쟁으로 국력의 중대함을 깨달은 효종은 남다른 정책을 폈습니다. 효종은 군사 제도를 강화하면서 이완에게 청나라를 칠 준비를 하라고 명했습니다.

벽제관지(우리 나라에 오는 중국 사절들이 한양으로 오가는 길목에 머물렀던 건물터, 사적 제144호)

효종은 어느 장수보다도 이완을 굳게 믿었는데, 거기에는 다음과 같은 이유가 있었습니다.

어느 날, 효종은 장수를 가려 내야 한다는 생각으로, 모든 무신들에게 입궐하라는 명을 내렸습니다. 그러고는 궐 안을 지키는 군사들에게 명했습니다.

"화살의 촉을 모두 빼낸 다음, 무신들이 입궐하는 대로 그들을 향해 화살을 쏘아라."

영문을 모르는 군사들은 무신들이 입궐하는 대로 그들에게 화살을 쏘았습니다. 자신들을 향해 화살이 날아오자 무신들은 모두 당황하여 화살을 피하는데, 이완만이 의연하게 화살을 막아 냈습니다.

234

조선 왕조 500년

그 후 효종은 군사에 관한 모든 일을 이완에게 맡겼습니다.

이완이 맡은 조선 군사는 날로 강해졌습니다. 이완은 그래도 힘센 장수들이 부족하다고 여겼습니다.

이완은 20여 년 전에 인연을 맺은 유광풍을 떠올렸습니다. 두 사람의 인연은 이러했습니다.

이완은 깊은 산 속으로 사냥을 떠났습니다. 어느덧 서산에 해가 지고 땅거미가 깔리고 있었습니다. 이완과 그의 부하들은 사방을 둘러보았지만, 어디가 어딘지 도통 알 수 없었습니다. 그 때 불빛이 새어나오는 집 한 채가 보였습니다.

이완과 부하들이 지친 몸을 이끌고 그 집으로 들어가 보니, 그 곳은 바로 도둑들의 소굴이었습니다. 도둑들은 이완을 대들보에 거꾸로 매달아 놓고 술판을 벌였습니다. 그러자 대들보에 매달려 있던 이완이 소리쳤습니다.

"아무리 무식한 도둑이기로서니 손님을 매달아 놓고 잔치를 벌이는 법이 어디 있느냐! 어서 술 한 잔 가져오지 못할까!"

말하는 품이 예사 사람이 아님을 안 두목이 껄껄 웃고 나서 정중히 인사를 했습니다.

"나는 유광풍이라 하오."

그는 키가 9척이나 되고 눈이 부리부리한 것이 장수감으로 보였습니다. 이완을 대들보에서 풀어 주며 유광풍이 말했습니다.

"이것 말고는 해 먹을 것이 있어야지요. 배운 것도 없고 말이오."

이완과 유광풍은 그 날 밤이 새도록 술을 마시고 헤어졌습니다.

이완은 유광풍이 있을 만한 곳을 수소문해 보았으나 그를 찾지는 못했습니다.

그러던 어느 날, 이완은 유광풍의 소식을 들었습니다. 평양 감사 징계가 도적의 우두머리인 유광풍을 잡았다는 것이었습니다.

이완은 바로 효종에게 달려갔습니다.

"전하, 유광풍이 그 동안 한 짓으로 보아 벌을 받아 마땅하지만, 힘이 장사인 그에게 나라를 지킬 기회를 주신다면 그는 기필코 한 몫을 해낼 것이 분명합니다."

효종의 허락을 받은 이완은 유광풍에게 군사들을 지휘하게 했습니다.

그러나 효종의 생각과는 달리 청나라를 칠 기회는 좀처럼 오지 않았습니다. 날이 갈수록 청나라의 힘이 커져만 가고 있었기 때문이었습니다.

또, 신하들 사이에서조차 북벌을 반대하는 사람들이 생겨나기 시작했던 것입니다. 그러나 효종은 북벌의 꿈을 포기하지 않았습니다.

　1659년의 어느 날 유광풍이 효종에게 아뢰었습니다.
　"전하, 청나라를 칠 준비가 다 되었습니다."
　"그렇다면 5월 초닷새로 날짜를 잡아 청을 치도록 하라."
　출전 바로 전날 밤, 이완과 유광풍을 비롯한 군사들은 잠이 잘 오지 않았습니다.
　하지만 그 날 밤 이완은 급한 전갈을 받았습니다.
　"전하께서 위급하시옵니다. 속히 어전으로 듭시라는 분부이십니다."
　이완은 하늘이 무너지는 것 같았습니다.
　"10년의 공이 모두 물거품이 된단 말인가!"
　효종은 그만 눈을 감고 말았습니다. 효종 10년 5월 어느 날 밤의 일이었습니다.

남한산성을 찾아서

우리 나라 사적 제57호로, 경기도 광주시 중부면 산성리에 있는 산성입니다. 성의 길이는 4.5km, 외곽은 5km, 성의 높이는 7.3m입니다. 낮은 분지를 이루는 고로봉 모양의 요새지에 쌓은 성으로 북한산성과 더불어 도성을 지키는 역할을 해 왔습니다. 신라 문무왕(661~681) 때 처음 쌓아 주장성 또는 일장성이라 했으며 그 뒤 몇 차례 고쳤습니다.

남한산성의 시설을 보면 현재 동·서·남쪽의 문터와 장대·돈대·암문 등의 방어 시설과 군사 훈련 시설 등이 있습니다. 특히 성 안 높은 곳의 지휘 본부인 수어장대는 병자호란의 한을 간직하고 있습니다. 1636년 병자호란이 일어나자 이 곳으로 옮긴 인조가 적의 포위 속에서 끝까지 싸우다가 치욕적인 항복을 했던 것입니다.

성 벽의 위쪽으로는 벽돌로 쌓은 작은 담장을 설치했습니다. 또한 남한산성을 쌓을 때 위급한 일이 생겼을 때 임금이 피신하여 머물 수 있는 장소인 행궁과 종묘·사직·관아 등을 비롯해 이것을 관리할 사람들이 살 집도 함께 만들었습니다.

남한산성(사적 제57호)

옛날 관리들의 출·퇴근 시간은?

옛날에도 오늘날과 같이 출근하는 시간과 퇴근하는 시간이 정해져 있었습니다.

해가 긴 봄·여름에는 오전 5~7시에 출근해서 오후 5~7시에 퇴근했습니다. 해가 짧은 가을·겨울에는 출근이 두 시간씩 늦어지고 퇴근은 두 시간씩 빨라졌습니다.

조선 시대 관리들은 오늘날 일요일과 같은 정규적인 휴일이 없었습니다. 그러나 국경일과 국기일(왕이나 왕비가 돌아가신 날)은 휴무일이었습니다. 당시 국경일은 왕과 왕비, 왕대비의 생일, 명절(설과 추석) 등이었습니다. 이 날은 모든 백성들이 가족들과 함께 집에서 조상에 대해 예를 차리거나 맛있는 음식을 먹을 수 있었습니다.

조선 시대의 휴무일은 일년에 20여 일 정도였지만, 때때로 관리들에게 휴가를 주었습니다. 부모님이 돌아가시거나 부모가 위독한 경우에 휴가를 주었는데 이동 거리에 따라 그 기간이 달랐습니다.

그러나 대체로 조선 시대의 관리들은 일이 있으면 국기일에도 쉬지 못했고, 직책에 따라 쉬는 날이 일정하지 않았습니다.

역사 풀이

1. 광해군은 백성들의 세금 부담을 줄이기 위해 어떤 제도를 실시하게 했나요?
   ① 대동법 시행
   ② 창덕궁 준공
   ③ 농지 조사 및 정리
   ④ 선혜청 설치

2. 광해군을 폐위한 이유로 적당하지 않은 것을 고르세요.
   ① 형과 아우를 죽인 점
   ② 인목 대비를 덕수궁에 유폐한 일
   ③ 과도한 토목 공사로 민생에게 고초를 준 점
   ④ 명나라에 무리한 조공을 보낸 일

3. 광해군에게 역대 왕들처럼 '종'이나 '조'의 시호가 붙지 않은 까닭은 무엇인가요?

   _____

4. 허준이 만든 의학책의 제목은 무엇인가요?
   ① 〈목민심서〉
   ② 〈동의보감〉
   ③ 〈명심보감〉
   ④ 〈월인천강지곡〉

5. 청 태종이 쳐들어와 인조가 삼전도에서 항복을 해야 했던 사건은 무엇인가요?
   ① 을미사변
   ② 병자호란
   ③ 정묘호란
   ④ 병인양요

6. 청나라에 적극적으로 대항을 하지 못한 이유는 무엇이었나요?
   ....
   ....

7. 북벌 계획을 세운 왕은 누구였나요?
   ① 인조
   ② 소현 세자
   ③ 광해군
   ④ 효종

8. 태음력과 태양력의 원리로 시간을 계산하여 제작한 것을 무엇이라 하나요?
   ....
   ....

제 18 대
현종

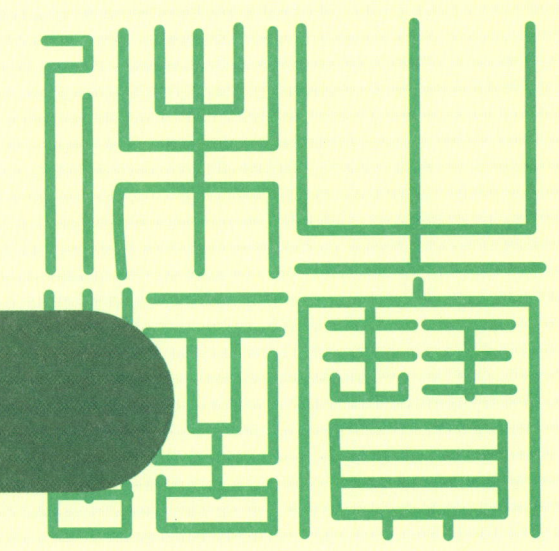

(1641~1674년)
재위 : 1659~1674년

효종의 외아들이며, 어머니는 인선 왕후 장씨이고, 이름은 연입니다.
아버지 봉림 대군이 인질로 가 있던 심양에서 출생하여 1651년 세자가 된 뒤, 1659년 왕위에 올랐습니다.

재위 동안, 신하들 사이에 싸움이 계속되어 국력이 많이 약해지고 나라에 질병과 흉년이 계속되었습니다. 현종은 김좌명에게 동철활자 10만여 자를 만들게 하고, 1669년에는 송시열의 건의로 동성동혼을 금지하는 등 여러 가지 정책을 펼쳤습니다.

그러나 조정의 불안과 우유부단한 성격으로 인해 정책이 제대로 실행되지 못하고 1674년 34살의 나이로 세상을 떠났습니다.

 독도를 지킨 안용복

  끊이지 않는 당파 싸움의 소용돌이 속에서 효종의 뒤를 이어 현종이 즉위했습니다. 현종은 즉위하자마자 효종 때 비밀리에 추진되어 온 북벌론은 현실성이 없다는 이유로 중단시켰습니다.
  그 대신 나라의 군사력을 강화시키기 위해 훈련별대를 창설했습니다.
  광해군 때부터 실시해 오던 대동법을 더욱 확대 실시했으며, 남인과 서인이 사회 예절로 당쟁을 벌이자 사회 예절에 관심을 쏟기도 했습니다. 동성끼리의 혼인을 금지시키고 친족끼리 같은 부서에서 일을 하거나 시험관이 되는 일을 막기 위해 상피법을 제정했습니다.
  처음 학문적인 논쟁에서 시작된 남인과 서인들의 싸움은 나중에는 정치에까지 미쳐 조정을 뒤흔들었습니다.

효종의 장례를 치르는 데 있어서 의식 문제로 시작된 남인과 서인의 당론은 조정을 뒤흔들 정도였습니다.

현종의 재위 기간 동안 남인과 서인의 당쟁이 계속되고, 나라에는 질병과 흉년이 이어졌습니다.

여러 가지 일로 백성들이 살기 힘든 가운데 왜구 또한 잦은 약탈을 해 와 해안가에 사는 백성들을 괴롭혔습니다.

쓰시마 섬의 왜구들은 동래 부사를 찾아와 조선의 땅을 넘보기

독도(동도와 서도로 이루어진, 우리 나라 가장 동쪽 끝에 있는 섬)

울릉도 주위에는 작은 화산섬들이 널려 있다.

까지 했습니다.
"울릉도와 독도는 일본 땅이오. 그러니 조선은 우리가 어떻게 하든지 앞으로는 아무 간섭 않겠다고 약속하시오."

　동래 왜관을 자주 드나들어 일본말을 잘하는 안용복은 이 소식을 듣고 분개했습니다. 그래서 안용복은 급히 배를 구해 울릉도로 가 보았더니, 과연 울릉도에 사는 조선의 백성들은 왜구들에 의해 심한 고초를 겪고 있었습니다.

　안용복이 다가가자 왜구는 바로 달아났지만, 안용복은 끝까지 따라붙었습니다. 왜구들은 쓰시마 해협에 이르자 배를 버리고 어디론가 숨어 버렸습니다. 그렇다고 돌아설 안용복이 아니었습니다.

　안용복은 곧장 쓰시마 도주를 찾아가서 왜구들의 횡포에 대해 꾸짖을 생각이었습니다.

　그런데 어떻게 알았는지 쓰시마 도주가 먼저 나와 안용복을 반갑게 맞이했습니다.

독도를 지킨 안용복

"어서 오십시오. 앞으로는 절대로 우리 쪽에서 조선 백성을 괴롭히는 불미스러운 일이 없도록 하겠습니다."

쓰시마 도주는 안용복에게 용서를 빌었습니다. 안용복은 못 이기는 척 배를 돌려 조선으로 돌아왔습니다.

하지만 쓰시마 도주는 두 얼굴을 가진 사나이였습니다.

훈련정(17세기 조선 시대 군인들을 훈련시키고 사열을 하던 곳)

안용복 앞에서는 용서를 빌었으면서 다른 한편으로는 안용복을 모함하는 문서를 동래 부사에게 보냈던 것입니다.

"울릉도와 독도는 조선 땅이니 다시는 넘보지 않겠소. 하지만 안용복이 쓰시마에 와서 일본인들에게 행패를 부렸으니 처벌을 해 줬으면 하오."

간사한 동래 부사는 왜군을 몰아낸 것은 자신의 공으로 돌리고, 안용복을 모함하는 글을 더 보태어 조정에 올렸습니다.

그 후 안용복은 조정에 불려 가, 변명 한 마디 못한 채 곤장을 맞고 귀양살이를 떠나는 신세가 되었습니다.

자세한 사정을 몰랐던 현종은 충신을 귀양 보내고 간신에게 상을 내리는 어리석은 일을 하고 말았던 것입니다.

제 19 대
숙종

(1661~1720년)
재위 : 1674~1720년

현종의 맏아들이며 어머니는 명성 왕후 김씨입니다. 이름은 순이고, 시호는 현의입니다.

1667년 세자로 책봉되어, 1674년 열네 살의 나이로 왕위를 물려받았습니다.

숙종 때는 조선 왕조를 통틀어 당파 싸움이 가장 거셌던 시기였습니다. 그러나 대외적으로는 전쟁이 없어 평화스러웠습니다.

숙종은 함경도와 평안도를 제외한 전 지역에 대동법을 실시하고 압록강 주변의 무창·자성의 2진을 개척하여 영토를 회복하고자 했습니다. 또 백두산 정상에 정계비를 세워 청나라와 국경선을 확정지었습니다. 일본에 통신사를 보내 왜구들이 울릉도에 출입하지 못하도록 했고, 군사 조직에 금위영을 설치했습니다.

1720년 6월 병이 위독해지자 이이명을 불러 영잉군 금을 경종의 후계자로 삼도록 하라는 유언을 남기고 60살의 나이로 세상을 떠났습니다.

 인현 왕후와 장 희빈

　조선의 제19대 임금 숙종 때는 다행히 왜구와의 전쟁이 없어 나라 밖은 안정이 되었지만, 나라 안에서는 당파 싸움이 가장 심했던 시기였습니다.
　숙종에 이르러서 세력을 얻게 된 남인이 지나치게 정권을 주도하자, 숙종은 남인의 세력을 견제해 나갈 필요를 느꼈습니다. 서인 세력은 조정에서 발언권을 거의 가지지 못할 지경이었던 것입니다.
　명성 왕후의 사촌 동생인 김석주에 의해 남인 세력 제거 작업이 이루어졌습니다. 김석주는 삼복의 변이라는 사건을 일으켜 허적을 비롯한 대부분의 남인 세력을 몰아내는 데 성공했습니다.
　하지만 서인의 세력이 다시 남인의 손아귀에 넘어가는 사건이 일어난 것은 1688년이었습니다.

　숙종은 미모가 뛰어난 후궁 장씨에게서 왕자를 낳았습니다.

　"마마, 왕자 균을 원자로 책봉해 주시옵소서."

　숙종의 총애를 받던 장씨는 하루빨리 왕자 균을 원자의 자리에 앉혀 자신의 세력을 굳히려고 했습니다. 그래야 후에 자신의 아들이 임금의 자리에 올랐을 때 자신이 대비마마가 되어 정권을 잡을 수 있었기 때문입니다.

　장씨의 말이라면 무엇이든 들어 주던 숙종은 균의 세자 책봉을 서두르려고 했습니다. 그러자 많은 중신들이 반대했습니다.

　"중전께서 아직 젊으시니 언제든 왕자가 탄생하실 것입니다."

　당시 서인의 우두머리인 송시열 또한 균의 세자 책봉을 반대했습니다.

　"후궁에게서 낳은 왕자를 세자로 책봉하는 것은 불가하옵니다."

　하지만 숙종은 버럭 화를 내면서 송시열에게 사약을 내리는 등 많은 서인들을 귀양 보

북한산성 행궁지(유사시 왕이 거처하는 임시 숙소로 현재는 내·외전터로 추정되는 건물터와 축대의 일부, 좌·우의 담장터 등이 남아 있음.)

냈습니다.

　성리학의 대가로서 많은 학문적 업적을 남겼던 송시열은 당파 싸움에 밀려 목숨을 잃었고, 이를 기회로 남인들이 조정의 세력을 다시 잡게 되었습니다. 이를 '기사환국' 이라고 합니다.

　이 사건으로 숙종은 왕자 균을 세자로 책봉하고, 장씨를 희빈으로 승격시켰습니다. 그런데 장 희빈의 야심은 여기에서 그치지 않았습니다. 그녀는 인현 왕후를 끊임없이 모함하여 드디어 왕명을 얻어 냈습니다.

　"왕비 민씨를 폐서인하고, 희빈 장씨를 중전에 봉하노라!"

　장 희빈이 왕비가 되자 그녀의 어머니와 오빠 장희재의 콧대는 하늘 높은 줄 모르고 높아졌습니다. 그녀의 친정 집 문앞은 권력을 탐하는 무리들로 줄을 이었습니다.

　하지만 중전 장씨의 영화로운 생활은 오래 가지 못했습니다. 숙종은 어느덧 질투심 많고, 야심 많은 장씨에게 싫증이 나 조용하고 속이 깊었던 인현 왕후가 그리워지기 시작한 것입니다. 게다가 인현 왕후가 장씨의 모함을 받고 폐서인이 되었다는 것을 알게 된 숙종은 이번에는 인현 왕후 민씨를 중전으로 복위시키고, 장씨를 다시 희빈으로 강등시켰습니다.

　장 희빈은 이 일을 참지 못하고, 궁녀를 불러 명하였습니다.

　"궁 밖으로 나가 신통한 무당을 은밀히 불러 오너라."

"마마! 그러다가 발각되면 큰일이옵니다."

"그러니 은밀히 하라고 하지 않느냐? 어서 가거라."

장 희빈은 무당과 함께 궁의 은밀한 곳에 신당을 차려 놓고는 인현 왕후의 화상에 화살을 쏘아 가며 저주를 퍼붓기 시작했습니다.

그런데 장 희빈의 저주가 적중했는지, 아니면 폐서인되었을 때의 고생이 심해서인지 중전 민씨는 숙종의 지극한 간호에도 불구하고 세상을 떠나고 말았습니다. 숙종은 우연히 장 희빈이 차려 놓은 신당을 보고는 중전 민씨가 장 희빈 때문에 목숨을 잃었다면서, 장 희빈에게 사약을 내렸습니다.

한편, 숙종 때부터 발달하기 시작한 조선의 상업 활동은 조선 후기에까지 그 영향을 미쳤습니다. 일찍이 상업 활동을 장려하기 위해 정책을 편 숙종은 화폐인 상평통보를 본격적으로 발행하기 시작하였습니다. 그리고 국방과 군역의 문제를 위해 변경 지역에 성을 쌓고 대대적인 도성 수리 공사를 하였습

조선 시대의 화폐인 상평통보

니다.

효종 시대 이후 문제가 되어 오던 훈련별대와 정초정을 통합하여 금위영을 만들고, 5군영 체제를 확립하여 임진왜란 이후 논쟁이 되어 오던 군제 개편 작업을 마쳤습니다. 하지만 끊임없는 당파 싸움으로 조정의 세력은 이리저리 기울기를 반복했습니다.

봉선사 대종(숙종 1년 조선 시대 동종의 특징을 잘 보여 주는 작품. 보물 제397호)

신륵사 극락보전(신라 진평왕 때 창건되어 1678년에 중건된 유서 깊은 고찰)

제 20 대
경종

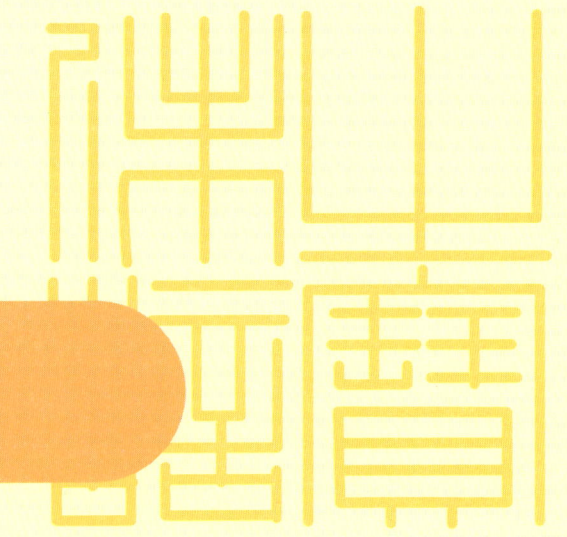

(1688~1724년)
재위 : 1720~1724년

숙종의 맏아들로 어머니는 희빈 장씨입니다. 이름은 균입니다.
1690년 3살 때 세자로 책봉된 후 1720년 34살의 나이로 임금이 되었습니다.
왕위에 있던 4년 2개월 동안 줄곧 병석에서 지냈습니다.
그러자 많은 신하들이 경종이 물러나고 세제인 연잉군이 나라를 다스려야 한다고 주장했습니다. 그러나 다른 한편에서는 연잉군 일파가 경종을 쫓아내려고 한다며 경종이 계속 나라를 다스려야 한다고 맞섰습니다.
이 두 일파의 싸움은 시간이 지나면서 더욱 심해져 경종이 나라를 다스리는 동안 당쟁의 절정을 이루었습니다.
경종은 1724년 8월 병을 이기지 못해 숨을 거두었습니다.

노론과 소론의 대결

 숙종 때 당파는 이미 네 갈래의 분파로 나뉘어져 있었으며 경종이 즉위할 당시 세력을 잡고 있던 파는 노론이었습니다. 그런데 희빈 장씨의 아들인 경종의 건강이 악화되자, 노론들은 목소리를 높였습니다.
 "전하의 건강 상태가 좋지 않으니 하루빨리 세자를 세우는 일이 옳은 줄 아뢰옵니다. 연잉군을 왕세제(왕위를 이을 왕의 동생)에 책봉하여 정사를 안정시키십시오."
 하지만 소론의 반대도 만만치 않았습니다.
 "전하, 저들의 말은 당치도 않사옵니다. 전하께서 즉위하신 지 얼마나 됐다고 벌써 후사를 염려한단 말입니까."
 건강에 자신이 없었던 경종은 노론의 의견대로 하기로 했습니다. 1721년, 경종은 소론의 극심한 반대에도 불구하고 연잉군을 세제로 책봉해, 노론의 편에 손을 들어 주었습니다.

윤두서의 자화상

윤두서는 조선 시대의 문인이며 화가입니다. 자는 효언, 호는 공재입니다. 그는 숙종 때 사람으로 정치에 뜻을 두지 않고 고향에서 학문과 그림에만 전념하였습니다.

실학 사상에 많은 관심을 보여 그림의 경우에도 '실제를 얻어야 한다.'는 정신으로 실물 그대로를 정확하게 묘사하는 것을 중요하게 생각했습니다.

윤두서의 자화상은 국보 제240호로 세로 38.5㎝, 가로 20.5㎝입니다.

기존의 초상화와는 달리 상투 위와 수염 아래쪽을 모두 생략하고 얼굴만 그린 구도가 당시로서는 매우 파격적이었습니다.

정면을 바라보는 얼굴로 잘 다듬어진 수염과 구레나룻, 두툼한 입술, 정기어린 눈빛이 조선 선비의 정신을 나타내고 있습니다.

윤두서

이 자화상은 강세황의 자화상과 함께 조선 시대 자화상의 쌍벽을 이루는 작품입니다.

강세황은 산수·사군자에 뛰어났는데, 담담하면서도 개성과 격이 있어 당시의 화단 발전에 큰 공헌을 했습니다.

또 진경산수의 발전과 풍속화·인물화의 유행, 새로운 서양화법의 수용에도 많은 업적을 남겼습니다. 그의 영향을 받은 제자로 김홍도와 신위가 있습니다.

강세황

궁궐에는 뒷간이 있었나요?

궁궐은 국가의 최고 권력자인 국왕이 사는 공간이었습니다.

그러나 더 큰 의미로 나라의 모든 크고 작은 일들의 통치 행위가 이루어지는 곳이었습니다.

궁궐은 수많은 건물들로 이루어져 있고, 또 궁궐을 나누는 문들, 행각, 창고와 같은 건물, 연못, 섬, 개울, 다리, 샘, 논, 우물, 장독대 등 다양한 건조물들이 있었습니다. 그 가운데 뒷간도 있었을까요? 그렇다면 왕실의 신분 높은 사람들은 뒷간을 갔을까요?

왕과 왕비들은 뒷간에 가지 않고 매우틀이라는 이동식 변기를 썼습니다. 매우틀은 세 쪽은 막히고 한 쪽은 터져 있는 'ㄷ'자 모양의 나무로 된 의자식 좌변기입니다. 앉는 부분은 빨간 벨벳으로 덮었고, 그 틀 아래 구리로 된 그릇을 두어 이 곳에 대소변을 받게 되어 있었습니다. 매우틀은 복이나인이 담당했습니다. 복이나인이 미리 매우틀 속에 매추라는 잘게 썬 여물을 뿌려 가지고 옵니다. 그러면 왕이 그 위에 용변을 보고 다시 나인이 매추를 뿌리고 덮어서 가져갑니다.

이 매우틀은 왕과 왕비만 사용했고, 궁궐 안의 나머지 사람들은 측간이라는 화장실을 이용했습니다. 이 측간은 궁궐과 뚝 떨어진 곳에 별채로 지었는데 무척 멀어서 젊은 내인들은 혼자 가지 못하고 둘씩 셋씩 모여서 같이 갔다고 합니다.

장승은 왜 마을의 입구에 있을까요?

　장승은 마을 입구나 길가에 세운 나무나 돌로 만든 상입니다.
　이것은 장승이 마을의 수호신 구실을 하여 사람들을 보호해 준다는 신앙에서 비롯된 것입니다.
　장승의 생김새는 기둥 모양이며, 대개 남녀 한 쌍을 나란히 세웠습니다.
　상부에는 단순·소박하게 사람의 얼굴을 새기고, 하부에는 천하대장군·지하여장군의 글씨를 쓰거나 새겼습니다.
　남장승에는 관을 조각하고 부릅뜬 눈과 덧니, 수염을 표현했는데, 이것은 병을 가져오는 잡귀를 쫓아내거나 야수를 물리치는 데 그 목적이 있었습니다.

　원래 장군은 투사이며, 적의 침입을 방어하는 임무를 갖고 있기 때문에 장군과 같은 모습을 새겨 넣는 것입니다.
　이 밖에도 장승은 마을의 경계를 표시해 주는 역할도 했습니다.

역사 풀이

1. 현종 때 독도를 지킨 사람은 누구였나요?
    ① 안용복
    ② 동래 부사
    ③ 쓰시마 부사
    ④ 이이명

2. 백두산에 정계비를 세운 왕은 누구인가요?
    ① 현종
    ② 인조
    ③ 숙종
    ④ 경종

3. 기사환국에 대한 설명으로 틀린 것을 고르세요.
    ① 서인들이 몰락하고 남인이 조정의 세력을 잡았다
    ② 성리학의 대가 송시열이 목숨을 잃었다
    ③ 왕자 균의 세자 책봉을 둘러싸고 일어난 일이다
    ④ 왕자 균은 서인들의 반대로 세자가 되지 못했다

4. 숙종이 상업 활동을 장려하기 위해 실시한 정책은 무엇인가요?

   ....

5. 장 희빈과 인현 왕후의 갈등은 무엇을 의미할까요?

　　① 숙종의 변덕이 심했다
　　② 당파 싸움이 치열했다
　　③ 장 희빈의 야망이 컸다
　　④ 숙종의 왕권이 많이 약했다

6. 경종이 재위할 때 조정의 주도권은 어느 파에게 기울었나요?
　　① 노론　　② 소론　　③ 남인　　④ 서인

7. 경종 때 당파 싸움의 쟁점은 무엇이었나요?

　　..

8. 조선 숙종 때의 화가로 실물 그대로를 정확하게 그리는 것을 중요하게
　 생각한 사람은?
　　① 신윤복
　　② 정선
　　③ 강세황
　　④ 윤두서

9. 당파 싸움은 조선 시대의 큰 문제였습니다. 이것으로 인해 백성들에게
　 어떤 피해가 있었을지 생각해서 써 보세요.

　　..

제 21 대
영조

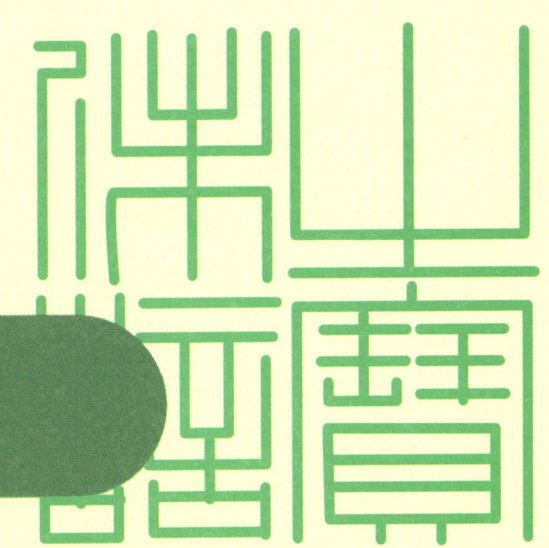

(1694~1776년)
재위 : 1724~1776년

숙종의 둘째 아들이며 어머니는 화경 숙빈 최씨입니다. 이름은 금, 호는 양성헌입니다. 영조는 조선의 스물일곱 명의 왕 가운데 가장 오래 살았고, 가장 오랫동안 왕위에 있었습니다. 52년 동안 재위하면서 신하들의 당파 싸움을 막기 위해 인재를 두루 등용했습니다.

군역을 대신하여 백성들이 내던 베의 양을 1필로 줄여 세금을 낮추고, 가뭄에 대비하여 둑을 쌓고 저수지를 만들었습니다. 또 연산군이 없앴던 신문고 제도를 부활시키고, 1763년에는 일본에서 고구마를 들여와 백성들의 생활에 많은 도움을 주었습니다.

학문을 즐겨하고, 유능한 학자를 많이 등용해서 실학이라는 새로운 학문을 발달시켰습니다. 그래서 사회·산업·문화·예술 등 각 방면이 두루 발달했습니다. 영조는 1776년 3월 83살의 나이로 숨을 거두었습니다.

암행어사 박문수

 왕세제에 책봉되었던 연잉군은 경종이 세상을 떠나자 즉위하여 제21대 임금이 되었습니다. 그가 바로 업적을 많이 남긴 역대 임금 중 하나인 영조입니다.
 영조 때에도 당파 싸움이 여전하긴 했지만 훌륭한 신하들이 있었기에 조정은 균형을 잃지 않았습니다. 어진 관리들이 많아 부패한 관리들을 몰아냈고 많은 서적이 자유롭게 출판되었습니다.
 이 때에 와서야 조선은 문화의 부흥기를 맞았고, 백성을 생각하는 임금 덕분에 백성들이 허리를 펴고 살 수 있게 되었습니다. 영조는 신문고를 부활시켜 백성들이 억울한 일이 생기면 직접 알리도록 했습니다.
 또한 젊은 사람뿐만 아니라 60살 이상의 나이 든 선비들에게도 과거 시험을 볼 기회를 주기 위해 기로과도 새로 만들었습니다.

조선 역대 임금 중 가장 오랫동안 재위한 영조는 학문에 조예가 깊어서, 학자들도 자유롭게 글을 쓰고 학문을 탐구할 수 있었습니다.

고대 소설 〈춘향전〉을 비롯해 신경준의 〈훈민정음운해〉, 김수장의 〈해동가요〉, 김인겸의 〈일동장유가〉 등이 쏟아져 나왔습니다. 학자들 사이에는 유학을 더 깊이 연구하는 한편 새로운 학파가 생기기도 했습니다.

영조

실학은 선조 때 중국을 다녀온 적이 있는 이수광에게서 비롯되었습니다.

"의리와 명분만 찾다가 두 번이나 난리를 당하지 않았소. 이제부터 백성들의 실생활에 도움이 되는 학문을 합시다."

이렇게 시작된 실학은 영조의 후원으로 더욱 빛을 발했습니다. 유교에서 조금도 벗어나지 않으려는 사대부들은 실학을 비웃었습니다. 실학을 중시하며 그를 따르는 사람들은 대부분 중인들이었습니다.

태조 이래 지금까지 조선 정치 사상의 중심이 되었던 것은 유교였습니다. 영조는 이런 유교의 폐단으로 당파 싸움이 끊이질 않았다는 것을 알고 이를 없애기 위해 탕평책을 발표했습니다.

〈춘향전〉의 무대인 남원 광한루

"당파 싸움으로 조정은 병이 들고 백성들은 하소연할 때가 없으니, 나라가 이래서야 어디 바로 서겠소. 앞으로는 당파를 가리지 않고 훌륭한 인재라면 누구든지 뽑을 터이니 그리들 아시오!"

영조가 힘 있는 정치를 할 수 있었던 데에는 곁에서 도와 준 많은 신하들이 있었기 때문입니다. 특히 박문수는 학문이 뛰어날 뿐 아니라 성품이 강직하여 영조는 그를 신임하였습니다.

박문수는 경종 때 문과에 급제하여 벼슬길에 나섰다가 한때 그만둔 적도 있으나, 영조가 소론을 다시 등용할 때 조정에 불려 들어오게 되었습니다.

영조는 박문수가 강직한 성품으로 바른말을 잘 한다는 것을 알고 그에게 암행어사로서 지방을 돌아다니며 백성들의 억울한 사정을 잘 살펴 주라고 했습니다.

　박문수가 경상도 지방에 암행어사로 내려갔을 때였습니다.

　그는 지방의 민심을 자세히 살피기 위해 신분을 밝히지 않고 다녔습니다.

　날이 저물자, 박문수는 하룻밤 지낼 곳을 찾아 다녔습니다.

　"길을 가는 나그네입니다. 날이 저물었으니 하룻밤 자고 가도록 허락해 주십시오."

　"안 됩니다. 이 집에는 중병을 앓는 아이가 있어서 곤란하니, 다른 집으로 가서 사정해 보십시오."

　그런데 한 집만 그런 것이 아니라 가는 곳마다 인심이 몹시 사나웠습니다.

　"하루 종일 걸었더니 배가 몹시 고프군요. 저녁이라도 지어 주시면 고맙겠습니다."

　"내가 길가에 살고 있기는 하지만 아직 길손에게 밥을 지어 준 일은 없소이다."

　주인은 퉁명스럽게 대답하면서 문을 쾅하고 닫아 버렸습니다.

　이렇게 냉대를 받으면서도 박문

박문수(1691~1756)

수는 함부로 신분을 밝히지 못하고, 다시 애원을 하면서 돌아다녔습니다.

그러나 백성들의 인심이 이렇게 사나워진 것은 다 그럴만한 사정이 있었습니다. 그것은 벼슬아치들이 백성들을 구제하라고 나라에서 정한 법을 함부로 이용하면서 백성들을 괴롭히고 있었기 때문입니다.

나라에서는 백성들이 가장 힘든 시기인 3, 4월에 곡식을 빌려 주었다가 추수기인 10, 11월에 거둬들이는 제도를 실시하고 있었습니다. 그런데 벼슬아치들이 백성들에게 거둬들인 곡식의 대부분을 가로채고는 조정에는 거짓 보고를 하는 것이었습니다.

"금년 농사는 형편이 말이 아니라서 백성들이 빌려 간 곡식을 갚지 못했습니다."

결국 백성들은 관리들이 가로챈 곡식까지 이중으로 부담을 해야 했습니다. 이런 사정을 알게 된 박문수는 경상도 지방에서 부정을 저지른 수령들을 잘못의 정도에 따라 엄하게 꾸짖고 직위를 해제했습니다. 어사의 임무를 무사히 마친 그는 경상도 관찰사로 발령을 받았습니다.

그는 멀고 가까움을 가리지 않고 각 마을을 다니면서 백성들의 형편을 살펴보았습니다.

'고을 인심이 사나운 것은 배고픈 사람들이 많기 때문이다. 우

암행어사의 표시인 마패

선 백성들의 식량 걱정을 없애 준 다음에 흐트러진 마을을 다스려야 한다. 그래야 관에서 하는 말을 따를 것이다.'

박문수는 이렇게 결론을 내리고 백성들에게 말했습니다.

"가을에 추수할 때까지 먹을 양식이 없는 백성들에게 이자를 받지 않고 양식을 빌려 주겠다."

지금까지 지방을 다스리던 벼슬아치들에게서 여러 차례에 걸쳐 속아 지냈던 백성들은 박문수의 말을 도무지 믿으려 하지 않았습니다.

　그러나 박문수가 굶는 사람들에게 곡식을 나누어 주고 마음을 풀어 주자, 그제서야 백성들은 박문수의 진심을 알기 시작했습니다.

　박문수가 무거운 짐을 덜어 주자 백성들은 모두 칭찬을 아끼지 않았습니다. 2년 뒤 박문수가 조정의 부름을 받고 서울로 올라가게 되었을 때, 경상도민들은 몹시 안타까워했습니다.

　"이제 우리는 누구를 믿고 살아갑니까."

　"우리는 결코 관찰사 나리의 은혜를 잊지 않을 것입니다."

　박문수는 한없이 기뻤습니다. 자기를 따르고 존경해서가 아니라 한 관리의 뜻이 어느 정도 백성들에게 잘 전해진 데 대한 보람이었습니다.

 비운의 사도 세자

　현명하고 어질었던 영조도 끝내 당파 싸움에 휘말려 아들을 죽게 한 사건이 일어났습니다.

　1749년 영조는 건강상의 이유로 열네 살밖에 안 된 세자 선으로 하여금 대리 청정을 하게 하였습니다. 그러나 중요한 일은 거의 모두 영조 자신이 처리했으므로, 세자는 그저 형식적으로 대리 청정을 하는 셈이었습니다.

성격이 까다로웠던 영조는 세자가 조금이라도 일을 잘못 처리해 놓으면 몹시 야단을 쳤기 때문에, 세자는 아버지를 무서워하게 되었습니다. 그런데다가 어린 세자가 대리 청정을 하자 남인, 소론, 소북 세력 등이 세자를 등에 업고 정권을 장악하려고 꾀를 부리는 바람에 조정은 임금파와 세자파로 나누어졌습니다.

이에 영조는 세자를 불러들여 자초지종을 묻는 데 그치지 않고 책망하기 일쑤였습니다.

어린 세자는 어른들의 횡포에 정신적 고통을 받기 시작했습니다. 그래서 자신도 모르게 점차 도리에 어긋나는 행동을 하게 되었습니다. 영조는 점점 더 세자를 신임할 수 없게 되었습니다.

드디어 세자가 영조에게 허락도 받지 않고 며칠 동안 궁을 비운 채 여행을 하고 돌아오자 세자에 대한 영조의 믿음은 산산조각이 나고 맙니다. 신하들마저도 세자의 행동이 도리에 어긋난다고 말들이 많았습니다.

세자를 몰아내려는 무리들이 세자의 어긋난 행동에 대하여 상소를 올리자, 영조는 결국 분노를 참지 못했습니다.

"점점 나쁜 길로 빠져드는 세자를 아비는 용서할 수가 없도다.

조선 왕조 500년

당장 자결하라."

"아바마마! 잘못했습니다. 용서하시옵소서."

"자결하라고 하지 않았느냐! 어서 자결하라."

영조가 계속 명령을 내려도 세자가 울기만 할 뿐 응하지 않자, 영조는 더욱 화가 나서 신하들에게 명하였습니다.

"여봐라, 뒤주를 내오너라!"

뒤주란 옛날에 쌀을 담아 두던 나무로 만든 물건이었습니다. 잠시 후 신하들은 뒤주를 가지고 들어왔습니다.

"전하께서 뒤주는 무엇에다 쓰시려고 그러실까?"

"그러게 말이오, 이거 일이 심상치가 않소이다."

신하들은 영문을 모르겠다는 듯이 고개를 갸웃거렸습니다.

영조는 노여움으로 시뻘개진 얼굴을 감추지 못하고 큰 소리로 명령했습니다.

영조의 무덤이 있는 서오릉

비운의 사도 세자

"세자를 뒤주에 가두라! 내 명이 있을 때까지 아무도 세자 근처에 가지 말라. 먹을 것을 주어서도 안 되느니라."

영조의 명령에 모두들 소스라치게 놀랐습니다. 세자는 말할 것도 없거니와 세자빈 혜경궁 홍씨와 세자의 아들 세손이 눈물을 흘리며 영조에게 매달려 용서를 구했습니다.

그러나 한 번 굳어진 영조의 마음은 아무도 달랠 수가 없었습니다. 뒤주에 갇힌 세자는 처음에는 울부짖으며 꺼내 달라고 애원했습니다.

"아바마마! 살려 주시옵소서. 저를 꺼내 주시옵소서."

혜경궁 홍씨가 사도 세자의 일을 기록한 〈한중록〉

그러나 밖에서는 아무 말도 들리지 않았습니다. 홍씨와 세손은 발을 동동 굴리며 눈물만 흘릴 뿐 어쩔 도리가 없었습니다. 왕의 명령은 아무도 거역할 수 없었습니다.

날이 갈수록 세자의 목소리는 적어지더니, 갇힌 지 8일째 되는 날에는 아무 말도 들리지 않았습니다.

뜨거운 여름 햇살과 굶주림에 세자는 그만 세상을 뜨고 말았던 것입니다.

　세자가 처참하게 죽은 뒤 그제서야 영조는 자신이 너무 했다는 생각이 들었습니다.

　영조는 무거운 마음 때문에 나라일이 제대로 손에 잡히지 않았습니다. 세자를 욕하는 신하들에게 빠져 자신이 세자를 희생시킨 것만 같았습니다.

　영조는 왕이 된 지 52년째 되던 해 봄, 세상을 떠났습니다.

　한편 사도 세자가 세상을 떠난 다음 세자빈 혜경궁 홍씨는 출입을 삼간 채 외롭게 지냈습니다.

　어느 날, 혜경궁 홍씨는 자신의 회갑이 다가올 무렵, 홍수영이라는 조카에게 긴 편지를 썼습니다.

사도 세자의 무덤인 융릉(경기도 화성시 태안읍에 있음.)

"내 나이 10살 때……."

이것은 자신이 살아 왔던 일을 쓴 글이었는데, 어릴 때부터 겪었던 궁궐 생활을 자세히 써 내려간 것이었습니다.

또 사도 세자가 죽게 된 가슴 아픈 이야기를 찬찬히 기록해 나갔습니다.

이것은 오늘날 혜경궁 홍씨의 〈한중록〉이라는 책으로 보존되어 있습니다.

나전칠기

나전칠기(칠공예품의 장식 기법 중 하나. 조개껍데기를 숫돌로 갈아 문양으로 자른 것을 물건의 표면에 붙이거나 칠로 붙이는 기법. 우리 나라의 나전은 삼국 시대에 당나라로부터 전해졌다고 추측되며, 고려 시대에 급속히 발전해서 조선 시대까지 이어졌다고 함. 조선 시대 나전칠기 제품은 장롱·문갑·함·연상·빗접 등 대부분 여성용품이었음.)

나전 서류함

연상

제 22 대
정조

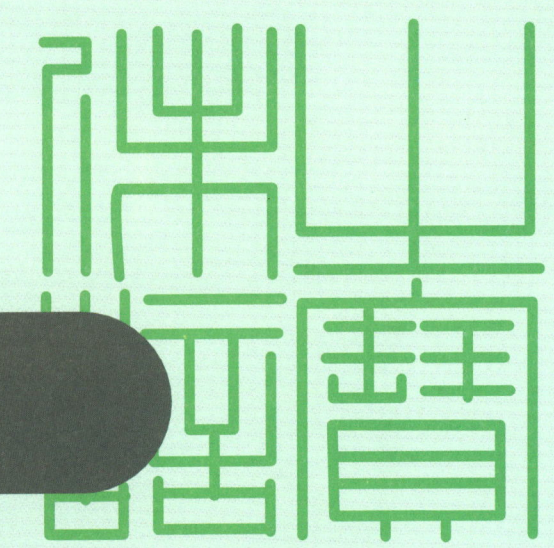

(1752~1800년)
재위 : 1776~1800년

　영조의 손자로, 영조의 차남 장헌(사도) 세자와 혜경궁 홍씨의 아들입니다. 이름은 성, 호는 홍재입니다.
　1759년 8살의 나이에 세손으로 책봉되고, 1762년 사도 세자가 뒤주에 갇혀 죽자 효장 세자의 양자로 들어갔습니다. 1775년 영조를 대신하여 국정을 다스리다가 다음 해 영조가 죽자 왕이 되었습니다.
　정조는 '학문 중심'의 정치를 펼쳤습니다. 영조의 탕평책을 이어받아 능력만 있으면 당파에 상관없이 벼슬을 주었고, 첩의 자식인 서얼 출신들에게도 벼슬의 기회를 주었습니다. 규장각을 설치하여 서적들을 관리하고, 인쇄술에도 깊은 관심을 보였습니다. 형벌 제도를 고치고 가난한 백성들을 돌보아 주었습니다.
　정조 때에는 문화가 크게 발전해서 문화의 황금기를 이룩했습니다.

실사구시의 학문

영조에 이어 정조가 즉위하자, 조선은 다시 한 번 문화의 부흥기를 맞았습니다.

정조는 즉위하자 신하들을 불러 부탁했습니다.

"과인은 할바마마께서 기본 정책으로 삼으셨던 탕평책을 그대로 계승할 것이오. 경들은 파벌을 만들지 말고 서로 마음을 합하여 나라일을 잘 돌보도록 하시오."

"성은이 망극하옵니다."

"또한 우리의 문화를 영구히 보존하려면 활자를 개량하여 많은 책을 간행해야 하오. 경들은 과인이 그 일을 이룰 수 있도록 곁에서 도와 주시오."

정조는 활자 개량 사업을 펼쳐 '한구자'와 '생생자'라는 활자를 만들어, 많은 책을 편찬했습니다.

정조는 즉위하면서 설치한 규장각을 활성화시켜 정약용 등 실력 있는 신하들을 많이 등용하였습니다. 또한 정조는 이제까지는 과거조차 볼 수 없어 벼슬의 길이 막혀 있던 서얼 출신들을 조정으로 불러들임으로써, 당파 위주의 인재 등용에서 벗어나려는 노력도 기울였습니다.

그러한 정조의 곁에서 조선의 문화 부흥에 이바지한 사람들이 많이 있었습니다.

그 중 정약용은 그의 나이 열 살 때 이미 그의 별명을 딴 '삼미자'라는 이름의 문집을 만들 정도로 학식이 풍부했습니다.

"매형, 이 책은 새로운 내용이군요."

매형의 집에서 〈성호사설〉과 〈곽우론〉을 다 읽은 후 정약용이 말했습니다.

"이익이 지은 〈성호사설〉은 사회를 현실적으로 보아야 한다는 내용의 책이지. 사실을 바탕으로 학문을 하고 학문도 실생활에 도움을 주는 것이 좋다는 거야."

정약용은 어린 나이인데도 학문에 관심이 많아 이것 저것 물어 보았습니다.

"이익 선생은 어떤 분이셨나요?"

"벼슬엔 별 관심이 없었어. 그래서 다른 선비들이 유교 경전의 풀이에 집착하고 이치를 따지느라 애쓰고 있을 때, 실생활에

도움을 주는 실학을 연구하셨던 분이지."
"실학이라고요?"
정약용의 눈이 반짝였습니다.
"예를 들자면 백성들이 농사를 짓는 데 어떤 도구를 어떻게 이용하면 더 편리해질지 연구한다는 얘기지. 그 분은 신분에 따라 직업을 갖는 제도는 사라져야 하고 과거 제도의 모순도 고쳐야 한다고 하셨어. 언제나 백성들의 생활에 도움을 주는 학문에 힘쓰셨지. 실학이란 전통 유교의 폐단을 없애고 사회 제도의 개혁을 위해 나온 학문이란다."
정약용은 고개를 끄덕였습니다.
이 우연한 대화를 시작으로 정약용은 평생을 실학 연구에 바친 학자가 되었습니다. 그래서 정약용은 벼슬길에 올라서도 중용을 잃지 않으며, 유교 경전에 능하면서도 새로운 학문을 탐구하는 데 게을리 하지 않았습니다.

정조는 이런 정약용을 무척이나 아꼈습니다.

그러자 이를 시기하는 자들이 생겨났습니다.

실학자들이 학문 연구의 기본 자세로 삼았던 실사구시 현판

실사구시의 학문

그들은 무슨 수를 써서라도 정약용을 몰아내려고 했습니다.

정약용이 스물두 살 되던 해의 일입니다.

우리 나라 최초의 신부인 이승훈을 만난 정약용은 〈천주실의〉를 건네 받아 열심히 읽었습니다. 그러고는 곧 영세를 받고 천주교도가 되었으며, 그 후 천주교를 전파하는 데 힘을 쏟았습니다.

당시 조정에서는 천주교를 서학이라 하여 일반 백성들로 하여금 이 종교를 믿지 못하게 막고 있었습니다.

정약용을 시기하던 신하들은 좋은 기회라고 생각하여 정조에게 상소를 올렸습니다.

"전하! 정약용이 서학을 믿는다고 하옵니다. 이는 임금을 공경하지 않는 불충된 처사가 틀림없사옵니다."

조정 대신들이 하나같이 목소리를 높이자 정조는 할 수 없이 정약용을 멀리 귀양 보냈습니다. 그러나 그를 아끼는 정조로서는 그대로 둘 수가 없어서 곧 정약용을 다시 불러 말했습니다.

"그대는 하필이면 조정에서 반대하는 실학을 하고, 천주교를 믿어 과인을 난처하게 하는 거요? 이제라도 그런 일은 그만둘 수 없겠소?"

"전하! 망극하옵니다. 저는 제가 옳다고 여기는 바를 행할 따름입니다. 게다가 지금 이 나라에는 실생활에 도움이 되는 학문이 필요합니다. 그런 학문을 연구하여 백성들을 잘 살게 해야

합니다."

정약용은 왕 앞에서도 뜻을 굽히지 않았습니다.

천주교 신자인 윤지충이란 사람의 어머니가 세상을 떴을 때의 일입니다. 그는 전통적인 장례식을 치를 생각은 하지 않고, 천주교 식대로 기도를 올리고는 간소한 장례를 치렀습니다.

그 후 이 일은 여러 천주교도들에게 본보기가 되어 퍼져 나갔습니다. 그러자 이번엔 풍습을 단속하는 사헌부에서 정조에게 상소문을 올렸습니다.

"천주교라는 서양의 종교를 믿는 사악한 무리들이 우리의 미풍 양속을 뿌리째 뒤흔들고 있사옵니다. 진산 사는 윤지충이란 자는 그의 부모가 죽자 상을 차려 예를 올리기는커녕 부모님 신주를 불살랐다고 하니, 이 어찌 보고만 있을 수 있겠습니까. 천주교를 믿는 자를 가려 엄중히 다스려야 할 줄로 아옵니다."

조정은 발칵 뒤집히고, 천주교 신자들이 박해받기 시작하였습니다. 이승훈, 이기경은 귀양길에 올랐습니다.

정약용도 천주교인이라는 죄목으로 다시 조정에서 밀려난 후 강진에서 18년 동안 귀양살

다산 정약용의 묘

실사구시의 학문

수원성의 남문인 팔달문(보물 제402호, 1796년)의 옛모습(왼쪽)과 현재의 모습(오른쪽)

수원성의 서문 화서문(보물 제403호, 1796년)의 옛모습(왼쪽)과 현재의 모습(오른쪽)

이를 했습니다. 시골에 묻혀서도 정약용은 그의 마음 속에 있는 사상을 책으로 하나하나 써 나갔습니다.

국가 정책의 개혁안을 정리한 〈경세유표〉와 백성을 다스리는 도리를 논한 책인 〈목민심서〉, 그리고 법은 공정하게 적용되어야 한다는 내용의 〈흠흠신서〉 등이 그것입니다.

이렇게 유형원과 이익에 의해 뿌리를 내리기 시작한 실학 사상은 영조 때를 거쳐 정조 시대에 이르러서 그 전성기를 마련하게 되었습니다.

정조는 왕위에 오르기 전부터 아버지 사도 세자의 원한을 풀어 주어야겠다는 생각을 하고 있었습니다.

어느 날 박명원이 정조를 찾아왔습니다. 그는 정조의 고모부뻘 되는 사람이었습니다.

"전하, 사도 세자의 무덤 자리가 좁고 방향도 좋지 않습니다. 그러니 다른 곳을 찾아 옮기도록 하시어 저승에서나마 편히 지

정조 때 쌓은 수원의 만년제

283
실사구시의 학문

수원 능행도 부분 (1795년경, 정조가 부친의 탄신 60주기를 맞아 성대하게 기획한 어머니의 회갑연과 그 전후의 행사들을 나누어 그린 기록화 중 하나임.)

내시도록 하심이 옳은 줄로 아뢰옵니다."

정조도 전부터 그런 생각을 가지고 있었습니다. 정조는 풍수지리에 밝은 사람들을 여기저기에 보내 마땅한 장소를 찾도록 했습니다.

여러 곳의 후보지 가운데 수원 화산으로 결정되었습니다.

드디어 사도 세자의 무덤이 수원에 새로 마련된 묘소로 옮겨졌습니다. 정조는 친히 지문을 지어 넣고 눈물을 흘렸습니다. 그리고 사도 세자의 무덤을 '현륭원'으로 고쳤습니다. 그리고 해마다 이 곳에 찾아와 사도 세자의 명복을 빌었습니다.

정조는 수원에 성을 쌓아 새로운 읍으로 삼고 사람들이 많이 옮겨 살도록 땅을 내려 주었습니다.

정조는 백성을 위해 많은 일을 한 왕이었을 뿐만 아니라, 효성도 지극한 왕이었습니다.

여러 가지 백자

①

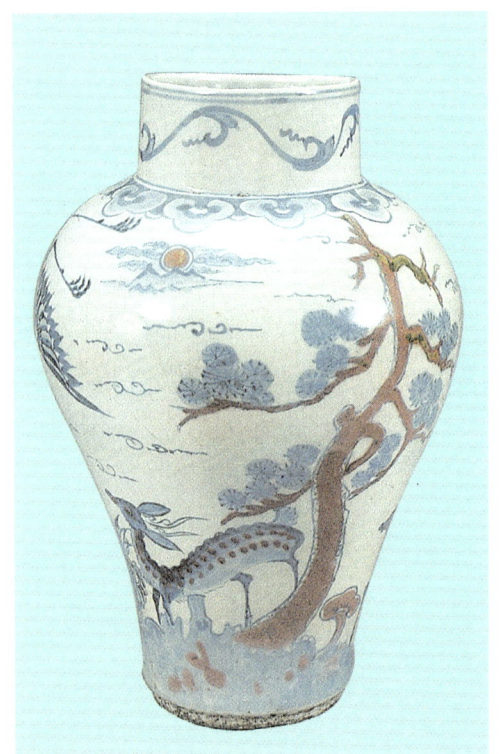
②

③

④

백자—바탕흙 위에 투명한 유약을 씌어서 만든 자기. 백자는 고려 초기부터 청자와 함께 일부가 만들어졌으며, 그 수법이 계속 이어져서 조선 시대 자기의 주류를 이루고 있음. 백자는 무늬를 표현하는 수법과 물감의 종류에 따라 다양하게 나타남.
① 백자 주전자(18세기, 높이 18.7㎝)
② 청화백자 동화채장생무늬 항아리(19세기, 높이 39.9㎝)
③ 청화백자 항아리(18세기, 높이 52㎝)
④ 백자 항아리(17세기, 높이 41.2㎝)
⑤ 청화백자 운용무늬 항아리(17세기 말~18세기 초, 높이 35.3㎝)
⑥ 태항아리와 태지(1627년, 높이 28.9㎝)

수원성을 지은 거중기

정조는 1789년 생부 사도 세자의 묘를 수원으로 옮기고 '현륭원'이라고 명했습니다. 정조는 1794년 2월 수원에 채제공의 지휘 아래 성을 쌓게 했습니다. 수원성은 2년 6개월이라는 짧은 공사 기간에 지은 엄청난 규모의 성이었습니다. 이렇게 짧은 기간 동안 성을 지을 수 있었던 것은 정약용이 개발한 거중기 때문이었습니다.

거중기는 도르래를 이용해서 무거운 물체를 쉽게 들어올리는 데 사용하는 기계입니다. 거중기의 사용으로 사람의 손으로 하는 것보다 능률을 4~5배로 높일 수 있었습니다.

거중기 모형도

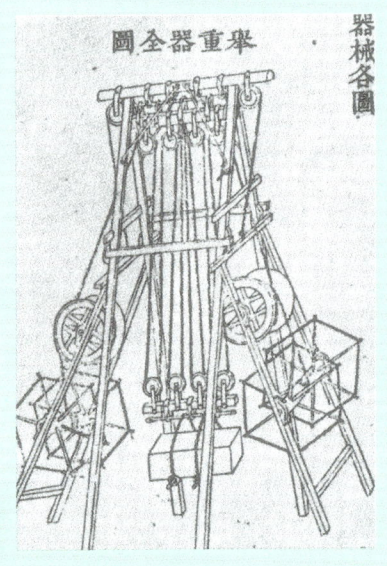

정약용의 도르래

조선 시대 형벌은 어떠했을까?

조선 시대의 형벌에는 태·장·도·류·사라는 다섯 가지가 있었습니다. 태·장형의 경우는 가벼운 죄를 범한 사람에게 볼기를 치는 벌이었습니다. 태형은 10대에서 50대까지, 장형은 60대에서 100대까지 나눠서 쳤다고 합니다. 도형은 중한 죄를 지은 사람을 관에 잡아 두고 힘든 일을 시키는 벌로 1년, 1년 반, 2년, 2년 반, 3년까지 다섯 가지의 기간이 정해져 있었습니다. 유형은 매우 중대한 죄를 범한 사람을 사형시키지 못할 때 먼 지방으로 귀양을 보내서 죽을 때까지 살게 하는 것으로, 유배 보내는 거리에 따라서 2000리, 2500리, 3000리의 세 등급으로 나누어져 있었습니다.

마지막으로 사형에는 교형과 참형이 있었습니다. 죄인의 목을 매는 것을 교형이라 했고, 목을 베는 것은 참형이었습니다. 참형은 교형보다 더 무거운 형벌이었습니다. 능지처사나 능지처참이라 하여 반역자나 대역 죄인의 신체와 목을 모두 베어 분리시키고 매장을 허용하지 않는 가혹한 사형 집행 방식이 있는가 하면, 또 효수라 해서 참형을 처한 후 그 머리를 매달아서 다른 사람이 볼 수 있도록 했습니다.

그러나 사형에 대한 최종 결정권은 오직 국왕만이 가지고 있었고, 관청별로 죄인을 처벌할 수 있는 범위는 제한되어 있었습니다. 예를 들어 지방에서 범죄가 발생할 경우 태형에 처할 만한 작은 범죄의 경우에만 지방 수령이 직접 처리할 수 있었고, 장형 이상의 죄에 대해서는 반드시 감영에 있는 관찰사의 지시를 받아서 처리했습니다. 그리고 사형에 해당하는 범죄의 경우에는 관찰사가 국왕에게 보고했고, 국왕이 결정을 내릴 수 있었습니다.

역사 풀이

1. 영조가 당파 싸움을 막기 위해 실시한 정책은 무엇인가요?

   ....

2. 영조 시대에 새로 발전한 학문은 무엇인가요?
   ① 천문학
   ② 성리학
   ③ 실학
   ④ 서학

3. 영조의 업적이 아닌 것을 고르세요.
   ① 연산군 때 없앴던 신문고를 부활시켰다
   ② 50세 이상의 나이 든 선비에게 과거 시험을 볼 자격을 주었다
   ③ 군역을 대신해서 낸 베의 양을 1필로 줄였다
   ④ 가뭄에 대비해 둑을 쌓고 저수지를 만들었다

4. 실학은 어느 학자로부터 시작되었다고 할 수 있나요?
   ① 이수광
   ② 김수장
   ③ 정약용
   ④ 박제가

5. 영조 때 어진 성품의 암행어사로 이름을 날렸던 사람은 누구인가요?

6. 영조 때 당파 싸움으로 일어난 큰 사건은 무엇인가요?

7. 학문 중심의 정치를 펼친 왕은 누구인가요?
   ① 영조   ② 정조   ③ 순조   ④ 철종

8. 실학자의 대가로 〈목민심서〉를 저술한 학자는 누구인가요?
   ① 정약용   ② 이익   ③ 이승훈   ④ 윤지충

9. 〈열하 일기〉를 지은 북학파의 대가는?
   ① 정약용   ② 홍대용   ③ 이승훈   ④ 박지원

10. 실학이란 어떤 학문을 말하는지 써 보세요.

제 23 대
순조

(1790~1834년)
재위 : 1800~1834년

　정조의 둘째 아들로, 어머니는 현목 수빈 박씨입니다. 이름은 공, 호는 순재입니다.
　1800년 1월 세자로 책봉된 뒤, 그 해 정조가 죽자 열한 살의 나이로 왕이 되었습니다. 안동 김씨 김조순이 정권을 장악하여 수많은 부정부패를 저질러 나라가 혼란스러워졌습니다.
　1801년 천주교를 탄압하여 신유사옥이 일어났으며, 1811년에는 홍경래가 난을 일으켰고, 19년에 걸쳐 홍수가 일어나는 등 크고 작은 천재지변이 발생했습니다.
　순조는 안동 김씨 세력을 견제하기 위해 풍양 조씨 조만영의 딸을 세자빈으로 맞아들였습니다. 그리고 세자에게 나라를 다스리게 했지만, 4년 뒤 1830년 효명 세자가 죽어 순조의 계획은 실패로 돌아갔습니다.

홍경래의 난

　열한 살의 어린 나이로 순조가 즉위하자 정순 왕후가 수렴 청정을 시작하였습니다. 정순 왕후는 반대파를 없앨 수 있는 좋은 기회라고 생각하여 천주교를 탄압하기 시작했습니다.
　천주교는 조선의 지배 윤리인 성리학을 위협했을 뿐만 아니라, 그 당시 정순 왕후의 반대파인 시파나 남인들이 많이 믿고 있었습니다.
　순조 5년이 되자 정순 왕후가 수렴 청정을 거두고 임금이 직접 통치하였습니다. 이 무렵에도 당파 싸움이 그치지를 않았고, 가뭄과 홍수가 번갈아 일어나 백성들의 살림살이는 몹시 어려웠습니다.
　한편, 조선을 창건한 태조 때부터 중앙 관서의 관리들은 서북 지방 사람들을 업신여기는 풍토를 지니고 있었습니다. 서북 지방인 함경도, 평안도 사람들은 예전에는 발해로 독립되어 있던 데다 여진족의 지배를 받고 있었기 때문입니다.

그 지방 사람들은 개성적인 지방색이 뚜렷하며 거칠어서 행여 조선의 정권이 서북 사람들의 손에 넘어가지 않을까 하는 걱정으로 경계를 해 왔던 것입니다.

대대로 이어져 온 이러한 관례로 인해 조정에서는 서북 지방 출신의 관리들은 찾아볼 수가 없었습니다. 서북 지방에서 태어난 사람은 아무리 자질이 뛰어나도 벼슬길에 오를 길이 없었던 것입니다.

이런 차별 속에서 서북 지방 사람들의 원성은 점점 높아갔습니다. 그러다가 조선 건국 400년이 지난 순조 때에 와서 분노가 한꺼번에 폭발했습니다.

평안도의 가난한 농가에서 태어난 홍경래는 어렸을 때 별명이 땅달보였습니다. 몸이 단단하고 키가 작다고 해서 동네 어른들

화녕전(순조가 정조의 효심을 받들기 위해 정조의 초상화를 모시고 제사를 드리던 곳, 사적 제115호)

이 붙여 준 별명이었습니다.

홍경래는 일찍부터 외삼촌한테서 글공부를 했는데, 이해력이 뛰어나고 시를 잘 짓는 홍경래를 보고 외삼촌은 혀를 내두르며 창찬하였습니다.

"이제 나한테 배울 것은 없으니 너희 집으로 돌아가거라."

홍경래가 떠나자 그의 삼촌은 흐뭇하면서도 한편으로는 걱정을 하였습니다.

'경래는 똑똑할 뿐만 아니라, 잘못된 것을 바로 고칠 줄 아는 바른 성격을 지니고 있어. 그런데 그 성격으로 벼슬길에 올라 바른소리를 하다가 혹시…….'

순조가 재위하고 있을 무렵에는 신분 제도도 많이 문란해져 있었습니다.

그래서 양반이 아닌 자들이 돈으로 양반의 신분을 사는 일도 있었고, 아무리 학식이 높은 양반이라도 돈이 없으면 농사나 짓는 소작농이 될 수도 있었습니다.

그렇다고 평등한 신분 사회가 이루어졌다거나 백성들이 살 만해진 것은 아니었습니다. 사회의 기강이 극도로 문란해지면서 돈 없는 백성들만 살기 어려운 사회가 되어 있었습니다.

집으로 돌아온 홍경래는 혼자서 공부를 하는 틈틈이 동네 어른들로부터 병서와 무예를 익혔습니다.

1801년 홍경래는 과거를 보기로 결심하고 아버지에게 집 떠날 뜻을 밝혔습니다.

"아버님, 이제 저도 어른이 되었습니다. 그 동안 갈고 닦은 실력으로 벼슬길로 나아가 어지러운 나라를 위해 일하겠습니다. 과거에 응시해 보겠습니다."

아버지는 아들이 대견스럽기도 하고 측은하기도 하였습니다.

"너의 뜻은 훌륭하다만 우리 평안도 사람들은 벼슬길에 나가기가 몹시 어렵다. 각오하고 있느냐?"

"허락만 해 주십시오. 아버님, 반드시 과거에 합격해서 돌아오겠습니다."

홍경래는 서북 지방 사람은 벼슬길에 나아갈 수 없다며 만류하는 사람들의 말에는 아랑곳하지 않았습니다.

한양으로 올라온 홍경래는 자신 있게 문과에 응시하여 시험을 보았습니다.

하지만 결과는 그의 예상과는 반대로 낙방이었습니다.

게다가 한양에 있는 동안 보고 겪은 것이라고는 매점매석하며 자신들만 잘 살려는 양반들의 모습과, 당파 싸움에 하루도 조용할 날이 없는 조정의 모습과 그 밑에서 아우성치는 불쌍한 백성들의 모습이었습니다.

홍경래는 화가 끓어올랐습니다.

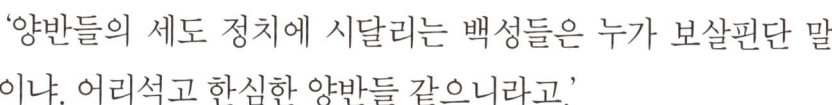

'양반들의 세도 정치에 시달리는 백성들은 누가 보살핀단 말이냐. 어리석고 한심한 양반들 같으니라고.'

한양에서 돌아온 홍경래는 아버지에게 정중히 하직 인사를 올리고는, 풍수 지리를 보러 다닌다며 집을 떠났습니다.

그 후 홍경래는 조선 각지를 돌아다니며 풍수 지리 대신에 백성들의 고통스러운 생활상을 살펴보았습니다. 그리고 그들의 원성을 들었습니다.

'이대로 보고만 있을 수는 없어.'

홍경래는 장차 뜻을 같이할 사람들을 두루 찾아다니기 시작했습니다.

첫번째 동지는 양반의 자식이기는 하나 서자로서 벼슬길에 나아가지 못하고 있던 우군칙이라는 인물이었습니다.

그는 평안 북도 청룡사에서 묻혀 지내다가 홍경래를 만난 것이었습니다.

"벼슬아치들은 세력 다툼에 눈이 멀고, 백성들은 굶주려 죽어 가고, 탐관 오리들은 하루가 다르게 늘어가고 있소. 큰일을 할 사람들이 그렇게 숨어 있어서야 되겠소. 우리 같은 사람이 일어서지 않으면 이 나라가 장차 어찌 되겠소이까."

홍경래에게 설득당한 우군칙은 그와 함께 거사할 것을 약속하고 헤어졌습니다.

홍경래는 평안도에 근거지를 두고는 함께 싸우겠다는 농민들을 모아 군사 훈련을 시켰습니다.

각지에서 홍경래의 소문을 듣고 달려와 함께 싸우겠다는 사람들이 점차 늘어났습니다.

1년 전에 헤어졌던 우군칙도 그의 소식을 듣고 찾아왔습니다.

드디어 1812년 그믐날 밤, 홍경래는 병사들을 한 곳에 모이게 한 다음 큰 소리로 말했습니다.

"우리는 백성들을 위해 일어나야 합니다. 앞으로 부패한 관가의 재물을 빼앗아 농민에게 나눠 주되 백성들에게 해가 되는 행동을 해서는 절대 안 됩니다. 이것이 우리들이 가장 우선적으로 지켜야 할 규칙입니다."

출전식을 성대히 치른 농민군은 홍경래의 뒤를 따라 당당하게 나아갔습니다.

홍경래는 군사를 나누어 한 패는 정주성을 치게 하고, 자기는 박천을 점령한 뒤 다시 구성과 태천 고을을 빼앗았습니다.

"탐관 오리들은 처형하고 백성들에게는 창고에 있는 재물과 양식을 골고루 나눠 주도록 하시오!"

홍경래는 관청의 창고에 있는 곡식을 꺼내어 백성들에게 모두 나누어 주었습니다.

병사들의 사기는 하늘을 찌를 듯했고, 백성들은 환호성을 질렀

습니다.

"홍경래 대장 만세!"

홍경래는 한양으로 가는 길목에 있는 고을을 차례로 점령하고 마지막으로 조정으로 쳐들어갈 생각이었습니다.

하지만 청천강의 얼음이 풀려 강물이 되는 바람에 진격을 미룰 수밖에 없었습니다.

"당장 배를 구할 수가 없으니 잠시만 기다려 봅시다."

이 소식을 들은 조정에서는 장군들을 파견했습니다.

"홍경래의 목을 베어 가지고 오너라!"

하지만 홍경래를 칠 자는 없었습니다.

반란군과의 싸움에서 번번이 진 관군은 사상자만 늘어갔습니다. 치열한 격전이 계속되는 동안 계절도 바뀌어 어느덧 여름이 되었습니다.

조정에서는 더 이상은 안 되겠다 싶었던지 정만석을 사령관으로 하는 토벌군을 만들어 평안도로 보냈습니다. 토벌군이 도착하자, 번번이 반란군과의 싸움에서 패하던 관군은 기운을 회복하고 다시 총공격에 나섰습니다.

이제 싸움은 뒤바뀌어 반란군이 뒤로 밀리기 시작했습니다. 오랜 기간 동안 싸움이 거듭되자, 농민군의 식량이 점차 떨어지고, 엎친 데 덮친 격으로 전염병까지 나돌아 사망자가 점점 늘어갔

홍경래의 난

습니다.

"관군의 수가 우리보다 많은 것은 사실이오. 하지만 나를 믿어 주시오. 여러분이 며칠만 기다려 주면 식량도 해결하고 전염병도 사라질 것이오. 용기를 가지고 뜻을 잃지 마시오!"

홍경래는 지친 농민군을 향해 외쳤습니다.

"여기 모인 사람들 가운데 타락한 관리들과 함께 영화를 누리되 백성들의 욕을 먹으며 살고픈 자는 나의 목을 베어 가시오. 그게 아니라면 힘을 내어 함께 싸웁시다. 처음 우리가 다졌던 결의를 잊어서는 안 되오."

다시 관군들이 쳐들어왔다는 소식을 듣고 홍경래는 농민군들과 함께 싸웠습니다. 하지만 관군의 수는 너무 많았습니다. 홍경래는 우군칙에게 외쳤습니다.

"우리 모두가 포위망을 뚫고 성 밖으로 나가기는 틀렸소. 내가 이 성에서 싸울 테니 그대는 장수 몇 사람을 데리고 성 밖으로 나가시오. 내가 죽거든 나중에 다시 관군들과 싸우시오. 우선 여기를 빠져 나가시오."

우군칙은 홍경래가 무슨 말을 하는지 알아차렸지만 그렇게 할 수 없었습니다.

"살아도 함께 살고 죽어도 함께 죽기로 맹세했거늘, 나더러 도망가서 살란 말이오. 부끄럽게 살란 말이오. 난 여기서 그대와

함께 싸울 것이오."

우군칙의 의리에 감동한 홍경래는 맨 앞으로 달려나가 기꺼이 관군들과 맞서 싸웠습니다.

그러나 총탄이 부족한 상황에서 무기가 막강한 관군들에게 맞서기란 어려운 일이었습니다.

"탕!"

"으악!"

총을 맞은 홍경래는 다리에 힘을 잃고 땅바닥에 쓰러졌습니다.

홍경래가 죽자, 관군은 사기가 떨어진 반란군을 닥치는 대로 죽였습니다. 그 수가 무려 2천 명이 넘었습니다. 마침내 5개월간에 걸친 농민 봉기가 막을 내리는 순간이었습니다.

제 24 대
헌종

(1827~1849년)
재위 : 1834~1849년

순조의 손자이며 이름은 환, 호는 원헌입니다.

1834년 8살의 나이로 경희궁 숭정문에서 왕위에 올랐습니다. 열세 살까지 할머니 순원 왕후 김씨가 수렴 청정을 했습니다.

전염병과 물난리가 계속되어 백성들의 생활이 많이 어려웠습니다. 또 돈으로 양반 신분을 사고 팔아 조선의 신분 제도가 무너져 내리기 시작했습니다.

천주교 탄압 정책이 계속 이어져 많은 천주교인들이 죽음을 당하고 1846년에는 우리 나라 최초의 신부인 김대건이 처형당했습니다.

헌종은 15년 넘게 왕의 자리에 있다가 1849년 6월 스물셋의 젊은 나이로 세상을 떠났습니다.

 우리 나라 최초의 신부

 순조의 뒤를 이어 어린 헌종이 임금의 자리에 올랐지만, 나라는 하루도 조용할 날이 없었습니다.
 살림살이가 어려워진 백성들은 서양 신부들이 포교하는 천주교에 빠지기 시작했습니다.
 1845년 우리 나라에서 처음으로 신부가 된 사람은 김대건이었습니다.
 김대건은 나무꾼으로 변장하고 압록강을 건너 고국 땅을 밟았습니다. 신부가 되기 위해 열다섯 살 때 몰래 마카오로 떠났다가, 천주교에 대한 고국의 사정을 알아보려고 9년 만에 돌아온 것입니다.
 그 후 김대건은 몰래 숨어 다니며 선교 활동을 하다가, 그만 포졸들에게 잡히고 말았습니다.

우리 나라 최초의 신부인 김대건 동상

"이 못된 천주학쟁이! 어서 네 신분을 밝혀라."

해주 감영의 관리들은 김대건에게 심한 매질을 하며 문초했습니다.

"나는 김대건이란 사람이며, 나이는 스물다섯이오. 중국 마카오에서 천주교 신학을 공부하고, 작년에 조선에 들어왔소."

김대건은 중국말로 대답했습니다. 관리들은 김대건을 중국 사람으로 알고 조정에 보고했습니다. 이리하여 김대건은 한성으로 옮겨졌습니다.

김대건은 신자들이 숨을 시간을 주기 위하여, 다섯 차례나 문초를 받을 때까지도 중국 사람으로 행세했습니다. 그러다가 마침내 자신이 조선 사람임을 밝혔습니다.

"나는 충청도 내포에서 태어났습니다. 열다섯 살 때 앙드레라는 교명으로 영세를 받았습니다."

대신들은 놀라 눈이 휘둥그레졌습니다.
"편지를 보니, 외국말투성이던데 다른 나라 말을 몇 가지나 아느냐?"
"중국말까지 합해 여섯 나라 말을 할 줄 압니다."
대신들은 다시 한 번 놀라 입을 다물지 못했습니다.
어느 대신은 젊은 나이에 그만한 공부를 하자면 고생이 많았겠다고 은근히 칭찬하기까지 했습니다.
"너는 천주학을 믿고 나라를 배반한 큰 죄인이다. 지금이라도 천주학을 버리겠다면 목숨을 살려 주고 높은 벼슬을 내리겠다."
대신들이 이렇게 타일렀지만, 김대건은 듣지 않았습니다.
"누가 뭐라 해도 하느님께 향한 나의 마음을 움직일 수는 없

천주교 순교자들의 기념 비석

우리 나라 최초의 신부

습니다."

김대건은 침착하게 말을 이었습니다.

"나를 죽인다 해도 다른 신부들이 계속 들어올 것이오. 그리하여 먼 훗날에는 반드시 천주교가 이 땅에 튼튼히 뿌리를 박을 것이오."

대신들은 김대건의 태도가 이처럼 굳은 것을 알자, 마침내 목을 베어 죽이기로 결정했습니다.

1846년 9월 어느 날, 김대건은 한강 새남터로 끌려 나왔습니다. 이 곳은 이미 수많은 천주교 순교자들이 피를 흘리며 죽어 간 곳입니다.

김대건은 앞서 간 순교자들을 생각했습니다. 이제는 자신도 그들을 따를 것입니다.

구경 나온 백성들은 두려운 마음으로 김대건을 지켜 보았습니다. 보통 사람의 죽음과는 무언가 다른 느낌이 들었습니다.

뉘우침도 두려움도 없는 평온한 김대건의 얼굴과 밝게 빛나는 그의 눈을 본 순간, 사람들은 옷깃을 여미며 숨을 죽였습니다.

칼을 든 형리들이 김대건에게 다가왔습니다. 이제 목이 잘릴 순간이었습니다.

마지막으로 김대건이 입을 열었습니다.

"내가 외국 사람들과 사귄 것은 우리 조선의 교회를 위해서였

고, 하느님을 위한 일이었습니다."

잠시 후, 형리들이 김대건의 목을 내리쳤지만, 여덟 번을 내리쳐서야 가까스로 목이 베어졌습니다.

그 뒤로도 헌종의 천주교 탄압은 계속되었지만, 전염병이 창궐하고 수재가 반복되는 어려운 시기에 의지할 곳이 되어 준 천주교를 뿌리 뽑을 수는 없었습니다.

오히려 조선의 굳건했던 신분제를 천주교의 평등 의식이 흔들어 놓았습니다.

 김정희의 '추사체'

이 무렵 조선의 인재들은 조정으로 나오기보다는 나름대로 각 분야에서 활동을 하고 있었습니다. 그 중에서도 김정희는 중국에까지 나라의 이름을 빛낸 문장가였습니다.

김정희가 중국에 갔을 때의 일입니다.

"조선에 당신처럼 훌륭한 글씨를 쓰는 사람이 있다니, 놀랍소이다."

중국인 조강은 김정희의 예서체를 보고 눈이 휘둥그레졌습니다. 그리고 김정희에게 그가 평소 흠모하던 중국의 노학자들을 만나게 해 주었습니다.

베이징에서 만났던 옹방강과 완원 선생은 그 후 김정희의 학문에 깊은 영향을 주었습니다.

김정희는 어릴 때부터 글씨에 남다른 재주를 보여 여러 어른들로부터 기대를 많이 모았습니다.

김정희가 일곱 살 때의 일입니다.

글방에서 급히 돌아온 정희는 부랴부랴 서랍을 열고는 벼루와 먹을 꺼냈습니다. 그리고는 연적을 기울여 벼루에 물을 따라 놓고 먹을 갈기 시작했습니다.

그 때 옆방에서 조용히 책을 읽던 아버지가 문을 열며 말했습니다.

"무엇이 바빠서 그리 법석을 떠느냐? 먹을 가는 것을 보니 입춘서를 쓸 모양이구나."

"예, 아버지. 저는 오늘이 입춘이라는 것을 깜빡 잊었어요."

"그럼, 어서 잘 써 보려무나."

입춘은 새 봄이 시작된다는 날입니다.

입춘서란 입춘날에 벽이나 대문 등에 써 붙이는 봄맞이 글로서, 1년 중 첫 계절이 시작되는 날에 입춘서를 써 붙이고 한 해의

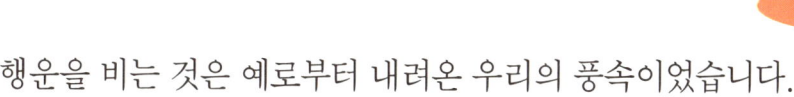

행운을 비는 것은 예로부터 내려온 우리의 풍속이었습니다.

정희는 먹을 갈아 놓고 흰 종이 두 장을 꺼냈습니다.

그리고 붓에 먹을 듬뿍 묻히더니 '입춘대길' 과 '건양다경' 이라는 글자를 썼습니다.

'입춘대길' 이란 봄이 시작되니 아주 좋다는 뜻이며, '건양다경' 이란 만물이 살아나려고 하는 밝은 기운이 돌아오니 기쁜 일이 많다는 뜻입니다.

소년은 고개를 갸웃거리며 자신이 쓴 입춘서를 한동안 바라보더니 말했습니다.

"아버지! 다 됐어요. 잘 되었는지 좀 봐 주세요."

아버지는 아들의 글방으로 와서 글씨를 보더니 말했습니다.

"음! 아주 힘있게 잘 됐다. 어서 갖다 대문에 붙여라."

그리고는 아버지는 생각에 잠겼습니다.

'정희는 머리도 영리하지만, 글씨 쓰는 솜씨가 보통이 아니야. 박제가 선생에게 부탁해서 글씨

추사체라는 독특한 필법을 쓴 문장가 김정희

김정희의 '추사체'

공부를 가르쳐야겠어.'

당시의 이름 높은 학자인 박제가가 언젠가 정희가 쓴 글씨를 보고 칭찬을 하며 자신에게 맡기면 잘 가르쳐 주겠다고 한 적이 있었기 때문에 정희의 아버지는 그렇게 생각했던 것입니다.

정희가 입춘서를 대문에 붙이고 안으로 들어간 뒤 얼마 되지 않아서였습니다.

마침 그 집 앞을 지나가던 한 대감이, 입춘서를 보고 가마를 멈추었습니다.

그는 좌의정인 채제공이었습니다.

"음! 참으로 뛰어난 솜씨로다."

가마에서 내린 채제공은 하인에게 말했습니다.

"여봐라! 저 글씨를 쓴 사람이 누군지 알고 싶으니, 이 집 주인을 불러라."

하인이 대문을 두드려 주인을 찾자, 정희의 아버지가 도포 자락을 펄럭이며 뛰어나와 문을 열었습니다.

"아니, 좌의정 대감이 아니십니까?"

정희의 아버지는 뜻밖에 자신의 집을 찾은 채제공을 보자 당황해하며 절을 했습니다.

"이 집이 바로 자네의 집인가?"

채제공은 정희 아버지의 손을 덥석 잡으며 이렇게 말하더니,

대문의 입춘서를 가리키며 말을 이었습니다.

"이 앞을 지나다가 저 붓글씨가 하도 잘 되었기에, 누가 썼는지 알아보려고 대문을 두드렸다네. 일찍이 그대가 명필이라는 것은 알고 있었지만, 참으로 놀라운 솜씨일세."

"대감, 지나친 칭찬이옵니다. 사실 저 글씨는 제가 쓴 것이 아니고, 저의 어린 아들놈이 쓴 것이옵니다."

"아니 그럼, 저게 아이의 솜씨란 말인가?"

"그렇습니다."

"그 아이를 내게 한 번 보여 주게. 정말 훌륭한 아들을 두었구먼."

잠시 후 정희가 채제공에게 공손히 절을 하며 문안 인사를 올렸습니다. 그러자 채제공은 정희를 그윽한 눈길로 바라보며 말했습니다.

"네가 저 입춘서를 썼다니 참으로 기특하구나. 그래 지금 네 나이가 몇 살이냐?"

"일곱 살이옵니다."

"어린 나이에 놀라운 솜씨를 가졌구나. 장차 명필로서 세상에 이름을 날릴 수 있도록 열심히 공부하여라."

그 후 김정희는 추사체라는 독특한 필체와 금석학 연구로 세상에 이름을 날리게 되었습니다.

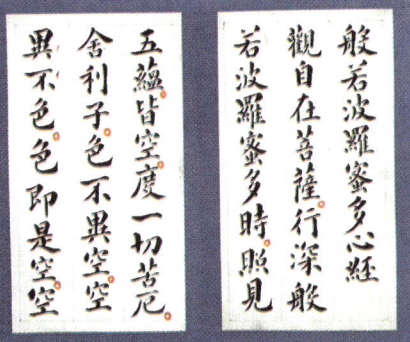

김정희가 쓴 반야심경첩(보물 제547호)

특히 제주도에 귀양 가 있던 시절에 남긴 세한도는 너무나 독특하여 이를 본 중국의 명사들은 모두 입을 다물지 못했다고 합니다.

한편, 조선 사람들이 중국, 일본 등지를 다녀오기 시작하면서 서양인들과의 접촉이 이루어졌고, 차차 서구 열강들이 통상을 요구해 오기 시작했습니다. 바로 영국과 프랑스 등 서양 열강들이 군함을 이끌고 조선 연안에 나타난 것이었습니다.

이들은 통상을 요구하면서 자기 나라의 천주교 선교사를 죽인 것을 트집 잡아 조선을 협박했습니다. 백성들은 서양 오랑캐들이 나라를 빼앗으려고 온다며 겁에 질렸습니다.

하지만 조정은 그들과 통상 협상을 하거나 주변 정세에 관심을 기울일 겨를도 없이 여전히 권력 다툼에 눈이 멀어 있었습니다.

순원 왕후의 수렴 청정이 끝나고 헌종의 어머니 신정 왕후 조씨(조대비)의 입김이 커지자 안동 김씨와 풍양 조씨가 서로 권력을 잡기 위해 싸웠던 것입니다.

또한 이들은 왕족들 가운데 왕위를 빼앗으려는 사람이 있을까

봐서 왕족들을 죽이거나 귀양을 보내고 철저하게 감시했습니다.

이처럼 헌종 때에는 나라 안팎으로 걱정이 끊이지 않을 때였습니다.

이러한 가운데 헌종은 15년 넘게 왕의 자리에 있다가 1849년 6월 스물셋의 젊은 나이로 세상을 떠났습니다.

제 25 대
철종

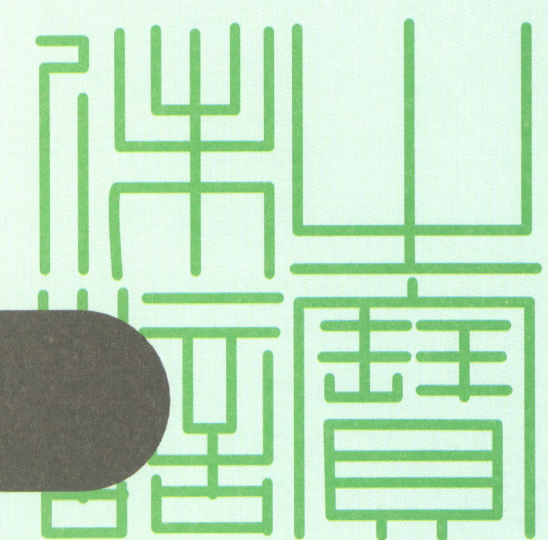

(1831~1863년)
재위 : 1849~1863년

정조의 동생 은언군의 손자입니다. 이름은 변, 호는 대용재입니다.
　은언군은 천주교를 믿어 헌종 때에 죽고, 철종도 강화도에서 귀양살이를 했습니다. 헌종은 자식이 없었기 때문에 안동 김씨 무리는 철종을 데리고 왔습니다. 철종은 열아홉 살이 되는 1849년 6월 조선의 스물다섯 번째 왕이 되었습니다.
　철종이 나이가 어리고 시골에서 농사를 지으며 살았기 때문에 순조의 왕비인 대왕 대비 순원 왕후가 수렴 청정을 했습니다.
　수렴 청정 이후 철종은 백성들의 생활에 큰 관심을 가졌습니다. 그러나 김씨 세력의 횡포가 심해 정치를 제대로 하지 못했습니다.
　탐관 오리들이 백성들을 괴롭히자 곳곳에서 민란이 일어났고, 최제우가 동학을 세워 민심을 모았습니다. 철종은 정치를 포기하고 술과 여자에 빠져들다가 1863년 12월 33살의 젊은 나이로 숨을 거두었습니다.

 진주민란과 동학

안동 김씨의 세도 정치는 철종 때 극에 달한 듯했습니다. 철종이 김문근의 딸을 왕비로 맞아들이자, 김문근이 임금의 장인으로서 세도를 부리니 차마 눈 뜨고는 못 볼 지경이었습니다.

순조의 장인인 김조순의 셋째 아들 김좌근은 나라일을 마음대로 처리하는 등 10여 년 동안 온갖 세도를 다 부렸습니다. 특히 그의 애첩인 나주 기생 양씨는 김좌근의 세도를 등에 업고는 조정 대신들의 인사권을 함부로 주물렀습니다.

나라의 기둥 뿌리가 썩을 정도로 부패한 정치 때문에 백성들은 몹시 굶주렸습니다.

관리들은 자기 배를 채우느라 백성들의 고충은 아랑곳하지도 않았습니다. 민심이 날로 흉흉해져 갔습니다.

특히 경상 우도 백낙신의 횡포는 백성들의 분노를 사기에 충분

했습니다. 농민들을 착취하여 모은 재산이 곳간에 넘쳐나는데도, 세금을 더 내야 한다며 끼니도 잇지 못하는 진주 사람들을 들볶았습니다.

백낙신의 처사는 어지러운 조정에 반감을 가진 백성들에게 불을 붙이는 격이었습니다.

1862년의 어느 날, 성난 백성들은 백낙신이 있는 진주 병영으로 쳐들어갔습니다.

"돈밖에 모르는 탐관 오리를 때려 잡자!"

진주 병영은 순식간에 아수라장이 되었습니다. 백성들은 곳간으로 들어가 식량을 나누어 가졌습니다. 이 일로 백낙신은 귀양을 가게 되었습니다.

백성들이 들고 일어난 곳은 진주뿐이 아니었습니다.

경상, 충청, 전라, 황해, 함경 등 5도와 경기도 광주에서 수십 차례에 걸쳐 민란이 일어났습니다.

조선 팔도 고을마다 민란이 일어나지 않은 곳이 없었습니다.

이 무렵 의지할 데 없는 백성들의 마음을 사로잡는 새 종교가 등장했습니다.

그것은 동학이라는 것이었는데, 경주 사람 최제우가 일으킨 새 종교였습니다.

"사람은 곧 하늘입니다. 사람을 위하는 일은 하늘을 위하는 것

과 같습니다. 하늘과 같은 사람은 차별이 없어야 합니다. 모두가 평등해야 합니다."

이것이 새로운 종교 동학의 주장이었습니다.

1860년 4월, 철종이 즉위한 지 11년째 되던 해였습니다.

동학이라는 이름은 서양의 종교인 천주교에 반하여 동방에서 인간의 도를 일으킨다는 뜻으로 지은 것이었습니다.

가난한 농민들과 몰락한 양반들은 동학의 이런 사상에 빠져들

풍남문(전주시에 있는 옛 전주읍성의 남문으로 동학 교도들이 점령했던 곳. 보물 제308호)

지 않을 수 없었습니다.

동학 교도가 날로 늘어가자 조정에서는 보고만 있을 수가 없었습니다.

"최제우라는 자가 이상한 종교로서 백성들을 현혹시킨다고 하옵니다."

"장차 임금의 자리까지도 노릴지 모를 일입니다. 백성들이 그의 말이라면 무조건 믿게 만들고 있다 하옵니다."

최제우(1824~1864)

철종은 최제우를 잡아들이라고 했습니다.

"세상을 어지럽게 하고 백성들을 현혹한 죄가 크니 최제우를 사형에 처하라!"

결국 최제우는 마흔 살의 나이로 처형당하고 말았습니다.

"훌륭하신 어른이 가 버리시다니!"

"세상을 어지럽히는 것이 어찌 우리라는 것이냐? 나라 벼슬아치들의 죄가 더 크다는 것을 모르느냐?"

백성들은 최제우의 죽음을 슬퍼하며 눈물을 흘렸습니다.

어려운 시기에 백성들의 지주가 되어 주었던 동학은 최제우의 죽음으로 잠시 주춤하였으나, 최시형이 그의 뒤를 이었습니다.

조정의 모함을 받을 것을 미리 안 최제우가 최시형을 제 2대 교주로 삼아 놓았던 것입니다.

최제우의 죽음은 결코 헛되지 않고 동학은 관리들의 눈을 피해 점점 더 커가기 시작했습니다.

최제우 유허비

재위 14년 만에 철종 또한 임금의 자리를 물려 줄 아들 하나 없이 세상을 떠나고 말았습니다.

풍속화

① 신윤복의 '단오 풍경'
② 김홍도의 '타작'
③ 신윤복의 '가얏고를 들으며 연꽃을 감상하다'

①

②

③

④ 김홍도의 '서당'
⑤ 신윤복의 '달밤의 연애'
⑥ 김득신의 '병아리를 채 가는 고양이'
⑦ 신윤복의 '미인도'

④

⑤

⑥

⑦

풍속화의 대가들

　풍속화는 일상 생활에서 소재를 찾아 그린 그림입니다.
　풍속화는 조선 시대에 이르러 다양하게 발전했으며, 조선 후기에 이르러 그 절정을 이루었습니다. 조선 전기만 해도 중국의 그림을 모방해야 진짜 그림으로 인정받을 수 있었습니다. 그러나 조선 후기부터 일반 백성들도 그림을 감상하는 데 관심을 가지게 되었고, 서민 의식이 발달하면서 소재도 주변에서 찾기 시작했습니다.
　백성들의 눈길을 끌 수 있었던 그림은 18세기 초부터 나타났습니다. 교훈적인 목적만이 아니라 일상 생활의 모습을 그대로 보여 주는 사실성과 개성을 살린 그림들로 단원 김홍도와 혜원 신윤복이 대표적인 화가였습니다. 김홍도는 솔직담백하고 재미있는 서민의 생활상을 많이 그렸습니다. 작품으로 '서당', '주막', '씨름', '빨래터', '담배 썰기', '집짓기' 등이 있습니다. 김홍도와 쌍벽을 이루는 풍속화가 혜원 신윤복은 김홍도와 달리 한량과 기녀들의 낭만적인 정경을 그렸습니다. '단오 풍경', '빨래터'를 비롯한 작품들을 보면, 그는 배경을 대단히 중요하게 생각해 당시의 옷차림, 머리꾸밈새뿐만 아니라 당시의 살림을 사실적으로 보여 줍니다.
　그 외에 김득신, 김준근, 장승업의 작품에서도 풍속화풍을 엿볼 수 있습니다. 그러나 생생한 생명력과 함께 강한 호소력을 가졌던 풍속화는 일제 강점기에 서양화가 들어오면서 급속히 사라졌습니다.

방랑 시인, 김삿갓

　방랑 시인 김삿갓은 조선 후기 유명한 시인으로 이름은 김병연입니다.
　김병연이 세상을 떠돌아다니면서 방랑을 하게 된 이유로 다음과 같은 사연이 전해 옵니다. 김병연의 할아버지 김익순은 평안도 선천 지방의 부사였는데, 홍경래의 난 때 관아로 쳐들어온 농민들에게 그만 항복을 하고 말았습니다. 그 사실이 조정에 알려지자, 김익순의 집을 멸족시키는 벌을 내렸습니다. 그 때, 김병연은 노비 한 사람의 도움을 얻어 형과 함께 피신해 겨우 죽음을 면할 수 있었습니다. 그 후 조정에서 다시 벌을 가볍게 내려 김병연은 집으로 돌아올 수 있었습니다.
　후에 그는 과거에 응시하여 장원 급제를 했는데, 그 날의 시제가 평안도 선천 부사 김익순에 대한 평을 쓰는 것이었습니다. 김병연은 김익순이 누군지도 모르고 그를 조롱하는 글을 썼습니다. 나중에 어머니로부터 집안 내력을 전해 듣자 깊이 후회를 하고 조상을 욕되게 했다는 자책감으로 방랑의 길에 오르게 되었습니다. 김병연은 시대를 한탄하고 세태를 조롱하는 시를 지으며 산천을 떠돌아다녔습니다. 그리고 사람들은 그를 '김삿갓' 이라고 불렀습니다. 다음은 김삿갓이 지은 시입니다.

　스무 나무 아래 앉은 설운 나그네에게
　망할 놈의 마을에선 쉰밥 주더라
　인간에게 이런 일이 어찌 있는가
　내 집에 돌아가 설은밥을 먹느니만 못하다

역사 풀이

1. 중앙의 관리들이 서북 지방 사람들을 업신여긴 이유가 아닌 것은 무엇일까요?
   ① 서북 지방이 예전에 발해로 독립되어 있던 지역이어서
   ② 여진족의 지배를 받고 있어서
   ③ 강한 지방색으로 조선의 정권이 서북 사람들에게 넘어갈까 봐
   ④ 서북 지방 사람들의 자질과 능력이 부족해서

2. 서북 지방 사람들의 불만이 밖으로 드러난 사건은 무엇인가요?

   ....

3. 순조 때 조선 사회의 모습으로 바르지 않은 것을 고르세요.
   ① 신분 제도의 문란으로 양반 신분을 돈으로 사고 팔았다
   ② 안동 김씨 세력이 정권을 장악해서 나라가 혼란스러웠다
   ③ 천주교를 탄압하여 1801년 신유사옥이 일어났다
   ④ 세자가 죽은 후 풍양 조씨 세력이 정권을 잡았다

4. 우리 나라 최초의 신부는 누구인가요?
   ① 이승훈
   ② 김대건
   ③ 김정희
   ④ 이가환

5. 추사체의 독특한 필체를 남기고 금석학 연구로 이름을 떨친 사람은 누구인가요?

   ....

6. 동학의 뜻은 무엇이었나요?

   ....
   ....

7. 동학의 창시자는 누구인가요?
   ① 최제우
   ② 최시형
   ③ 전봉준
   ④ 홍경래

8. 동학이 주장하는 것이 아닌 것을 고르세요.
   ① 사람이 곧 하늘이다
   ② 사람은 모두 평등하다
   ③ 민족적, 사회적 성격을 지닌다
   ④ 조선의 모든 사람들의 호응을 얻었다

9. 일상 생활에서 소재를 찾아 그린 그림을 무엇이라고 하나요?

   ....

제 26 대
고종

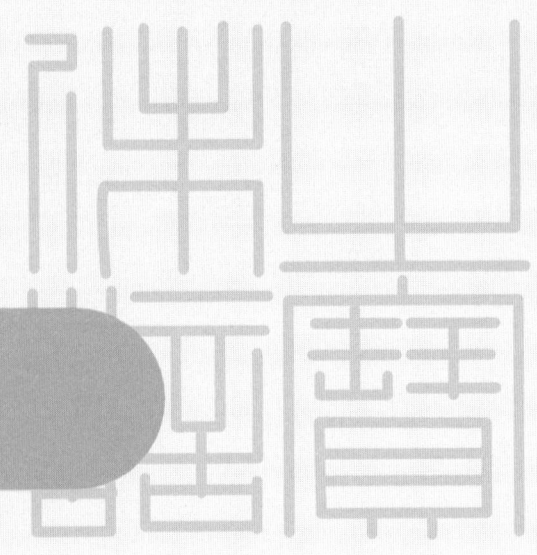

(1852~1919년)
재위 : 1863~1907년

흥선 대원군 이하응의 둘째 아들입니다. 이름은 희, 호는 주연입니다. 헌종의 어머니 신정 왕후 조씨에 의해 열두 살의 나이로 왕이 되었습니다. 10여 년 동안 흥선 대원군의 그늘에 가려 있다가 22살 되던 1873년부터 직접 나라를 다스렸습니다.

서구 열강들에게 조선의 문호를 개방하고, 1880년 신사 유람단을 일본에 파견했습니다. 1897년 8월 국호를 대한, 연호를 광무라고 고쳤습니다. 그러나 러·일 전쟁에서 승리한 일본의 간섭을 받기 시작했습니다. 고종은 1905년 한일 협정을 반대하여 1907년 헤이그 만국 평화 회의에 이준 등을 통해 한일 협정의 부당성을 알리려고 했습니다. 그러나 일본의 방해로 실패하고 일본의 강요로 황태자 순종에게 왕위를 물려주었습니다.

고종은 태황제라는 칭호를 받고 덕수궁에서 살다가, 1919년 1월 일본의 계략으로 독살당했습니다.

 흥선 대원군 이하응

철종이 병들어 자리에 눕자, 어의들이 나서서 병을 고쳐 보려고 갖은 애를 다 써 보았지만 허사였습니다. 철종의 병세는 날로 악화되기만 했습니다.

철종에게는 아들 다섯과 딸이 여섯 있었지만, 모두 어려서 죽고 그 중 딸 하나만 살아 있어서 마땅한 계승자가 없었습니다.

그 당시 왕족으로서 가난하고 보잘것 없는 살림을 하고 있던 이하응은 영조의 현손인 자신의 아들이 임금의 자리에 올라야 한다고 생각했습니다.

'왕족인 우리 집안에서 임금이 나오는 것이 백 번 옳은 일이지.'

이하응은 이번 기회에 안동 김씨의 세력을 뿌리뽑으려 했습니다. 그러려면 우선 당시 세력을 쥐고 있던 조 대비의 허락을 얻

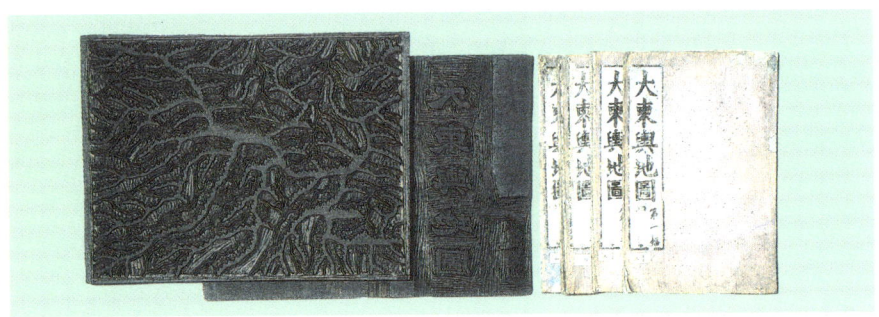

대동여지도와 목판

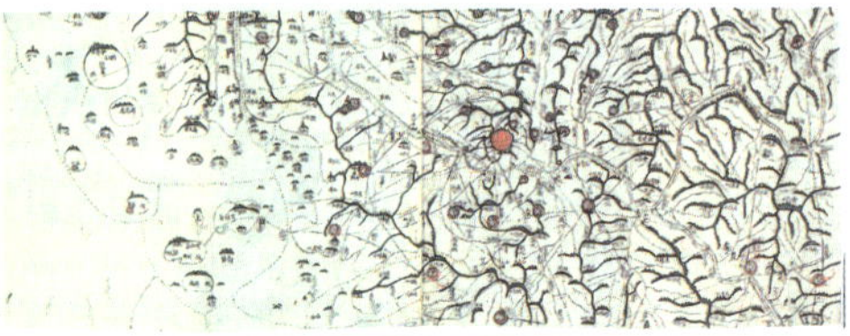

서울과 근교

대동여지도(1861년, 근대 지리학이 나오기 이전 우리 나라의 지도 가운데에서도 가장 과학적이면서 정밀한 작품. 함경도 일부를 제외하고 지금의 지도와 거의 같음. 철종 12년에 김정호가 제작함. 보물 제850호)

어야 했습니다. 이하응은 어떻게 하면 조 대비를 만나 자신의 아들을 왕의 자리에 오르게 할까 고민이었습니다.

이하응은 안동 김씨의 견제 대상이 되지 않도록 별난 행동을 하면서 기회만을 엿보고 있었습니다.

그러던 어느 날이었습니다.

선왕의 묘소에서 제를 치르던 이하응이 억수같이 쏟아지는 비를 피하고 있었습니다.

"이게 누구십니까? 흥선군께서 능이나 지키고 계시다니요. 비가 그치면 우리 집에 가서 술이나 한잔 하시지요."

참봉 이호준이 지나가다 이하응을 보고 반기며 말했습니다. 이호준의 집에 술상을 마주하고 앉은 두 사람이 이런 저런 얘기를 나누던 중, 이하응은 이호준이 풍양 조씨와 사친간이라는 사실을 알게 되었습니다. 이하응은 마음이 급해졌습니다.

"풍양 조씨와 사친간이라면 조 대비와 사돈지간이란 말인가?"

"그렇습니다. 조 대비의 친정 조카인 조성하는 저의 사위 되는 사람입지요. 모르셨소이까?"

이하응은 이호준에게 바짝 다가가 앉았습니다.

"그렇다면 조 대비를 만날 수도 있다는 말씀이시오?"

"제 사위는 조 대비전에 마음대로 드나들지요. 무슨 볼일이라도 있으신지요?"

이하응은 속으로 기뻐서 어쩔 줄을 몰랐습니다. 드디어 조 대비를 만날 수 있게 된 것이었습니다.

이하응은 이호준과 친밀한 관계를 유지하면서 조 대비를 만날 마음의 준비를 하고 있었습니다.

한편 조 대비 또한 임금의 자리를 놓고 나름대로 생각하는 바가 있었습니다. 안동 김씨를 누르려면 이하응 같은 인물이 필요하다고 생각했던 것입니다.

드디어 철종의 병세가 악화되어 세상을 떠나자, 미리 옥새를 챙겨 두었던 조 대비는 대신들을 불러모았습니다.

"누가 왕위를 잇는 것이 좋을지 의견들을 내놓아 보시오."

조 대비가 이런 이야기를 할 것이라고 미처 생각지 못했던 대신들은 서로 눈치만 보며 말 없이 앉아 있었습니다.

그러자 조 대비가 다시 말을 이었습니다.

"한시가 급한 일인데 경들이

고종

아무 말도 하지 않으니, 부득이하게 내 생각을 말해야겠소. 흥선군 이하응의 아들에게 왕실의 대를 잇게 하는 것이 어떨는지……."

대신들은 깜짝 놀라 서로 쳐다보았습니다.

"대비마마! 하오나……."

하지만 이미 모든 결정권은 조 대비에게 있었습니다. 대신들은 어쩔 수 없이 조 대비의 결정에 따라야 했습니다.

이리하여 이하응의 둘째 아들이 철종의 뒤를 이어 왕위에 오르게 되었습니다.

'이제 이하응의 아들이 임금이 되면 안동 김씨의 시대는 간 것이나 다름이 없다…….'

조 대비는 회심의 미소를 지었습니다.

마당에서 연날리기를 하던 이하응의 둘째 아들 명복은 영접관의 절을 받고 깜짝 놀랐습니다.

"대비마마의 명으로 모시러 왔사옵니다."

대궐로 들어온 명복은 궁궐의 화려함에 눈이 동그래졌습니다. 명복이 입궐했다는 소식을 들은 조 대비가 달려와 말했습니다.

"이제부터는 이 나라의 임금이시자, 이 대비의 아들이라는 점을 명심하십시오."

조 대비는 명복의 작은 손을 잡아 옥좌에 앉혔습니다. 그리고 대신들을 불러모았습니다.

"내가 수렴 청정을 할 것이나 혼자 힘으로 벅차다 여겨 이하응 대감을 대원군으로 봉하여 나라일을 돌보게 할 것이니 그리들 아시오."

새 임금 앞에 모두들 고개를 조아렸습니다.

그런데 열두 살의 어린 임금을 돌본다는 구실로 정작 실세를 쥐게 된 것은 흥선 대원군이었습니다. 흥선 대원군은 왕권을 튼튼하게 하고 한창 커지고 있던 외세의 위협에서 나라를 지킨다는 명목으로 여러 가지 개혁 정치를 실시했습니다.

양반에게도 세금을 내게 했으며, 유생들의 목소리가 커지는 것을 막기 위해 서원을 없애 버렸습니다. 유생을 비롯한 양반들의 반대가 심했지만 흥선 대원군의 개혁은 계속되었습니다.

흥선 대원군

임진왜란 때 불타 버린 경복궁을 다시 짓도록 했으며, 천주교를 박해했습니다. 이 무렵에는 조선의 백성 중 2만 명이 넘는 사람들이 12명의 신부들에 의해 신자가 되어 있었습니다. 병인년 새해에 흥선 대원군은 천주교 신자들을 모아 놓고 말했습니다.

"지금이라도 천주교를 버리면 목숨만은 살려 주겠다."

하지만 교인들의 믿음은 확고했습니다. 교인들이 끝까지 버티자 흥선 대원군은 명령을 내렸습니다.

"천주교 신자들을 모조리 잡아 죽여라!"

이로써 수천 명의 천주교 신자들이 사형에 처해졌습니다. 병인년에 있었던 이 천주교 신자들의 박해를 병인박해라고 합니다.

같은 해 3월 어느 날, 병인박해에서 살아 남은 프랑스 신부 리델이 나무배를 타고 청나라로 향했습니다.

그리고 톈진에 도착해 프랑스 정부에 병인박해에 대해 낱낱이 알렸습니다.

이에 프랑스 정부는 로즈 제독으로 하여금 조선을 공격하게 했습니다. 하지만 상선이었던 셔먼 호에는 총 외에는 신통한 무기

강화도 입구를 지키는 문수 산성(병인 양요 때 프랑스 군대와 치열한 격전을 치른 곳, 사적 제139호)

333

흥선 대원군 이하응

가 없었습니다. 반면에 박규수를 앞세운 조선의 군사들은 활과 총을 함께 쏘아대며 목숨을 걸고 맞서 싸웠습니다.

결국 제너럴 셔먼 호를 이끌고 온 로즈 제독의 군사들은 조선군에게 패하고 말았습니다.

그러자 1871년 미국에서 국서가 날아들었습니다. 프랑스 배인 셔먼 호 사건을 가지고 회담을 열자는 것이었습니다.

흥선 대원군은 코웃음을 쳤습니다.

"먼저 쳐들어온 사람이 누군데 우리에게 회담을 하자고? 무슨 할 말이 있어서 회담을 한다더냐!"

그러자 미국이 군함 5척을 이끌고 남양만으로 쳐들어왔습니다. 치열한 싸움이 시작되었습니다. 조선군들은 패하기만 했습니다.

사실 미국은 조선과 싸우려는 목적보다는 셔먼 호를 빌미 삼아 조선과 교역을 하려던 것이었습니다.

"서양 오랑캐가 쳐들어왔는데도 싸우지 않으면 그들과 친교하는 것이오. 이는 곧

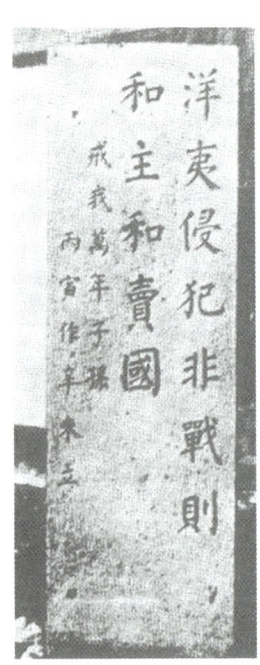

척화비

나라를 팔아 먹는 짓이오."

대원군은 그 후 이런 내용의 척화비를 팔도에 세웠습니다.

또한 정조 때와 같이 당색과 문벌을 떠나 인재를 고루 등용하는가 하면 양반과 토호의 면세 전결을 조사하여 국가 재산을 늘였습니다.

복식 제도를 간소화하고 군포세를 호포세로 변경하여 양반도 세금을 부담하도록 하였습니다. 양반들의 비난이 거세었지만 왕권이 강화되었고 국가 재정은 튼튼해졌습니다.

 강화도 조약

흥선 대원군의 힘이 막강해지자 궁궐 안에서는 그를 몰아내려는 세력이 움트고 있었는데, 이는 다름 아닌 며느리 민비로부터 비롯된 것이었습니다.

일찍부터 외척들의 세도에 진저리가 난 흥선 대원군은 자기 부인의 먼 친척붙이를 고종의 왕비로 맞았는데, 그가 바로 민비였습니다.

민비는 남달리 재주가 있고 슬기로웠고, 흥선 대원군의 말을 다소곳이 따르기에는 지나칠 정도로 똑똑한 여자였습니다.

흥선 대원군과 민비 사이는 눈에 띄지 않게 점점 벌어져 갔습니다.

고종의 나이 스무 살이 되던 해 어느 날, 민비가 고종에게 말했습니다.

"언제까지 나라의 일을 아버님께 맡기시려고 합니까? 이제는 전하께서 직접 나라를 다스리실 때가 아니옵니까?"

고종이 거처했던 궁궐 덕수궁 전경(사적 제124호)

조선 왕조 500년

민비의 말에 고종 역시 느낀 바가 있어 1873년 11월 드디어 자신이 직접 나라를 다스리겠다고 나섰습니다. 고종이 스스로 나라의 일을 보면서 조정은 완전히 민씨 일가의 세상이 되었던 것입니다.

민비가 나서면서부터 흥선 대원군은 점점 세력을 잃어 갔습니다. 고종이 나라의 일을 보는 듯했지만, 실제로는 민비가 정권을 잡고 있었던 것입니다.

한편 그 당시 일본은 우리 나라와는 달리 서양 문물을 일찍 받아들여 아시아에서 가장 힘 있는 나라가 되었습니다.

일본은 끊임없이 우리 나라를 넘보았습니다. 군함 2척을 끌고 와 말썽을 부리다가 흥선 대원군에게 혼이 나고 돌아간 적도 있었습니다.

그런데 흥선 대원군이 실제 정권에서 물러나고 민씨네가 세력

명성 황후 민비

강화도 조약

을 잡자 일본은 더욱 노골적으로 조선에 접근해 왔습니다.
　일본은 군함 5척을 끌고 와 우리 해안을 멋대로 누비고 다니더니 나중에는 운요 호로 강화도 앞바다를 기웃거렸습니다.
　일본군은 새벽이 되자, 초지진에 대포를 쏘아대 쑥대밭으로 만들었습니다. 우리도 이에 맞서 대포를 쏘기는 했으나, 성능이 뒤

초지진(강화군 길상면 초지리에 해안선을 지키기 위해 설치한 진. 사적 제225호, 고종 8년 로저스 중장이 침입하여 함락됨.)

떨어져 초지진은 잠깐 동안 쑥대밭이 되었습니다. 그런데도 우리 조정은 제대로 항의나 보복도 하지 못했습니다.

일본은 그것을 틈타 다시 부산 왜관에 물자를 보낸다는 구실로 군함 3척을 끌고 부산 앞바다에 나타났습니다.

이듬해에는 강화도로 군함을 몰고 와 회담을 하자는 요구를 하였습니다.

"우리는 조선이 운요 호에 대포를 쏜 일을 따지려고 온 것이오. 조선은 어서 회담에 응하시오. 그렇지 않으면 한성을 칠 것이오."

조정 대신들은 선뜻 결정을 내리지 못하고 있었으나, 민비가 나서 회담이 이루어졌습니다.

일본은 치밀하게 계획한 운요 호 사건을 일으킨 뒤 우리 나라 조정에 사건의 책임과 사죄를 강요했습니다.

"어서 조약을 맺읍시다."

우리 조정은 제대로 주장을 내세우지도 못하고 일본과 강화도 조약을 맺었습니다.

이 조약은 일본을 위해 조선의 항구를 열고, 조선의 해안 형태와 수심을 일본이 재고, 조선에 사는 일본인은 죄를 지어도 조선 법에 따르지 않는다는 등의 내용으로 일본에게만 이롭도록 되어 있는 굴욕스러운 조약이었습니다.

강화도 조약은 우리 나라 최초의 근대적인 조약이기는 했으나 일본의 강압으로 맺어진 불평등 조약이었습니다.

어쨌든 이 조약을 맺음으로써 흥선 대원군이 굳게 잠가 두었던 나라의 문이 활짝 열리고 일본을 비롯한 서구 열강의 문물을 받아들이게 되었습니다.

임오군란

강화도 조약을 맺은 뒤 일본은 여러 가지로 조선의 일에 간섭을 했습니다. 그 중 하나로 일본에 수신사를 보내어 새로운 문물을 받아들이라고 했습니다.

그에 따라 고종은 김기수를 수신사로 하는 몇 명의 관리들을 일본에 보냈습니다.

일본에 다녀온 김기수는 고종에게 보고서를 올렸고, 그것을 통해 일본의 신식 문명을 알게 된 고종은 나라의 틀을 고쳐 나갔습니다.

군사 제도도 바꾸었는데 별기군이라는 신식 군대를 따로 두고 새로운 훈련을 시켰습니다.

이 별기군은 구식 군대인 무위영과 장어영과는 전혀 다른 대우를 받았습니다. 봉급도 훨씬 많이 받았으며 군복도 좋은 것을 입었습니다.

이와는 달리 구식 군대에게는 적은 봉급조차 제때 나오지 않아 몇 달치의 봉급을 받지 못한 상태였습니다. 그렇게 되고 보니 구식 군사들의 불만이 높아갈 수밖에 없었습니다.

임오년인 1882년 6월, 구식 군사들에게 봉급을 준다는 방이 나붙었습니다. 그런데 밀린 봉급을 다 주는 것이 아니라 겨우 한 달치 봉급을 쌀로 준다는 것이었습니다.

'뭐라고, 1년 넘게 봉급을 미루고 안 주더니 겨우 한 달치 봉급을 준다는 거야?'

대부분의 구식 군사들은 분통을 터뜨렸습니다. 하지만 당장 생활이 어렵다 보니 어쩔 수 없이 봉

별기군이 설치되기 전 구식 군대의 복장

임오군란

신식 군대인 별기군의 복장

급을 받아야 했습니다.

그런데 막상 봉급을 받고 보니, 쌀에 모래가 절반이나 섞여 있었습니다.

"이걸 우리더러 먹으라는 거냐? 도대체 우리를 어떻게 보고 이러는 거야, 이 망할 놈들!"

마침내 구식 군사들의 쌓였던 울분이 터졌습니다. 봉급을 나누어 주던 곳간지기에게 발길질과 주먹질이 쏟아지고, 돌을 던지는 사람도 있었습니다.

그런데 일은 여기서 끝나지 않았습니다.

이튿날 아침, 소란을 피운 구식 군사 몇 명이 포도청에 잡혀 가 죽도록 매를 맞았다는 사실이 알려지자, 구식 군사들은 울분을 참지 못하고 들고 일어섰습니다.

그들은 먼저 상관인 민겸호의 집으로 쳐들어가 호화로운 세간살이를 전부 때려부수었습니다.

그리고는 병영 안의 무기고로 들이닥쳐 총을 꺼낸 뒤 바로 포도청으로 달려갔습니다.

매맞은 동료들을 구한 구식 군사들은 다시 패를 나누어 일본 공사관에 불을 지르고, 별기군이 있는 군대로 가 일본 군관 몇 사람을 죽였습니다.

그런 다음 다시 모여 불길같이 대궐로 쳐들어가 궐 안을 난장판으로 만들었습니다.

"민비를 잡아야 한다."

모든 책임이 민비에게 있다고 생각한 구식 군사들은 궐 안을 샅샅이 뒤졌습니다.

이 사실을 미리 알고 있던 민비는 재빨리 늙은 궁녀 차림으로 바꾸어 입고 궐 밖으로 빠져 나왔습니다.

구식 군사들은 결국 민비를 찾지 못했습니다.

이 난리는 임오년에 일어났다고 해서 임오군란이라고 불립니다.

임오군란 후에 고종은 흥선 대원군을 불러 나라의 일을 보게 하였습니다.

흥선 대원군은 난리를 수습하고자 하였으나 구식 군사들은 쉽게 물러나지 않았습니다.

"민비를 없애기 전에는 절대 물러날 수 없소."

구식 군사들이 민비를 내놓으라며 흩어지지 않고 궐 안에 머물러 있자, 흥선 대원군은 하는 수 없이 민비의 옷가지를 관에 넣어 민비가 죽었다고 거짓으로 장례식을 올렸습니다.

구식 군사들은 그제서야 대궐을 내주고 흩어졌습니다.

이 때부터 흥선 대원군은 민씨네들이 만든 나라의 틀을 하나씩 바꾸어 나갔습니다. 흥선 대원군은 다시 권력을 잡은 듯했고, 대신들도 그의 뜻을 따랐습니다.

그러나 외부의 세력으로 인해 흥선 대원군의 시절도 오래 가지는 못했습니다. 일본과 청나라가 조선을 가만 두지 않았던 것입니다.

일본은 임오군란을 트집잡아 조선을 이용하려 하였고, 조선에 대한 야심을 떨치지 못한 청나라 역시 군사를 이끌고 온 것입니다. 이들은 감당하기 힘든 요구 조건을 내세웠습니다. 흥선 대원군은 이것을 거절하였습니다.

"흥선 대원군이 계속 집권하면 틀림없이 쇄국 정책을 펼 것이오. 그러니 그 늙은이를 하루빨리 없애는 것이 좋겠소."

일본과 청나라는 조선이 문호를 개방하는 것이 자기 나라에 유리하다고 판단되자 함께 일을 꾸몄습니다.

그런 사실을 모르고 있던 흥선 대원군은 며칠 뒤 청나라 장수 마건충의 초대를 받고 그의 군막으로 갔습니다.

"임오군란을 일으킨 게 대감이라면서요?"

마건충이 거만한 표정으로 묻자, 흥선 대원군은 몹시 기분이

상했습니다.

"아니? 그게 무슨 소리요?"

"난리가 나자마자 대감이 정권을 잡았지 않소이까."

"그건 고종의 청이 있었기 때문이오."

"어쨌든 우리 청나라 황제께서 크게 노하셨으니 함께 가서 용서를 비시오."

"내가 뭘 잘못했다고 용서를 빈단 말이오!"

흥선 대원군의 목소리가 높아졌습니다.

그 때 마건충이 신호를 보내자 청나라 군사들이 우르르 몰려와 대원군을 낚아챘습니다. 그 길로 흥선 대원군은 베이징으로 끌려 갔고 그 곳에서 감옥에 갇혀 3년을 보내야 했습니다.

청나라가 흥선 대원군을 볼모로 잡아 놓고 있을 동안 일본은 고종에게 강제로 조약을 맺게 했습니다. 이른바 제물포 조약이라는 것으로, 이 조약의 체결로 일본이 요구한 조건을 다 들어 준 셈이 되었습니다.

이어 궐 밖으로 피신했던 민비가 청나라 군사들

흥선 대원군의 묘

임오군란

의 호위를 받으며 기세 좋게 대궐로 돌아왔습니다.
 조정에서는 다시 민씨 일가가 판을 쳤습니다. 모든 것은 청나라와 일본을 등에 업었기 때문에 가능한 일이었습니다.

 태극기와 갑신정변

 제물포 조약에 따라 조선은 일본에 잘못을 비는 수신사를 보냈습니다.
 박영효를 선두로 김옥균, 홍영식, 서광범, 서재필 등이 한 배를 타고 일본으로 가고 있었습니다. 이들은 모두 개화에 눈뜬 20살 안팎의 젊은이들이었습니다.
 바람을 쐬러 갑판에 나간 박영효는 문득 바닷바람에 펄럭이는 일본 국기를 보게 되었습니다.
 '우리 나라도 국기가 있어야 하는데…….'
 선실로 내려온 박영효는 종이와 붓을 꺼내어 우리 나라의 국기를 그리기 시작했습니다.
 먼저 우주 만물을 가리키는 태극을 종이 한가운데에 그려 보았

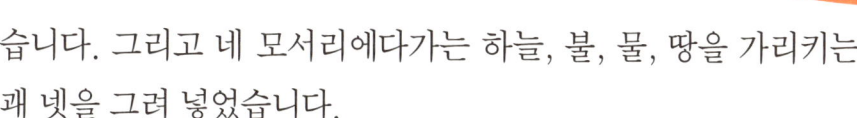

습니다. 그리고 네 모서리에다가는 하늘, 불, 물, 땅을 가리키는 괘 넷을 그려 넣었습니다.

다 그려 놓고 보니 박영효의 마음에 들었습니다. 박영효는 일본에 내리자마자 태극기를 여러 장 만들어 일행에게 나누어 주었습니다.

오늘날 우리 나라를 상징하는 태극기는 이렇게 해서 생겨난 것입니다.

수신사 일행이 일본에 다녀온 뒤, 조정의 대신들은 두 파로 나뉘었습니다.

일본에 갔던 일행들은 일본의 도움으로 신식으로 개화를 하자는 개화당이 되었고, 김홍집, 어윤중, 김윤식, 민영익 등은 청나라를 등에 업고 나라의 힘을 키우려는 수구당이 되었습니다.

그러나 민비가 수구당의 편을 들었기 때문에 개화당보다는 수구당의 세력이 더 강했습니다.

개화당의 일원 중 그 우두머리라 할 수 있는 김옥균은 빼어난 문장가일 뿐 아니라 슬기롭고 올곧아서 고종이 아끼는 인물이기도 했습니다. 개화당이 고종의 지지를 받으며 그 세력을 키워 나가자 수구당과는 사사건건 시비가 붙었습니다.

이 때를 기다렸다는 듯이 일본 공사 다케조에가 개화당의 김옥균에게 접근해 왔습니다.

태극기(김구가 안창호의 부인 이혜련 여사에게 보낸 친필 서명 태극기임.)

"조선의 개혁을 위해 일한다니, 우리 일본도 돕고 싶소."

"나는 일본 사람들을 믿지 않소이다!"

김옥균의 단호한 말에 다케조에는 당황했지만, 애써 참고 얼굴에 미소를 띠었습니다.

"이번 한 번만 믿어 보시오."

다케조에는 다케조에대로 조선에 들어와 일본을 위협하는 청나라의 세력을 없앨 속셈이었습니다. 그런 상황에서 조선에서 이용할 만한 세력이 필요했고 개화당이 선택된 것이었습니다.

　김옥균도 나름대로 조선의 개화를 위해서는 일본의 힘이 필요하다고 판단해 두 사람은 손을 잡기로 했습니다.

　그로부터 일 주일 후, 느닷없는 대포 소리가 장안을 뒤흔들었습니다.

　"도대체 무슨 일이냐!"

　놀란 고종이 소리쳤습니다. 놀라기는 김옥균도 마찬가지였습니다. 알고 보니 일본군이 남산 밑에서 군사 훈련을 하면서 내는 소리였습니다.

　"중대한 일을 앞두고서 이게 무슨 일이오?"

　부리나케 다케조에를 찾아간 김옥균이 캐물었습니다. 하지만 다케조에는 말없이 빙글빙글 웃기만 하는 것이었습니다. 다시 궁궐로 돌아온 김옥균은 고종에게 아뢰었습니다.

　"전하, 청나라의 세력이 커지기 전에 일본의 도움을 받아 나라를 일으키심이 옳은 줄로

개화당의 지도자 김옥균

우정국(조선 말기 관청으로 1884년 설치. 국내의 우편 사무를 취급하였으나 갑신정변이 일어나자 폐지됨.)

아옵니다."
"공의 생각이 그렇다면 알아서 하시오."
김옥균은 고종으로부터 비표를 받았습니다. 그것은 일이 생길 때 권한을 가지고 명령할 수 있다는 징표였습니다.

1884년 우리 나라 최초의 우체국인 우정국이 문을 여는 날이었습니다. 이 날 우정국 청사에서는 한바탕 잔치가 열릴 예정이었습니다.

개화당은 수구당을 없애기 위한 만반의 준비를 갖추고 청사에 하나 둘씩 모습을 나타냈습니다. 저녁 7시가 되자 사람들이 모여들었습니다.

개화당은 8시 정각에 별궁에서 불이 치솟는 것을 신호로 일을 벌이기로 했습니다. 하지만 불길이 솟은 곳은 청사 옆 민가였습니다. 갑자기 연회장이 소란해졌습니다.

이 때 수구당의 우두머리인 민영익이 피투성이가 되어 뛰쳐들

어와 바닥에 쓰러졌습니다.

김옥균은 재빨리 고종에게 달려갔습니다.

"전하, 청나라 군사들이 난리를 일으켰습니다."

고종에게 거짓말로 둘러대고 다시 돌아온 김옥균은 자객들을 시켜 수구당의 목을 베어 죽였습니다. 개화당은 할 일을 다한 것 같았습니다. 그러나 단 한 명 수구당의 우두머리인 민영익은 죽지 않고 살아 있었습니다.

가까스로 위기를 모면한 민영익은 이 사실을 고종에게 알렸습니다. 김옥균에게 배신감을 느낀 고종은 민비와 함께 창덕궁으

미국 사절단(1883년 한국인 선교사가 처음으로 미국을 방문함.)

로 들어가 버렸습니다.

　민영익의 전갈을 받은 청나라가 군사를 보내자 개화당은 위기에 몰렸습니다. 고종도 고개를 돌려 싸움은 질 게 뻔했습니다. 개화당은 일본으로 도망을 치기로 했습니다.

　이로써 개화당은 갑신정변에 실패하고 일본으로 망명해 버렸습니다.

 동학 농민 운동과 갑오개혁

　갑신정변 후 조정은 여러 나라와 교류를 트게 되었습니다. 그러나 우리보다 강한 나라들과의 교류였기 때문에 여러 면에서 많은 비용이 들었습니다.

　조정에서는 하는 수 없이 백성들에게 더 많은 세금을 걷어들이게 했습니다. 그러지 않아도 어려운 형편이었던 백성들은 세금을 내느라 살림살이를 다 바치고, 그것도 안 되면 빚까지 지는 형편이 되었습니다.

　일본 상인들은 이를 이용해 조선 백성들에게 돈을 꾸어 주고

높은 이자를 받았습니다. 돈을 갚지 못하는 사람들에게서는 쌀을 가져갔습니다. 자기 나라에서 물건을 싸게 사다가 조선 농민들에게 비싸게 파는 일본 상인들이 대부분이었습니다.

거기다 가뭄에 홍수까지 겹쳐 농사까지 망친 백성들은 거지가 되거나 떼도둑이 되고 말았습니다.

그렇게 되자 한때 잠잠했던 민란이 다시 일어나기 시작했습니다.

한편 최제우의 뒤를 이어 동학의 교주가 된 최시형은 온갖 위

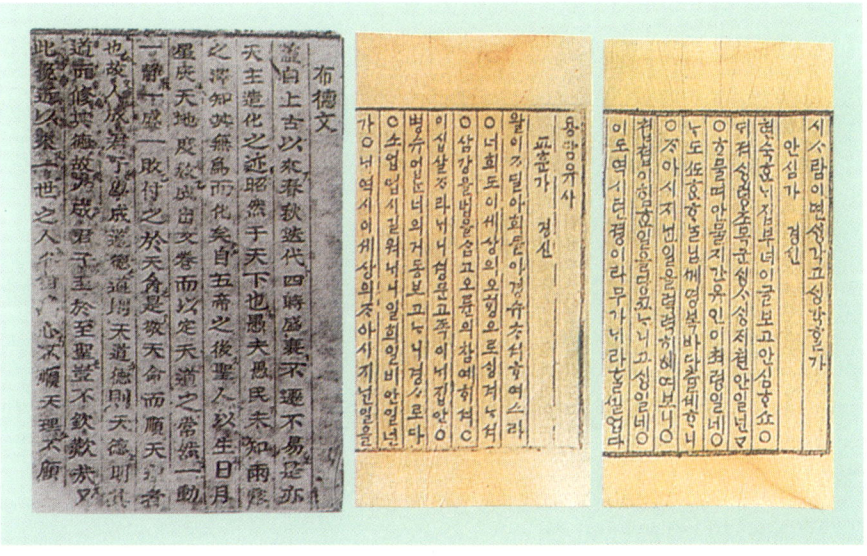

동학경전 〈동경대전〉의 포덕문과 〈용담유사〉의 교훈가·안심가(천도교 경전으로 최제우가 쓴 것.)

협을 무릅쓰고 동학을 전파시켜 나갔습니다.

그는 억울하게 죽은 최제우의 죄명을 벗기기 위해 신원 운동에 나섰으며 고종에게 직접 상소를 올리기도 하고 신도들과 함께 모여 항의를 하기도 했습니다.

이 즈음 전라도에서는 고부 군수 조병갑이라는 새 군수가 부임해 왔습니다.

동학의 제 2대 교주인 최시형

조병갑은 부임하자마자 백성들의 재물을 빼앗을 궁리부터 했습니다.

'어떻게 하면 더 많이 세금을 거둘 수가 있을까?'

조병갑은 못된 꾀를 궁리해 냈습니다.

"세금을 받지 않을 테니 버려진 땅을 찾아 농사를 짓도록 해라."

조병갑의 속마음을 알 길이 없는 백성들은 너도 나도 버려진 땅을 찾아 내어 농사를 지었습니다.

"훌륭하신 군수님이셔."

"아무렴, 이제까지의 사또들에 비하면 정말 뜻이 깊으신 분이시지."

백성들은 모두 내 땅이다 생각하며 열심히 농사를 지었습니다.

그런데 농사를 다 지어 놓자 조병갑은 그제서야 속셈을 드러냈습니다.

"나라의 땅을 갈아 부쳤으니 세금을 내놓아라. 만약 듣지 않으면 가만두지 않겠다."

백성들은 기가 막혔습니다. 그리고 또다시 자신들을 속인 관리들의 횡포에 치를 떨었습니다.

"제발 먹을 것이라도 남겨 주십시오."

"저리 비키지 못해? 공짜로 땅을 부쳤으면 당연히 세금을 내야지, 무슨 말이 이렇게 많아?"

백성들에게 거두어들인 세금은 모조리 조병갑의 개인 창고로

동학을 진압하기 위해 조선으로 온 청나라 군사들

들어갔습니다. 조병갑의 못된 짓은 날이 갈수록 심해졌습니다. 심지어 아무나 붙들어다가 없는 죄를 뒤집어씌워 돈을 뜯어 내기도 했습니다.

조병갑은 디룩디룩 살이 쪄갔고, 백성들은 굶주림으로 날로 야위어만 갔습니다. 일이 이 지경까지 되자 백성들은 더 이상 두고 볼 수만 없었습니다. 고부 농민들은 우선 군수의 마음을 돌려 보려 군청으로 찾아가서 간곡하게 호소했습니다.

"제발 세금이라도 줄여 주십시오."

"흉년이 들 때만이라도 세금을 면해 주십시오, 나리."

그러나 조병갑은 백성들의 호소를 들어주기는커녕, 오히려 찾아온 사람들에게 곤장을 내렸습니다.

"감히 네 놈들이 내게 이래라 저래라 하는 것이냐?"

해를 넘기고 1893년이 되자, 조병갑은 백성들에게 또 다른 속임수를 내놓았습니다.

"만석보 밑에 새 저수지를 만들려 하니 모두 나와서 부역을 하도록 하라. 그러면 물세만은 받지 않겠다."

만석보는 고부에 있는 큰 저수지였습니다. 이 만석보 덕으로 백성들은 아무리 가물어도 끄떡없이 농사를 지어 왔습니다.

무슨 꿍꿍이속으로 만석보 밑에 새 저수지를 만들려고 하는지, 군민들은 도무지 이해가 가지 않았지만 나라에서 시키는 부역인

만큼 아무 소리 하지 못하고 일을 하러 갔습니다.

마침내 새 저수지가 만들어졌습니다. 농민들은 그 물을 대어 농사를 짓지 않을 수 없었습니다. 새 저수지의 물이 곧 만석보의 물이었기 때문이었습니다.

그런데 조병갑이 물세를 내라며 억지를 부렸습니다.

"우리는 물세를 낼 수 없소. 처음 했던 약속과 다르지 않소?"

그러나 조병갑은 막무가내로 물세를 받아 갔습니다. 백성들도 더 이상 참을 수가 없었습니다. 농민들도 분이 오를 만큼 올랐기 때문이었습니다.

이 때 동학 접주인 전봉준이 농민들 앞에 나섰습니다.

전봉준은 시골에 묻혀 훈장 노릇을 하고 있던 사람인데, 일찍부터 어떻게 사는 것이 사람답게 사는 것인가에 대해 많은 생각을 하고 있었습니다.

"썩은 벼슬아치 밑에서 고통만 당하고 있을 수는 없소. 이들을 몰아내고 나라를 바로 세웁시다!"

그가 힘을 합쳐 못된 군수를 몰아내자고 외치자 삽시간에 농민들이 말목 장터로 몰려들었습니다. 이들은 모두 머리에 흰 수건을 두르고, 손에 손에 몽둥이·대창·괭이·삽 같은 것을 들고 있었습니다.

매서운 북풍이 몰아치는 1894년 1월, 이들은 전봉준을 따라 고부 읍내로 힘차게 내달았습니다.

전봉준과 그를 따르는 농민들은 먼저 군아의 무기고로 쳐들어가 무기를 빼앗고 조병갑을 찾아갔습니다.

"조병갑을 찾아라."

"내가 이 놈을 먼저 찾아 오늘 내 한을 풀리라."

농민들은 눈에 불을 켜고 조병갑을 찾으러 다녔습니다.

그런데 군아 안을 아무리 뒤져도 조병갑의 모습은 보이지 않았습니다. 미리 소문을 듣고 어느 새 뒷문으로 빠져 나간 것이었습니다.

비록 조병갑을 잡지 못했지만, 전봉준은 그 집안에 있는 곡식들을 모두 풀어 가난한 백성들에게 모두 나누어 주었습니다.

그런 다음 전봉준은 농민들을 이끌고 만석보로 가서 새 저수지를 무너뜨렸습니다.

그 후 전봉준은 여러 고을의 동학 접주들과 힘을 합하여 1만 명에 가까운 농민들을 이끌고 산으로 갔습니다.

"이 나라의 벼슬아치라는 자들은 하나같이 썩지 않은 자가 없소. 이들을 몰아 내고 나라를 바로 세웁시다! 모두 목숨을 버릴 각오를 하시오."

"이제 참을만큼 참았소. 이왕 시작한 일이니 끝까지 함께 하겠소. 내 자식들이라도 편하게 살도록 만들어 주어야 하지 않겠소?"

그들은 백성들을 괴롭히는 벼슬아치들이 있는 고을부터 치기 시작했습니다.

그렇게 싸움을 시작한 지 얼마 되지 않아, 전라도 땅은 거의 농민들의 손에 들어갔습니다. 전봉준은 마지막으로 한성으로 쳐올라가 조정의 썩은 벼슬아치들을 몰아내고 나라의 기틀을 바로 잡으려 했습니다.

그러나 그것은 전봉준의 뜻대로 되지 않았습니다. 동학 세력끼리도 의견 차이가 있었고, 때가 농사철이어서 농사일을 내버려 둘 수만은 없었던 것입니다.

이렇게 전봉준이 때를 기다리며 세력을 확장하고 있을 때 청나라와의 싸움에서 이긴 일본은 우리 조정을 마음대로 간섭하고 들볶았습니다.

전봉준은 손병희 등과 힘을 합해 공주로 쳐올라갔습니다. 그러나 그 곳에는 일본군이 먼저 들어와 공격할 준비를 갖추고 있었습니다.

대창이나 몽둥이가 주된 무기이고, 고작해야 낡은 화승총 몇 자루가 전부인 동학군은 군사의 수와 무기에서 밀리는 일본군에게 크게 패하고 말았습니다.

전봉준은 어쩔 수 없이 겨우 살아 남은 몇백 명의 군사들을 이

동학 농민 운동과 갑오개혁

끌고 전라도로 발길을 돌려야 했습니다. 그러나 일본군은 거기서 그치지 않고 계속해서 동학군의 뒤를 쫓으며 그들을 옥죄어 왔습니다.

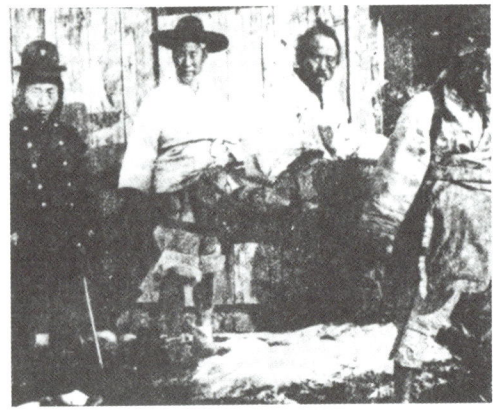
전봉준이 서울로 잡혀 가는 장면

 동학군은 일본군에 밀리고 밀리다 완전히 포위되고 죽을 힘을 다해 싸웠으나 곳곳에서 처참하게 죽어 갔습니다.

 결국 전봉준도 일본군과 관군에게 붙들리고, 이듬해 3월 처형당하고 말았습니다.

 어지러운 나라를 바로잡고 백성들을 편안하게 해 주려던 전봉준의 위대한 뜻은 영영 다시 펼칠 수 없게 된 것입니다.

 사람들은 그 후로도 몸집이 작았던 전봉준을 '녹두 장군'이라 부르며 그의 높은 뜻을 기렸습니다.

 전봉준이 태어난 고부 지방은 날이 계속 가물어 모를 내지 못하면, 사람들은 물을 댈 수 없는 논에 녹두를 심어 청포를 만들어 먹었습니다. 그리고 녹두알이 여물 때쯤에 새들이 녹두를 까 먹으러 오면, 녹두밭을 지키던 아이들이 새타령을 불렀습니다.

새야 새야 파랑새야
녹두밭에 앉지 마라
녹두꽃이 떨어지면
청포 장수 울고 간다.

그 무렵, 조선에 대한 일본의 간섭은 더욱 심해졌습니다. 이에 대해 반발하는 사람들이 많았으며, 한때 그들의 힘을 빌리기도 했던 고종 역시 일본의 세력을 못마땅하게 여겼습니다.

고종은 러시아의 힘을 빌려 일본군을 쫓아낼 궁리를 하였습니다. 그러나 이런 계획을 미리 알게 된 일본의 이노우에는 즉각 고종을 찾아가 '홍범 14조'를 발표하게 했습니다.

'홍범 14조'는 백성들로부터 세금을 거둘 때나 죄인을 옥에 가둘 때도 법에 따라 해야 한다는 내용의 조항들이었습니다.

고종은 종묘에 나가 '홍범 14조'를 발표하고 김홍집을 총리 대신으로 삼아 나라의 일을 다스리게 하였습니다.

이에 따라 조선에는 많은 변화가 일게 되었는데, 이를 '갑오개혁'이라고 합니다.

한편 민비는 일본의 세력을 막고 왕실의 권위를 찾으려는 방편으로 러시아와 가까운 이완용, 이범진 등의 인물들과 손을 잡았습니다.

이에 화가 난 일본은 미우라라는 공사를 조선에 보내고, 미우라는 일본인 싸움패 낭인들을 모았습니다.

1895년 8월 20일 새벽, 일본 낭인들은 칼을 빼들고 궁궐로 들이닥쳐 순식간에 민비의 처소를 장악했습니다.

"러시아와 손을 잡은 왕비는 어서 나와 이 칼을 받아라."

임오군란 때와는 달리 민비는 피할 틈도 없이 낭인이 휘두르는 칼날에 무참히 죽어 갔습니다.

 독립 협회와 대한 제국

러시아는 조선의 정부 안에 세력을 키우기 위한 방편으로 고종의 처소를 러시아 공사관으로 옮기게 하고 모든 일에 간섭하기 시작했습니다.

나라의 중요한 일들이 모두 다른 나라의 손에 넘어가는 지경이 된 것입니다.

이를 보다못한 서재필은 '독립 협회'라는 단체를 만들고, 나라의 자주 독립을 외쳤습니다. 윤치호, 이상재, 이승만과 같은 애국 청년들도 속속 이 단체의 회원이 되었습니다.

독립 협회는 돈을 모아 '독립문'을 세우고, 조선의 첫 한글 신문이라 할 수 있는 '독립신문'을 내 조정 대신들과 백성들을 깨우쳐 나갔습니다.

뿐만 아니라 고종에게 나라의 체면을 생각해서라도 대궐로 돌아올 것을 권했습니다.

"이것은 모든 백성들의 바람이옵니다."

서재필과 독립 신문(우리 나라 최초의 민중 신문이며 순한글 신문으로 영재단과 함께 발간됨.)

백성들의 뜻을 모은 독립 협회의 권유로 고종은 1년 만에 궁궐로 돌아왔습니다.

독립 협회는 '임금'을 다시 '황제'로 높여 부르고, 나라 이름도 '대한 제국'으로 바꾸어 부르게 되었습니다.

또 군중을 모아 놓고 나라의 중요한 일을 토론하는 '만민 공동회'를 종로 네거리에서 열기도 하였습니다.

그러나 조정이 하는 일을 낱낱이 꼬집는 데에 고종은 불만을 품었습니다. 그래서 전국의 보부상들을 불러 '황국 협회'라는 단체를 만들었습니다. 이는 독립 협회에 반대하는 뜻으로 만들어진 것이었습니다.

고종의 힘을 등에 업은 황국 협회의 보부상들은 얼마 뒤 독립 협회로 쳐들어가 사무실을 쑥밭으로 만들어 놓았습니다.

독립문(사적 제32호. 자주 독립의 결의를 위해 만든 기념문으로 서울 종로구 교북동에 있었으나 뒤에 서대문구 현저동으로 옮겨졌다)

결국 독립 협회와 황국 협회 사이에는 싸움이 벌어지고 죽거나 다치는 사람이 많아지자 고종은 이 일을 빌미삼아 두 단체 모두를 똑같이 해산시켰습니다.

자주 독립을 외치던 젊은 애국자들은 그 뜻을 펼치지 못하고 꺾이고 말았습니다. 나라 이름을 '대한 제국'으로 바꾼 지 3년째 되는 1899년이었습니다.

러시아 공사에서 고종을 찾아왔습니다.

"전하, 남쪽의 마산항을 잠시 빌려 쓰려고 합니다. 허락해 주십시오."

고종은 마지못해 허락을 해 주었습니다. 그런데 이 사실을 전해 들은 일본 공사에서 기를 쓰고 반대하여 고종은 러시아의 요구를 거절하고 말았습니다.

이런 일이 있은 다음 해인 1900년, 청나라에서 의화단이라는 단체가 반란을 일으켰습니다. 이 난은 외국 세력에 반발한 중국 국민의 감정이 폭발하여 일어난 일이었습니다.

이 난으로 러시아, 일본, 미국, 영국 등 여러 나라에서 군사를 보내 청나라 조정을 도와 주었습니다. 결국 의화단은 해산되었지만 러시아 군만 중국에 남아서 자기 나라로 돌아갈 생각을 하지 않았습니다. 러시아가 청나라에 군사를 주둔시킨 채 머물러 있는 것을 본 일본은 비위가 상했습니다.

"러시아 군이 만주에 머무르는 것은 동양의 평화를 해치는 일이니 어서 군사를 물리시오."

일본이 강하게 뜻을 굽히지 않자, 러시아는 눈가림으로 군사를 얼마쯤 물렸다가 다시 조선으로 손길을 뻗쳤습니다.

용암포의 땅과 집을 몰래 사들여 놓고, 항구로 쓰게 해 달라고 우리 조정을 졸라댄 것이었습니다. 그러나 일본이 또 반대하고 나서자 러시아는 뜻을 이룰 수 없었습니다.

고종과 왕비 명성 황후의 능인 홍릉과 순종과 순명효 황후 및 계비 순정효 황후의 능인 유릉(사적 제207호)

어느 날, 일본 공사 하야시가 대궐로 고종을 찾아왔습니다.

"일본이 러시아와 싸우게 되었습니다. 그래서 대한 제국에 사는 일본 사람들을 보호하기 위해 일본에서 군대를 보내 왔습니다. 폐하는 그 점을 이해하십시오."

청·일 전쟁 때처럼 두 나라는 우리 나라에서 싸움을 벌일 모양이었습니다. 하야시가 고종을 만난 바로 그 날, 일본 군함이 인천 팔미도에 있는 러시아 군함 2척을 무찔렀습니다.

그리고 이틀 뒤, 대한 제국을 보호한다는 핑계로 두 나라가 정식으로 싸움을 벌였습니다.

이 싸움은 일 년 넘게 끌다가, 다음 해 5월이 되어서야 끝났습니다. 그런데 뜻밖에도 강대국 러시아가 일본에게 패배를 하고 말았습니다.

세계 강대국은 깜짝 놀랐습니다. 그 큰 러시아가 작은 섬나라 일본한테 질 것이라고는 상상도 하지 못한 일이었기 때문이었습니다.

전쟁에서 승리한 일본은 1905년 러시아와 포츠머스 조약을 맺었습니다. 이 조약으로 일본은 세계 강대국으로부터 대한 제국을 마음대로 해도 괜찮다는 승낙을 받아냈습니다.

조약을 맺은 뒤 얼마 후, 일본은 이번 기회에 아예 대한 제국을 일본의 것으로 할 목적으로 강제로 '을사조약'을 맺었습니다.

이 조약은 대한 제국을 일본의 보호국으로 두고, 우리 나라의 외교를 도맡는다는 내용이었습니다.

많은 백성들과 애국 청년들이 을사조약에 거세게 반발했지만 일본의 세력은 더욱 커지기만 했습니다.

제 27 대
순종

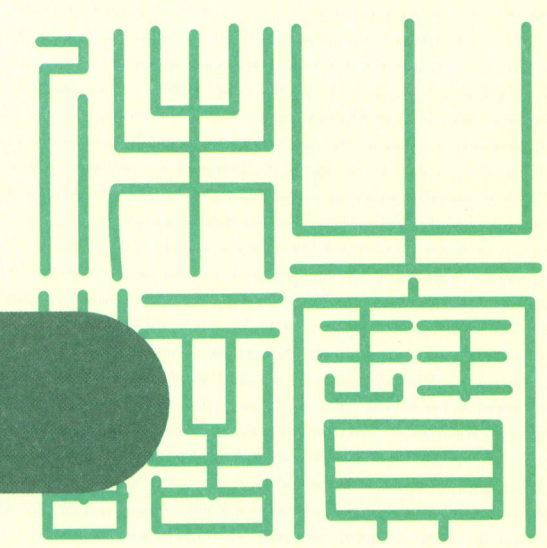

(1874~1926년)
재위 : 1907~1910년

고종의 둘째 아들로 어머니는 명성 황후 민씨이며, 이름은 척입니다. 1875년 세자로 책봉되었다가 '대한 제국'의 성립과 함께 황태자로 높여졌습니다. 순종은 일본에게 모든 권력을 빼앗겨 허수아비나 마찬가지였습니다. 왕이 되자마자 조선의 군대를 해산시켜야 했고, 나라의 모든 일에 일본에서 온 통감의 지시를 따라야 했습니다. 1909년에는 사법권마저 빼앗겼고, 결국 1910년 8월 29일 조선을 일본에 합병한다는 각서에 도장을 찍었습니다.

일본으로부터 황제에서 이씨 왕으로 불리다가 1926년 4월 53살의 나이로 생을 마쳤습니다.

민족의 저항

　순종 즉위 직후인 1907년 여름, 일본은 한일 신협약(정미 7조약)을 강제로 성사시켰습니다.
　그것은 조선의 국정 전체를 일본이 간섭할 수 있으며, 정부 각 부의 장관을 일본이 임명할 수 있다는 것을 주요 내용으로 하는 조약이었습니다.
　조약이 이루어지자 일본은 9000명밖에 되지 않는 대한 제국의 군대도 없애려 들었습니다.
　순종은 반대의 의견을 밝혔습니다.
　"임금이 있고 나라가 있는데, 군대가 없어서야 되겠소. 그 수 또한 일본군에 비하면 많지도 않으니 그대로 두도록 하시오."
　하지만 이미 조선의 왕은 자기 나라의 일을 마음대로 처리할 수 없는 입장이었기에, 그들의 말대로 따를 수밖에 없었습니다.

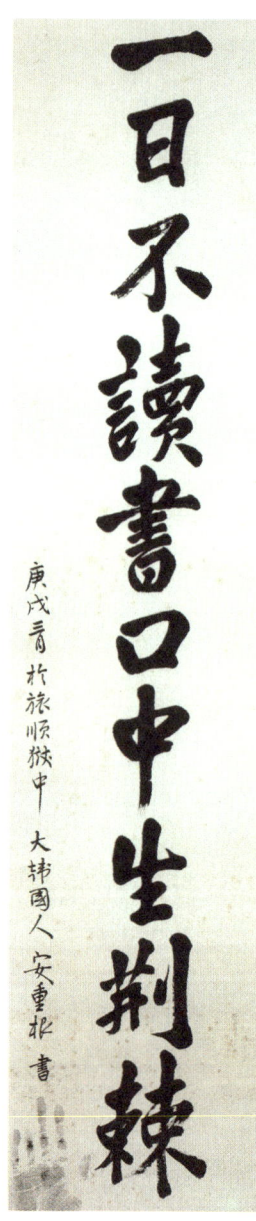

안중근 의사의 글씨

군대가 해산된다는 소식을 들은 대대장 박성환은 끝내 자신의 가슴을 총으로 쏘았습니다.

"군대도 없는 조국에서 내가 할 수 있는 일이란 없다."

박성환의 죽음에 군사들은 흥분하기 시작했습니다.

"싸우자. 왜놈 밑에서 사느니 차라리 죽는 게 낫다!"

제 1대대, 제 2대대가 연달아 무기 창고에서 무기를 꺼내 들고 일본군들의 진영으로 쳐들어갔습니다. 하지만 곧 일본군의 힘에 눌려 패하고 말았습니다.

1909년 일본으로 건너갔던 히로부미가 돌아와 순종 앞에 들이민 것은 기유각서였습니다.

"대한 사법권을 우리 일본 대제국이 맡겠소."

조정의 대신들은 하나같이 일본이 뽑아 놓은 꼭두각시들이었습니다. 그들은 한 마디 말도 없이 히로부미가 시키는 대로 도장을 찍었습니다. 순종도 할 수 없이 도장을 찍어야 했습니다.

같은 해 10월, 히로부미가 만주에 철도를 놓는 일로 러시아와 담판을 지으러 하얼빈에 간다는 소식이 신문에 실렸습니다.

블라디보스토크에서 신문을 보던 항일 청년 안중근의 눈이 빛났습니다.

'하늘이 내게 기회를 주는구나. 히로부미 나쁜 놈, 내 손으로 널 죽여 주겠다.'

안중근은 자신의 총을 만지작거렸습니다.

드디어 히로부미가 하얼빈 역에 온다는 날이 되었습니다. 안중근은 담담한 심정으로 외투 속에 총을 품었습니다. 그리고 하얼빈 역으로 한 걸음 한 걸음 다가갔습니다.

기적 소리가 크게 들리더니 이내 기차가 하얼빈 역에 고개를 들이밀고 나

안중근(1879~1910)

민족의 저항

타났습니다. 기차가 멎고 그토록 기다리던 히로부미가 모습을 나타내는 순간을 안중근은 놓치지 않았습니다. 안중근은 재빨리 외투 속에 있는 총을 꺼내 들고 히로부미를 향해 쏘았습니다.

"탕! 탕!"

이토 히로부미는 가슴을 움켜쥐며 비틀거렸습니다.

안중근이 대한 제국을 집어삼킨 백성들의 원수 이토 히로부미를 죽인 것이었습니다.

안중근은 러시아 헌병들에게 붙잡혔습니다. 일본에 넘겨진 안중근은 모진 고문과 협박을 당했습니다. 그러나 뜻을 굽힐 안중근이 아니었습니다.

"멀쩡한 남의 나라를 뺏으려 하는 자는 죽어 마땅하다. 나는 목숨이 아깝지 않다. 이토 히로부미를 죽였으니 난 할 일을 다 했다. 죽이든 살리든 너희들 마음대로 해라."

안중근은 오히려 대한 제국을 침략한 일본을 호되게 꾸짖었습니다.

"이런, 지독한 조선 놈 같으니라고!"

모진 고문에 지친 안중근은 서른두 살에 세상을 떠나고 말았습니다.

일본의 세력이 커지자, 거기에 저항하는 우리 민족의 힘도 거세졌습니다.

그럼에도 불구하고 일진회라는 친일 단체가 생겨 여전히 대한 제국이 일본과 합쳐야 한다고 떠벌리고 다녔습니다.

"우리보다 잘 사는 일본에게 나라를 맡기면 더 잘 사는 나라가 될 수 있소."

이완용을 중심으로 한 일진회 무리들은 이미 일본 관리 데라우치에게 상당한 재물을 받아 챙긴 뒤였습니다. 데라우치의 말이라면 무조건 따를 수밖에 없었습니다.

"우리 일본 대제국과 대한 제국이 모두 잘 살아 보자고 하는 일이니, 그대들의 협조를 특별히 부탁하는 바이오."

데라우치는 한일합병 조약을 맺기 위해 이미 일본 헌병을 덕수

뤼순 감옥에서 조사받는 안중근

궁 일대에 풀어 놓았습니다. 데라우치의 꼭두각시가 된 이완용은 때를 맞추어 어전 회의를 소집했습니다.

"폐하, 일본의 말을 따르는 것은 두 나라를 위해서도 좋은 일이옵니다. 부디 유념하여 주옵소서!"

일본의 조종이긴 하지만 큰 힘을 지닌 이완용이 나서자 대신들도 할 수 없이 동의했습니다.

결국, 순종은 아무런 항변도 하지 못하고 나라를 넘겨 주는 한일합병 조약을 맺고 말았습니다.

1910년, 500년을 이어 내려오던 조선 왕조는 어처구니없이 막을 내리고 말았습니다.

명목상 한일합병이라 불렀지만, 그것은 일본에게 조선이라는 나라를 넘겨 주는 것이나 다름없는 일이었습니다.

조선 총독부

이제 모든 것이 뜻대로 되자, 일본은 통감부를 없애고 그 자리에다 조선 총독부를 설치했습니다. 한일합병을 주도했던 데라우

치는 초대 총독이 되었습니다.

"이제라도 마음을 고쳐 먹으면 유학도 보내 주고 가족들도 편안히 살게 해 주겠다."

데라우치는 애국 지사들을 잡아들여 회유했습니다. 그래도 말을 듣지 않자 온갖 수단과 방법을 가리지 않고 고문을 했습니다.

일본이 나라를 지배하는 이상 희망이 없다고 생각한 애국지사들은 데라우치의 손을 피해 두만강을 건너 간도 지방으로 속속 빠져 나갔습니다.

데라우치의 검은 손이 조선 팔도를 향해 뻗쳐 나가, 학교에서는 선생님 대신에 허리에 칼을 차고 제복을 입은 일본 순사가 학생들에게 일본어를 가르쳤습니다. 백성들의 눈과 귀가 되어 주었던 신문도 모두 폐지해 버렸습니다.

1912년에는 토지 사업을 벌여서 농민들의 땅을 강제로 빼앗았습니다.

이것은 경제권을 장악하려는 시도였습니다.

농사를 짓던 백성들은 논과 밭을 빼앗긴 채 소작농이 되거나 일본에 있는 탄광으로 실려 갔습니다. 나라 잃은 백성들의 설움을 실감하게 되었습니다. 그러나 이것은 시작에 불과했습니다.

3·1 만세 운동

　제1차 세계 대전이 끝날 무렵, 미국의 윌슨 대통령은 평화 제14조를 발표했습니다. 독립을 원하는 나라는 어느 나라든 독립을 인정한다는 내용을 골자로 하는 것이었습니다.
　애국 지사들의 눈이 번쩍 뜨였습니다.
　"그래, 우리가 일어설 때야!"
　학생들도 일어섰습니다.

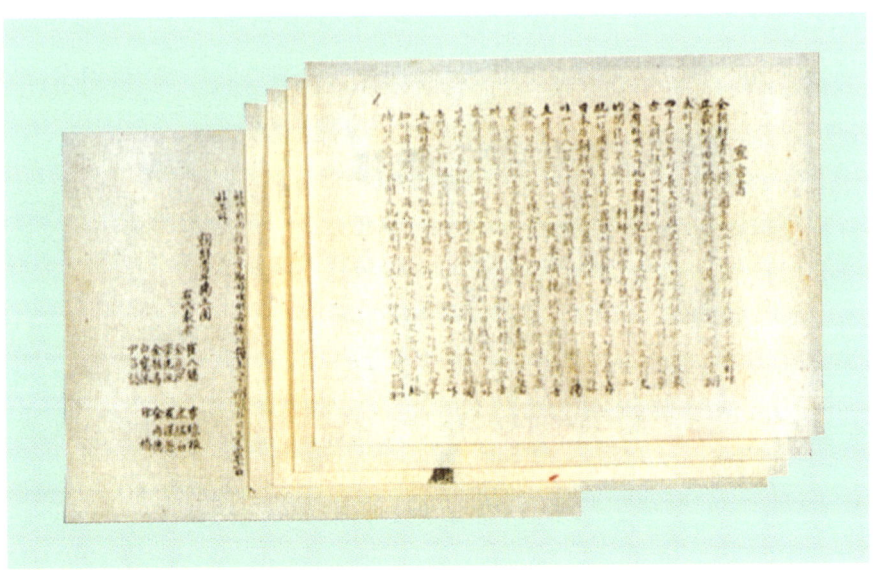

3·1 만세 운동 발발에 불씨 역할을 한 2·8 독립 선언서

조선 왕조 500년

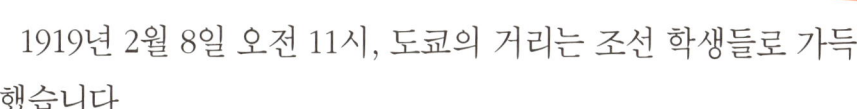

　1919년 2월 8일 오전 11시, 도쿄의 거리는 조선 학생들로 가득했습니다.

　"대한 독립 만세!"

　일본에서 공부하고 있던 유학생들이 거리로 터져 나오며 독립 만세를 불렀던 것입니다. 도쿄의 하늘에 대한 독립 만세 소리가 울려 퍼졌습니다. 무장한 일본군이 들이닥쳐 오래 가진 못했지만, 이것은 장차 거국적으로 일어날 독립 운동의 작은 불씨가 되었습니다.

　"유학생들까지 만세를 불렀소. 이젠 우리 모두가 일어나야 할 때요."

　민족 지도자들이 한 자리에 모여 회의를 열었습니다.

만세를 부르는 여인들

3 · 1 만세 운동

"온 민족이 함께 참여하는 운동이 되어야 하오."

독립 선언서는 육당 최남선이 지었습니다. 일본의 감시를 피해 보성사에서 인쇄된 독립 선언서는 나라 안팎으로 몰래 퍼져 나갔습니다.

1919년 3월 1일, 종로에 모인 민족 대표 33인은 그 어느 때보다도 가슴이 벅차올랐습니다.

오후 2시가 되자, 불교 대표인 한용운이 떨리는 음성으로 단상에 올라가 독립 선언서를 읽기 시작했습니다. 종로에 모인 군중들은 침묵 속에서 귀를 기울였습니다.

독립 선언서를 다 읽은 한용운이 만세 삼창을 부르자, 군중들도 따라 만세 삼창을 외쳤습니다.

"대한 독립 만세! 만세! 만세!"

아우내 3·1 만세 운동 사적지(유관순 열사가 3·1 만세 운동 때 시위를 했던 곳)

종로가 떠나갈 듯한 외침이었습니다.

총칼을 거머쥔 일본 경찰들이 들이닥친 것은 바로 그 때였습니다. 무자비한 총칼에 많은 군중들이 쓰러졌고 민족 대표자들은 경찰에 붙잡혀 끌려갔습니다. 만세 소리가 들리는 곳은 이곳만이 아니었습니다.

탑골 공원에서도 수많은 학생들이 독립 만세를 외치고 있었고, 고종 황제의 장례식을 보려고 지방에서 올라왔던 인파들까지도 그들과 합세했습니다.

유관순(3·1 만세 운동 당시 아우내 장터에서 시위 행렬을 지휘하고 만세를 부르다 체포되어 감옥에서 죽음.)

"대한 독립 만세!"

온 국민이 이 한 마디만을 외치며 앞으로 나아갔습니다.

광교를 지나 남대문을 도는가 하면 의주로를 행진하기도 했습니다. 덕수궁 앞 대한문에서도 독립 선언식을 가졌습니다.

각국 영사관 앞에는 독립을 호소하는 조선인들로 가득 찼습니다. 평양, 의주, 원산, 함흥 등지에서도 때를 같이하여 만세 운동

3·1 만세 운동

3월 1일 탑골 공원에서 독립 선언문을 낭독하는 모습

독립 선언서 전문

이 일어났습니다. 이 운동은 며칠째 불꽃처럼 번져 나갔습니다.
"발포하라! 반항하는 자는 무조건 쏴라!"
거리로 나와 만세를 부르던 군중들이 일본 경찰들의 총에 맞고 쓰러져 갔습니다.
"이 나라의 독립을 못 보고 죽는 것이 분할 뿐이다."
일본 경찰의 무자비한 학살은 며칠째 계속되었습니다. 고문을 당하고 총에 맞아 죽고, 어디론가 붙잡혀 가는 사람들이 하루하루 늘어갔습니다.
흩어져서 독립 운동을 하던 독립 투사들이 하나 둘씩 의견을 내놓았습니다.
"이렇게 흩어져서 운동을 할 게 아니라 하나로 뭉쳐서 운동을 할 때가 온 것 같소이다."
안창호, 이동녕, 이시영, 신채호 등이 앞장을 서서, 중국 상하이에 망명 정부를 세웠습니다.
"오로지 조국의 독립이라는 이름 아래 힘을 모아 봅시다."
독립 투사들은 여러 곳에 세워져 있던 임시 정부를 상하이의 대한 민국 임시 정부로 통합하기로 하였습니다.
대한 민국 임시 정부는 민주주의의 원칙에 따라 민족의 독립을 위해 힘썼습니다. 독립 신문을 펴내고 무관 학교를 세워 독립군을 양성했으며, 나라 안팎으로 식민지 상태에 있는 우리의 어려

3·1 만세 운동

움을 알리는 데도 힘을 쏟았습니다.

당황한 일본은 하세가와 총독을 물러나게 했습니다.

"도대체 일을 어떻게 했길래 조선인들이 그런 일을 벌인단 말이오!"

새 총독이 된 사이토는 부임하자마자 문화 정책이라는 것을 발표했습니다.

"조선 백성들의 행복을 위한 정책을 실시한다."

하지만 명분상의 이 문화 정책은 조선 백성들을 더욱 철저히 감시하는 수단이 될 뿐이었습니다.

이런 와중에서 우리 나라의 신문이 발행될 수 있었던 것은 참 다행스런 일이었습니다.

1920년대에 발행된 신문은 조선일보와 동아일보 그리고 시사신문이었습니다. 이 신문의 발행인들은 작은 기와집을 사무실로 정하고 우리 겨레의 눈과 뒤가 되어 주고자 했지만, 예상대로 일본의 방해가 시작되자 험난한 일들을 헤쳐 가야 했습니다.

신문에 이어 〈창조〉, 〈폐허〉, 〈개벽〉 같은 문예 잡지들이 창간되기도 했습니다. 이 잡지들을 통해서 이광수, 김동인, 염상섭, 이상화, 김소월 등이 문단에 데뷔했습니다.

이광수는 〈유정〉, 〈무정〉 등 우리 나라 근대 문학을 대표할 수 있는 많은 작품들을 남겼고, 소파 방정환은 어린이들을 위하여

많은 일들을 했습니다.

"어린이를 바로 키우는 일이야말로 우리 겨레가 잘 사는 길입니다."

방정환은 색동회를 만들어 동시, 동화, 동요를 널리 알리고 어린이날을 따로 정하는 등 어린이들을 위해 한평생을 바쳤습니다. 갈수록 심해지는 일제의 식민 정치 속에서도 어렵게 신문이 발행되고 책들이 발간되었습니다.

 순종의 죽음

1926년 4월 26일 조선 왕조의 마지막 임금인 순종이 세상을 떠났습니다.

일본은 인질로 잡고 있던 영친왕을 명목상 임금의 자리에 앉혀 놓았습니다.

창덕궁과 돈화문 앞은 순종의 죽음을 슬퍼하는 백성들의 울음소리로 가득했습니다.

6월 10일 순종의 장례식을 지켜 보던 백성들은 슬픔을 감추지 못한 채 소리내어 울었습니다.

 장례 행렬이 돈화문을 빠져 나올 때쯤이었습니다. 갑자기 학생들이 군중 속에서 터져 나오며 만세를 불렀습니다.

 "대한 독립 만세!"

 학생들의 손에는 일본의 만행을 비난하는 전단이 들려 있었습니다. 학생들과 일본인들 사이에 몸싸움이 벌어졌습니다.

 장례 행렬을 감시하던 일본 군사들은 학생들을 막기에 바빴습니다. 시위에 연루된 학생들이 잡혀 가고 장례식은 다시 이어졌습니다.

 이 날에 일어난 학생 운동은 하루 만에 끝났지만, 3년 후인 1929년에 일어난 학생 운동은 큰 사건이었습니다.

 일본인 남학생들이 같은 기차에 탄 조선 여학생들을 공연히 놀려 댄 것이었습니다. 이 중 박기옥이라는 여학생이 집으로 돌아와 그의 사촌 동생인 박준채에게 말한 것이 발단이 되었습니다. 다음 날, 박준채는 일본 학생들을 찾아가 따졌습니다.

 "우리 누나를 놀린 놈이 누구냐!"

 그러자 일본 남학생들이 우르르 몰려들더니, 그 중 한 명이 앞으로 나서며 대꾸했습니다.

 "내가 그랬다, 왜? 일본 학생이 조선 학생들에게 그런 말 좀 했다고 뭐가 어쨌다는 거야?"

하지만 싸움은 오래 가지 못했습니다. 이를 멀리서 보고 있던 일본 순사가 달려와 다짜고짜 박준채의 뺨을 때린 것입니다.

"건방진 조선 놈 같으니라고!"

일본 학생들은 팔짱을 낀 채 조선 학생을 비웃었습니다. 박준채는 이를 악물고 집으로 돌아와야만 했습니다.

이 이야기가 조선 학생들 사이에 퍼져 마침내 조선 학생들의 감정이 폭발하고 말았습니다. 길거리에서 마주치는 일본 학생들과 곳곳에서 싸움이 붙었습니다.

"조선 놈들이 뭘 믿고 시비야!"

"남의 나라에 와서 주인 행세를 하는 게 누군데. 너희 나라로 가란 말야!"

일본 경찰들이 동원되었지만 학생들의 분노는 가라앉지 않았습니다.

"일본은 물러가라!"

"구속한 학생들을 석방하라!"

남녀 학생들의 시가 행진이 벌어졌습니다. 일본 경찰들에게 잡혀 가는 학생들이 늘어갔습니다. 하지만 학생들의 뜻은 꺾이지 않았습니다. 다음 달, 광주 학생들의 소식을 전해 들은 경성 학생들이 들고 일어섰습니다.

"광주 학생들이 억울한 일을 당했는데, 우리라고 편안히 학교만 다녀서야 되겠어?"

이렇게 생각한 경성 학생들은 동맹 휴업에 들어갔습니다. 숙명 여학교 학생들도 뜻을 같이했습니다. 나라 밖 간도의 용정에 있는 학생들까지도 이 기회를 틈타 만세 운동을 펼쳤습니다.

이듬해 3월까지도 학생들의 운동은 그치질 않았습니다.

한편, 애국 지사들이 길러 낸 독립군들은 서서히 때가 왔음을 알았습니다. 홍범도가 이끄는 독립군은 이미 봉오동 전투에서 일본군들을 이긴 후로 사기가 높아져 있었습니다.

또한 김종서 장군이 이끄는 북로 군정서의 독립군은 청산리 전투에서 승리를 해 일본군들에게 독립 투사들의 기백을 보여 주었습니다.

수천 명의 사상자를 낸 청산리 전투는 일본인들을 크게 자극하였습니다. 그리고 이것은 만주에 사는 우리 민족들을 괴롭히는 빌미가 되었습니다.

두 전투에서 패배를 맛본 일본군들은 조선인 마을을 이유도 없이 습격해 집을

광주 학생 운동 기념탑

386
조선 왕조 500년

불태우고 수십 명의 조선인을 죽였습니다. 축하연을 연다는 구실로 조선인들을 한 자리에 모이게 한 다음 총격을 가하는 일도 벌어졌습니다.

하루 아침에 수천 명의 조선인들이 참사를 당했습니다. 일본군들을 피해 도망을 가던 아낙네와 아이들이 만주 벌판에서 얼어 죽기도 했습니다.

지사들의 뜻을 모아 임시 정부를 세우긴 했지만 여러 가지 어려움이 뒤따랐습니다.

새로 대표가 된 김구는 활동이 없었던 의열단을 없애고 애국단을 만들었습니다. 하지만 자국으로부터 돈이 제대로 전달되지 않아 운영이 어렵기는 마찬가지였습니다.

임시 정부가 이렇게 주춤하고 있을 때, 이봉창이라는 청년이 김구를 찾아왔습니다.

"나라를 위해 이 한 목숨을 바치려고 왔습니다."

"그럼, 내 밑에서 일해 보겠나?"

김구는 이봉창과 지내면서 그가 믿음직한 인물이라는 것을 알게 되었습니다. 그리고 그를 불러 태극기 앞에 맹세를 하게 했습니다. 김구는 이봉창에게 임무를 주었습니다.

"일본 천황을 암살하게."

1932년 1월 8일, 이봉창은 일본 천황이 탄 마차를 지켜 보고 있었습니다.

'조국을 위해……조국을 위해……나는 해낼 수 있다. 너를 죽이겠다.'

이봉창은 몰래 들고 있던 폭탄을 천황이 탄 마차에 던졌습니다. 하지만 천황이 쓰러지는 것을 보기도 전에 일본 경찰들이 달려들어 이봉창을 체포했습니다. 차는 폭파되지도 않았고, 천황도 쓰러지지 않았습니다. 실패한 것이었습니다. 암살에 실패한 이봉창은 31살의 나이로 일본군에 의해 사형에 처해졌습니다.

이봉창이 실패한 뒤 얼마 되지 않아 김구를 찾아온 건 채소 장사를 하던 윤봉길이었습니다.

"저에게 조국의 독립을 위해 일할 수 있는 기회를 주십시오."

일본 천황의 생일이 며칠 남지 않은 때였습니다. 김구는 그전부터 알고 지내던 윤봉길이 그런 제안을 해 온 것이 반갑기 그지없었습니다.

"그렇다면 좋소. 4월 29일은 일본 천황의 생일이오. 상하이 훙커우 공원에서 기념식이 있소. 그 때까지 기다려 봅시다."

김구와 윤봉길

윤봉길 의사 사적지(윤봉길 영정이 모셔져 있는 충의사와 의거 기념탑 및 동상이 있음.)

　마침내 4월 29일 아침, 윤봉길은 훙커우 공원으로 향했습니다. 오전 11시 20분 묵념이 시작되자 모두들 고개를 숙였습니다. 순간 때를 노리던 윤봉길이 일본 고관들을 향해 폭탄을 던졌습니다.
　"콰아앙!"
　일본 대장과 공사가 부상을 당했으며 어떤 이는 크게 다쳤습니다. 대성공이었습니다. 윤봉길은 그 자리에서 잡혔지만 여한이 없었습니다.

광복과 함께 열린 새 시대

　1945년 7월 26일 독일의 포츠담에서는 미국·영국·중국·소련(지금의 러시아)의 대통령이 모여 회담을 열었습니다.
　제2차 세계 대전의 막을 내리게 된 이 회담의 내용은 이러했습니다.
　"일본은 무조건 항복할 것을 알린다. 만약 그렇지 않을 시에는 일본에 폭탄을 투하하겠다."
　하지만 일본은 끝내 항복하지 않았습니다. 이에 연합군은 미군기에 원자 폭탄을 실어 보냈습니다. 히로시마에 날아간 세 대의 비행기는 천지를 뒤흔드는 굉음을 내며 폭탄을 떨어뜨렸습니다.
　히로시마는 순식간에 잿더미로 변했습니다.
　이어 두 번째 원자 폭탄이 떨어지고 나서야 일본은 연합군에게 무릎을 꿇었습니다.
　이 소식을 들은 우리 민족은 서로 얼싸안고 기쁨의 눈물을 흘렸습니다. 일본의 항복은 우리 나라의 독립을 의미하는 것이기 때문이었습니다.
　거리로 뛰쳐나온 사람들을 가로막거나 총으로 위협하는 일본

군은 없었습니다. 일본이 항복을 하고 나자 일본인들은 서로 먼저 자기네 나라로 도망을 가려고 아우성쳤습니다.

"조선인들한테 맞아 죽기 전에 어서 도망가자!"

35년 간의 기나긴 일제 통치의 굴레를 벗어나는 잊을 수 없는 순간이었습니다.

새 시대가 열리고 있었습니다.

우리 나라 최초의 신문 〈한성순보〉

고종 20년(1883) 10월 1일에 창간된 신문으로 우리 나라 최초의 신문입니다. 〈한성순보〉는 인쇄 출판 기관인 박문국에서 발행했는데, 박영효 일행이 일본 정부로부터 17만 원을 차관하여 개화 정책을 후원하기 위해 창간한 것이었습니다.

〈한성순보〉는 10일에 한 번씩 순한문으로 발행되었고, 가로 19㎝, 세로 25㎝의 크기에 창간호는 18면, 제5호부터는 24면이었습니다.

내용은 나라의 살림 모습을 알리는 관보적 성격을 띠고 있었습니다. 그리고 논설 부분에 서양 각국의 지리·역사·과학·정치·문화 등을 해설하여 실어 서양의 새로운 문화를 소개하는 데에도 큰 구실을 했습니다.

〈한성순보〉는 1년 남짓 발간되다가 개화당의 몰락으로 박문국이 민중의 습격을 받는 등 혼란스럽자 사실상 폐간되었고, 그 뒤 〈한성주보〉로 이어졌습니다.

그러나 〈한성순보〉는 관청의 의무적인 구독에만 의존했고, 일반 백성들이 보기가 쉽지 않은 한계가 있었습니다.

쏙쏙 역사 상식

을사조약에는 공식 명칭이 없었다는데…….

1905년 11월 18일 한국은 일본에게 한국의 외교권을 일본에게 넘겨 주는 것을 주요 내용으로 하는 을사조약을 강제로 체결했습니다.

이로써 조선은 독립국으로서의 지위를 상실하고 일본의 보호국이 되고 말았습니다.

그러나 이 을사조약의 조약문에는 공식 조약 명칭이 빠져 있었습니다.

나라 간의 외교적 합의를 위한 형식으로는 각국 대신들의 찬성과 서명으로 조약의 효력을 가질 수 있는 협약과 왕의 승인이 필요한 정식 조약이 있었습니다.

우리 나라는 외교권을 넘겨 주는 중요한 내용이었기 때문에 협약보다는 조약의 형식을 갖추어야 했습니다. 이런 사실을 잘 알고 있는 일본은 고종으로부터 공식적인 허락을 받아 내기 위해 많은 애를 썼습니다. 그러나 고종은 이를 끝내 거부했습니다. 결국 일본은 대신들을 협박해서 동의를 얻어 내는 데 그칠 수밖에 없었습니다.

을사조약이 정식 조약의 요건을 갖추지 못해 일본은 조약문에 명칭을 기록하지 못했습니다. 조약은 체결하는 과정이 강제적이고, 법에도 어긋난 것이었습니다. 즉 조약 자체는 무효였지만, 우리 나라는 일본의 무력 아래 무릎을 꿇을 수밖에 없었습니다.

역사 풀이

1. 흥선 대원군이 펼친 외교 정책을 찾아보세요.
   ① 쇄국 정책
   ② 개화 정책
   ③ 동도서기 정책
   ④ 사대 정책

2. 흥선 대원군이 외세의 위협에서 나라를 지키기 위해 실시한 정책이나 일으킨 사건이 아닌 것을 찾아보세요.
   ① 병인박해
   ② 셔먼 호 사건
   ③ 척화비를 팔도에 건립
   ④ 인재 등용

3. 우리 나라 최초의 근대적인 외교 조약은 무엇인가요?

4. 태극기를 만든 사람은 누구인가요?
   ① 김옥균   ② 박영효   ③ 홍영식   ④ 서재필

5. 개화당은 수구당을 몰아내기 위해 어떤 사건을 일으켰나요?

역사 풀이

6. 을미사변이 일본에 의해 일어난 이유는 무엇인가요?
   ① 민비가 청나라와 손을 잡고 있어서
   ② 흥선 대원군이 다시 조정의 실권자가 되기 위해
   ③ 민비가 일본의 힘을 무시해서
   ④ 일본의 낭인들이 민비를 미워해서

7. 우리 나라의 외교권을 내어 준 한일합병은 언제 체결되었나요?
   ① 1905년   ② 1908년   ③ 1910년   ④ 1919년

8. 일제 시대 때 일본의 정책이 아닌 것을 찾아보세요.
   ① 조선 총독부를 설치하여 백성들의 행동을 감시했다
   ② 토지 조사 사업으로 경제를 수탈했다
   ③ 우리 나라 말을 쓰지 못하게 하고 일본어를 강요했다
   ④ 동학과 천주교를 허락했다

9. 3 · 1 만세 운동 이후 일본은 무단 정치에서 어떤 정치로 바꾸었나요?

   ....

10. 제2차 세계 대전이 막을 내리게 한 회담을 적어 보세요.

    ....

역사 풀이 해답

48쪽~49쪽
1. ④
2. ①
3. ②
4. 방원을 왕세제로 정했다.
5. ④
6. ①
7. ④
8. 형식적인 예절과 사대주의 사상
9. 각자 써 보세요.

82쪽~83쪽
1. ②
2. ③
3. ④
4. 4군 6진
5. 훈민정음
6. 한자로 그 말할 뜻을 제대로 전달하지 못해 백성들이 쉽게 글을 익혀 편하게 글을 쓰게 하기 위해
7. 맹사성, 황희
8. ①
9. 백성을 사랑하는 마음

116쪽~117쪽
1. ①
2. ④
3. 사육신이 모두 집현전 학사였기 때문
4. ④
5. ②
6. ②
7. 수양 대군이 즉위한 후 벼슬을 버리고 세상에 나오지 않은 사람들
8. 각자 써 보세요.
9. 한 임금을 섬기려는 충성스러운 마음 때문에

152쪽~153쪽
1. ③
2. ③
3. ④
4. 어린 세자에게 폐비 윤씨의 일이 알려질까 봐
5. 김종직이 세조를 비난하는 글을 쓴 '조의제문' 때문에
6. ②
7. ①
8. ③
9. 기묘사화
10. 청백리 제도

208쪽~209쪽
1. ①
2. ④
3. 양재역 벽서 사건
4. 임꺽정
5. ①, ③
6. 임진왜란
7. 율곡의 10만 대군 양성의 주장을 받아들이지 않았다, 통신사 황윤길의 말을 믿지 않았다, 조정의 신하들이 동인과 서인으로 나뉘어 세력 다툼만 벌여서 나라 밖의 일을 제대로 신경쓰지 못했다.
8. 거북선
9. 행주 대첩에 아녀자들의 앞치마의 공이 컸기 때문에

240쪽~241쪽
1. ①
2. ④
3. 반정에 의해 왕위를 잃었기 때문
4. ②
5. ②

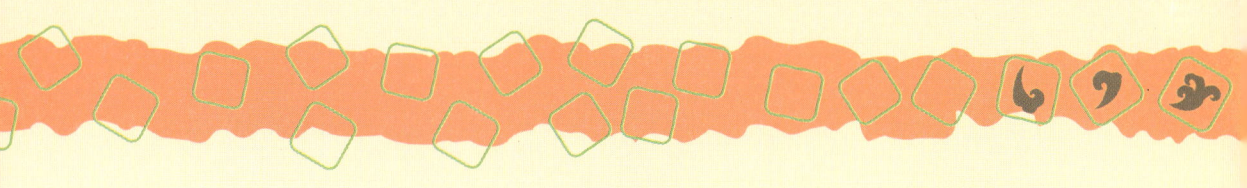

6. 군사력이 없었고, 당파 싸움으로 나라 밖의 정세를 잘 살피지 못했기 때문에
7. ④
8. 시헌력

260쪽~261쪽
1. ①
2. ③
3. ④
4. 상평통보를 본격적으로 발행했다.
5. ②
6. ①
7. 연잉군 세제 책봉 문제
8. ④
9. 각자 써 보세요.

290쪽~291쪽
1. 탕평책 실시
2. ③
3. ②
4. ①
5. 박문수
6. 사도 세자의 죽음
7. ②
8. ①
9. ④
10. 실생활에 도움을 주는 학문이다. 전통 유교의 폐단을 없애고 사회 제도의 개혁을 위해 나타난 학문이다.

324쪽~325쪽
1. ④
2. 홍경래의 난
3. ④
4. ②

5. 김정희
6. 동방에서 인간의 도를 일으킨다는 뜻
7. ①
8. ④
9. 풍속화

394쪽~395쪽
1. ①
2. ④
3. 강화도 조약
4. ②
5. 갑신정변
6. ①
7. ③
8. ④
9. 문화 정치
10. 포츠담 회담

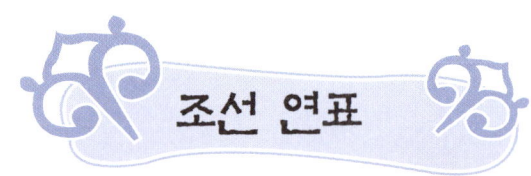

조선 연표

세기	연대	주요 사항
1300	1392	고려 멸망, 조선건국
	1394	한양 천도
1400		
	1402	호패법 실시
	1420	집현전 확장
	1441	측우기 제작
	1443	훈민정음 창제
	1446	훈민정음 반포
	1466	직전법 실시
	1469	〈경국대전〉 완성
1500		
	1510	삼포왜란
	1519	향약 실시
	1555	을묘왜란
	1592	임진왜란 일어남, 한산도 대첩
	1593	행주대첩
	1597	명량해전 승리
1600		
	1608	경기도에 대동법 실시
	1610	〈동의보감〉 완성
	1623	인조반정
	1624	이괄의 난
	1627	정묘호란
	1636	병자호란
	1645	소현 세자, 청에서 과학, 카톨릭 등 서양 서적 수입
	1678	상평통보 주조
	1696	안용복, 독도에 불법으로 들어온 왜인 내쫓음
1700		
	1708	대동법, 전국에 실시
	1750	균역법 실시
	1786	서학을 금함.
1800		
	1811	홍경래의 난
	1860	최제우, 동학 창시
	1863	고종 즉위

세기	연대	주요 사항
1800	1866	병인 양요, 제너럴 셔먼 호 사건
	1871	신미양요
	1876	강화도 조약 맺음.
	1882	임오군란, 미국, 영국, 독일 등과 통상 조약 체결
	1884	우정국 설치, 갑신정변
	1894	동학 농민 운동, 갑오개혁
	1895	을미사변
	1897	대한 제국의 성립
	1898	만민 공동회 개최, 황성 신문 발간
1900	1904	한·일 의정서 맺음, 경부선 준공
	1905	을사조약, 경의선 개통, 동학, 천도교로 개칭
	1906	통감부 실시
	1907	국채 보상 운동, 헤이그 특사 파견, 고종 황제 퇴위, 군대 해산
	1909	안중근, 이토 사살, 일본, 청과 간도를 안봉선과 교환, 나철, 대종교 창시
	1910	한일합병
	1912	토지 조사 사업 시작(~1918)
	1914	대한 광복군 정부 수립
	1919	3·1 운동, 대한 민국 임시 정부 수립
	1920	김좌진, 청산리 대첩, 조선·동아 일보 창간
	1926	6·10 만세 운동
	1929	광주 학생 항일 운동
	1932	이봉창 의거, 윤봉길 의거
	1942	조선어 학회 사건
	1945	8·15광복

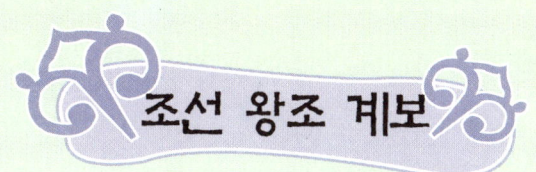
조선 왕조 계보

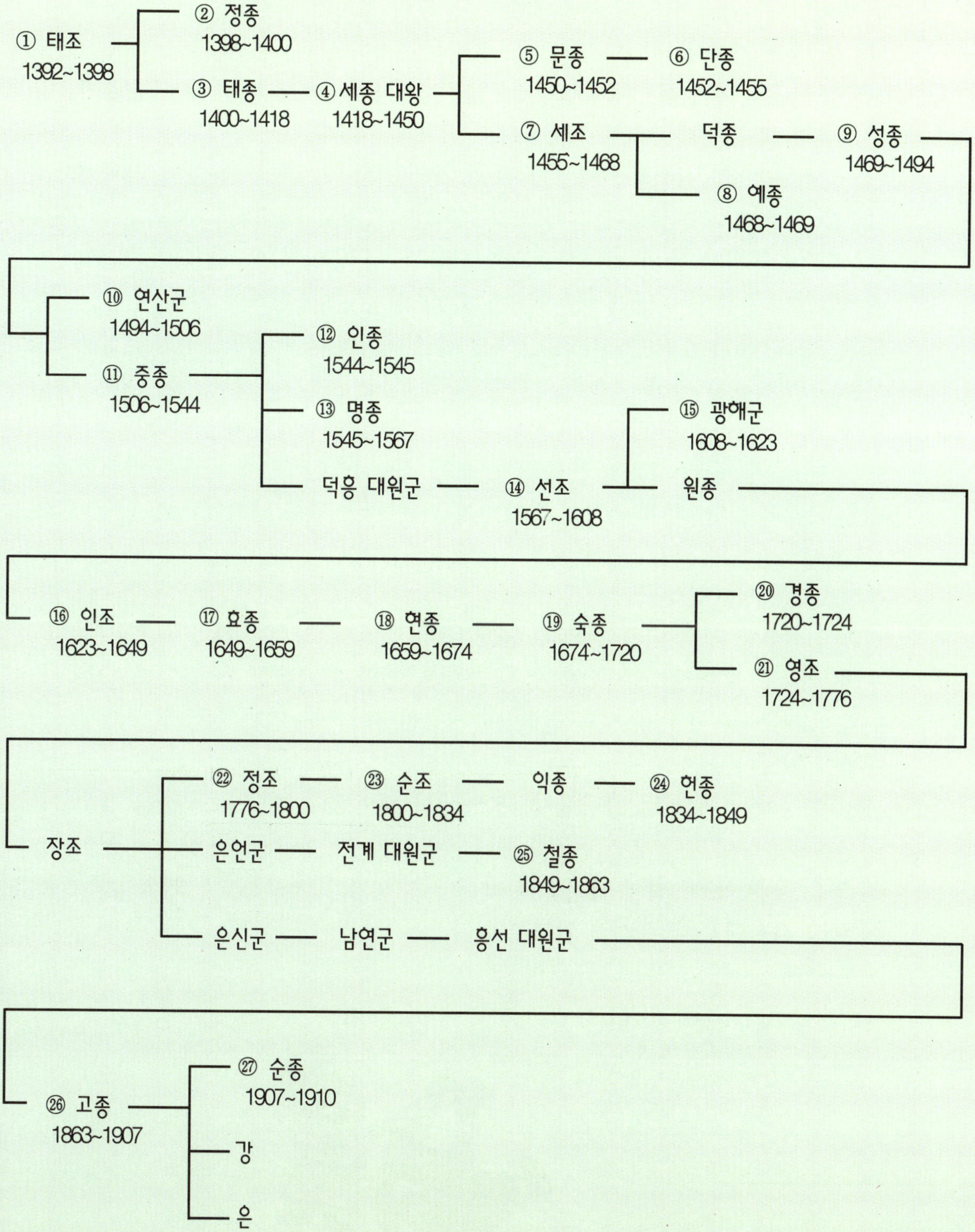

- ① 태조 1392~1398
  - ② 정종 1398~1400
  - ③ 태종 1400~1418 ─ ④ 세종 대왕 1418~1450
    - ⑤ 문종 1450~1452 ─ ⑥ 단종 1452~1455
    - ⑦ 세조 1455~1468
      - 덕종 ─ ⑨ 성종 1469~1494
      - ⑧ 예종 1468~1469

- ⑨ 성종
  - ⑩ 연산군 1494~1506
  - ⑪ 중종 1506~1544
    - ⑫ 인종 1544~1545
    - ⑬ 명종 1545~1567
    - 덕흥 대원군 ─ ⑭ 선조 1567~1608
      - ⑮ 광해군 1608~1623
      - 원종

- ⑯ 인조 1623~1649 ─ ⑰ 효종 1649~1659 ─ ⑱ 현종 1659~1674 ─ ⑲ 숙종 1674~1720
  - ⑳ 경종 1720~1724
  - ㉑ 영조 1724~1776

- 장조
  - ㉒ 정조 1776~1800 ─ ㉓ 순조 1800~1834 ─ 익종 ─ ㉔ 헌종 1834~1849
  - 은언군 ─ 전계 대원군 ─ ㉕ 철종 1849~1863
  - 은신군 ─ 남연군 ─ 흥선 대원군

- ㉖ 고종 1863~1907
  - ㉗ 순종 1907~1910
  - 강
  - 은

조선왕조실록

실록이란 한 임금이 왕의 자리에 있던 동안의 정치적 명령과 그 밖의 모든 사실을 적은 기록 문서이다.

임금이 승하하면 실록청을 두고, 그 임금이 왕의 자리에 있을 때 사관들이 쓴 기록을 모아 연대순으로 정리한다.

〈조선왕조실록〉은 태조 때부터 철종 때까지 25대 472년 동안의 역사적 사실을 각 왕마다 연월일 순서에 따라 쓴 역사 기록 문서이다.

조선의 마지막 두 왕의 실록인 〈고종실록〉과 〈순종실록〉은 일제 침략기에 일본인들이 주관하여 썼기 때문에 〈조선왕조실록〉에 포함하지 않는다.

또한, 왕 각각의 실록은 〈태조실록〉〈세종실록〉과 같이 '실록'이란 명칭을 쓰는데, 연산군과 광해군 때의 실록은 각각 〈연산군일기〉〈광해군일기〉라고 한다. 둘 다 임금의 자리에서 쫓겨나 군(君)으로 강등되었기 때문이다.

〈조선왕조실록〉은 1,894권 888책, 모두 49,646,667자에 이르는 방대한 내용을 담고 있다. 세계 역사상 찾아보기 힘든 역사 기록 문서이다.

〈조선왕조실록〉은 1973년에 국보 제151호, 1997년에 유네스코 세계 기록 유산으로 지정되었다.

사관이 기록한 것은 임금도 볼 수 없게 되어 있었다. 그렇게 해야 사관이 누구의 눈치도 보지 않고 사실을 있는 그대로 정확히 기록할 수 있었기 때문이다. 그러므로 아무리 최고 권력을 가진 임금이라도 말과 행동을 조심할 수밖에 없었다.

태조 이성계가 어느 날 사냥을 하다 말에서 떨어졌다. 태조는 사관을 불러 이 일만은 쓰지 말아 달라고 부탁했다. 하지만 사관은 태조가 말에서 떨어진 일은 물론, 쓰지 말아 달라고 부탁한 일까지 적었다. 당연히 〈태조실록〉에는 그 사실이 그대로 실려 있다고 한다.